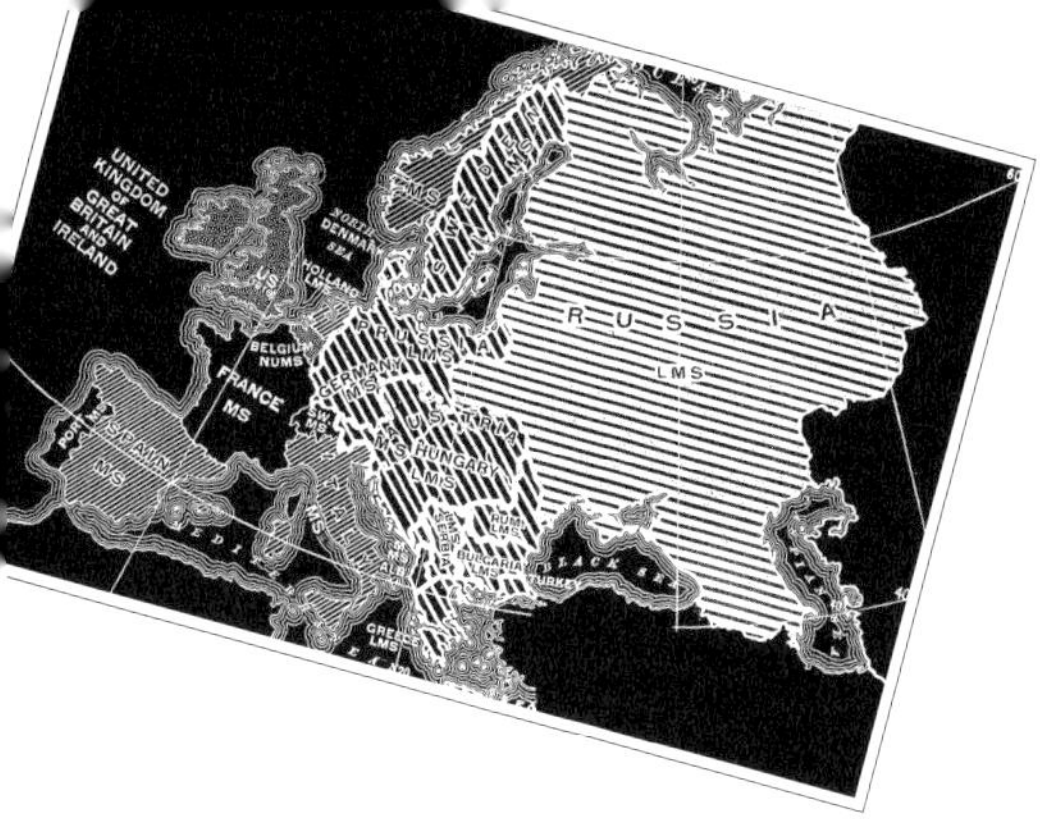

ヨーロッパの内戦

炎と血の時代 一九一四－一九四五年

エンツォ・トラヴェルソ［著］
宇京頼三［訳］

À Feu et à sang:
De la guerre civile européenne 1914-1945
Enzo Traverso

未來社

第2部 戦争文化

ヨーロッパの内戦

——炎と血の時代一九一四—一九四五年

装幀――岸顯樹郎

序章

二十世紀のイメージは、その意味を要約し、その雰囲気を再現する視覚的な目印、過去のイコンとして我々の記憶に刻み込まれている。誰もが、アンディー・ウォーホルのコカ・コーラの瓶、月面に降り立ったニール・アームストロング、マリリン・モンローの作り笑いの幸福感は知っている。だが、ひとつの世界戦争からもうひとつの世界戦争へとつづく数十年間を考えると、たちまちすべてが暗くなる。塹壕、ポーランドの冬の雪が降るアウシュヴィッツ—ビルケナウ強制収容所入口の線路、ヒロシマの原爆のきのこ雲が見えてくるのだ。極端な時代は恐怖の想像世界を生み出すが、その背後には苦悩、さらにまた社会的経験や共有した文化、思想と闘争の世界が隠れており、本書は「ヨーロッパの内戦」の概念を介してそれを探索しようとするものである。この概念は、たとえこれを——きわめて異論の余地はあるが——体系化したのはエルンスト・ノルテだけであるとしても、両大戦間期から、多くの評者や解釈者によって用いられてきた。ここでは、これを媒介にして、文化、政治、暴力の共生が当事者たちのメンタリティーや思想、主張や実践に深く影響してきた戦争と革命の時代の意味を捉えてみたいと思う。この作業は、ファシズム、共産主義、レジスタンスの解釈をめぐる、ここ数十年間のいくつかの歴史記述上の論争を再吟味または克服すべき必要に応え、検討対象の文脈の垣根を取り払って、より幅広い視野に置き直そうとするものである。これはまた、まるで非時間的な規範や価値観が問題であるかのごとく、現代のリベラルな民主主義の範疇を両大戦間のヨーロッパに当てはめようとする、今日広範に流布したアナクロニズムにたいして、歴史的視野を確立し直すことをめざしている。この傾向は、戦争と革命、反革命の時代を全体主義の残虐恐怖に矮小化することにある。矮小化の誘惑は、内戦がまさに、こうした規範が時代遅れであることを明白に示す局面であるだけに、よりいっそう危険である。内戦には、反ファシズム闘争と民主主義の擁護とか復興のために武器を取った者を含めて、あらゆる戦士に宿命的に課されるその論理と固有な「法則」がある。換言すれば、ユルゲン・ハーバーマスとジョン・ロールズの眼鏡をかけて、エルンスト・ユンガーとアントニオ・グラムシ、カール・シュミットとレオン・トロツキーを生んだ時代を分析しようとすることには、視点の誤りがあるのだ。民主主義をたんに規範的総体としてのみならず、歴史的産物と見なすならば、それを内戦の時代に結びつける遺伝的絆を捉えることもできよう。

歴史家アネット・ヴィエヴィヨルカは現代を「証人の時代」[☆1]と定義づけ、今日では、当事者の過去の語り、とくに特殊な部類に向けられる注意を強調している。特殊な部類とは、一般的な語彙では、証人と同義語になった犠牲者である。かつてはヒーロー、いまは犠牲者に向けられたこの眼差しの移動は、二十世紀は暴力の時代であるという新しい歴史意識に付随するものだった。歴史記述の面では、この転換は、文字データを、独占的ではないとしても、特権的な研究の源泉とする古い実証主義的パラダイムの有益な再検討化と符合し、また口承や、「サバルタン〔搾取・抑圧された社会的従属者・下位階級の者〕」の生とその主体性に注目する新しいアプローチの出現とも一致していた。かつては無視された証人が、いまでは研究者の関心を集めている。この変化は調査の地平を広げたので、実り多いものだったが、歴史と記憶の相互作用は、現代世界の歴史家にとって大きな問題を提起している。それはたんに証人の地位や主観性だけからくるのではない。ラウル・ヒルバーグが指摘したように、集団的暴力が死刑執行人、犠牲者、「証人（bystanders）」[☆2]の三角関係の合力的結果であるとすれば、犠牲者の記憶に独占的に集中することは出来事の再構成や読解を損なう恐れがある。この三角関係とは、問題の中心にいて、その態度がしばしば紛争の結末に決定的となる「グレーゾーン」でもある。そこで、二つの暗礁を避けねばならない。ひとつは死刑執行人への「感情移入」で、これは困難だが、その動機と精神世界に入り込むには必要なもので、弁護になることがある（一九八〇年代のドイツの「歴史家論争」は、この観点から考察すべき経験として残る）[☆3]。もうひとつ、犠牲者への一方的な感情移入は歴史家に不可欠な批判的距離をなくしてしまい、彼を、分析・理解するのではなく、「同情する」記憶の弁護士に変えてしまうことになる。

本書は犠牲者を無視しているのではなく――本書の一章は世界戦争中の市民の苦しみに割かれてい

☆1　アネット・ヴィエヴィヨルカ『証人の時代』、プロン、一九九八年。
☆2　ラウル・ヒルバーグ『処刑、犠牲者、証人――ユダヤ人の破局：一九九三―一九四五』、ガリマール、一九九四年、参照。
☆3　『歴史家論争――ナチのユダヤ人絶滅の唯一性に関する論争資料集』、一九八七年。

る——、とくに暴力に係わる当事者、つまり暴力の実行者とその被害者、つまり暴力を被ると、予想される選択の結果としてそれを受け止める被害者について検討している。換言すれば、戦争と革命の行為者、勝者にも敗者にもそれぞれ視界を返してやることにより、歴史的展望の均衡を取り戻させることが、問題なのである。だが全体主義とジェノサイドの時代とみられた二十世紀の公的な記憶——ホロコーストという「市民宗教」がいくつかの点でそのパラダイムとなる記憶[☆4]——に隠蔽されて、彼ら犠牲者はその陰に隠れ、過ぎ去った時代を理解することのできるいくつかの鍵をもったまま行ってしまった。このことは、「長期的には、認識の歴史的獲得は敗者から生じる[☆5]」という、ラインハルト・コゼレックの重要な方法論的指摘と合致する。ヨーロッパの内戦の敗者はあらゆる立場に属する。彼らの名はローザ・ルクセンブルク、アントニオ・グラムシ、マヌエル・アサーニャ〔一八八〇—一九四〇、スペイン第二共和国最後の大統領〕、レオン・トロツキー、ヴァルター・ベンヤミンであるが、またエルンスト・ユンガーとかカール・シュミットでもある。それゆえ、彼らの思想は本書で大きな位置を占め、彼らそれぞれにたいする共感や反感を越えて、批判的考察と分析の対象となるのである。

一九四八年、チェザーレ・パヴェーゼ〔一九〇八—一九五〇、ネオレアリズモの代表のひとり、マルクス主義者でもある〕は、イタリア・レジスタンスの小説『丘の上の家』を次のような一文で終えている。「私はそれらすべてが終わりであるとは思わない。戦争、内戦というものがなんであるかを見たいまは、戦争が終わったとしても、誰もが、〝倒れた者をどうするのか？　なぜ彼らは死んだのか？〟、と自問せざるをえないだろう。私はどう答えてよいのかわからない。少なくとも、当面はわからない。また他の者が答えるだろうとも思わない。おそらく答えられるのは死者しかいないだろうし、また戦争が本当に終わったのは、彼らにとってだけなのだ」。[☆6] この苦い結論は戦争中の深刻な不安・不快感の反映として読めるだろうが、それは、ドイツ軍の占領とサロ体制〔イタリアの社会共和国。第三帝国の一種の衛星国家〕にたいする闘いが周囲で荒れ狂っていたとき、武器を取ることにたいする倫理的な逡巡をけっして超克できず、ピエモンテの田舎で孤立するほうを好んだ確信的な反ファシストの不快感である。「丘の上の家症候群」を語る何人かの批評家にとって、こうした語りはより一般的な傾向を象徴する。小説においては、パヴェーゼは、「グレーゾーン」、すなわち、内戦のあいだ、恐怖とか暴力拒否、または日和見主義から自らの立場を選ぶこともできず、またそう望まなかった者たちすべての無差別な広範囲の群衆に発言権を与えたかったかもしれない。[☆7] 迫害から身を守るためではなく、社会を引き裂き、共同体を分裂させた紛争を免れるために引き籠もり、隠れた人びと。ある者はどちらの側についたらよいのかわからず、他の者は反ファシストの行動の正当性を認めながらも、彼らに思い切って従うこと

☆4　ピーター・ノヴィック『アメリカ生活におけるホロコースト』、ホートン・ミフリン、一九九九年、一九九頁、参照。
☆5　ラインハルト・コゼレック「経験の変移と方法的変化。歴史・人間学的素描」、『歴史の経験』、ガリマール／スイユ、一九九七年、二三九頁。
☆6　チェザーレ・パヴェーゼ「丘の上の家」（一九八四年）、『雄鶏がなく前に』、ガリマール、一九五三年、三三〇頁。
☆7　ラファエーレ・リュッチ『〝丘の上の家〟の誘惑――イタリア内戦時の知識人の政治的無関心（一九四三―一九四五年）』、ウニコープリ、一九九九年、参照。

も、ましてや武装闘争に参加することもできなかった。彼らはその消極的な態度を多少卑怯で罪深いと後ろめたく思っていたが、ただこの感情は、いかなる価値観もいかなるイデオロギーも正当化を見出せないような暴力と集団殺戮の恐るべき光景を目にして、消えてしまったのである。

しばしば、文学は予兆的である。この小説はいくつかの考え方を表明し、戦争、レジスタンス、反ファシズムなどのヴィジョンを描いているが、これは、第二次世界大戦末期のヨーロッパ文化を支配していたものというよりも、この二十一世紀初めの感性や世論を反映している。今日守っておく必要があると思われる、あの二十世紀前半の鉄と血の時代の唯一の記憶は、犠牲者、常軌を逸した暴力の爆発の無実な犠牲者の記憶である。この思い出にたいして、戦士の記憶は、否定的モデルではないとしても、あらゆる範例的次元を失ってしまった。ファシストと反ファシストも同じく、ヨーロッパが共産主義かまたはナチの全体主義に没した、過ぎ去った時代の代表として排斥された。ひとが誓うに値する唯一の大義は政治的ではなく、人道的なものである、とポスト全体主義の英知の声がささやく。かくしてオスカー・シンドラーはミサーク・マヌキアン〔一九〇六―一九四四、アルメニアの詩人、アルメニア人虐待の生残り。亡命レジスタンで、モン・ヴァレリアンで銃殺死〕に取って代わった。範とすべき例は、ユダヤ人従業員を救ったナチ党員の企業主であり、共産党につながる運動組織でナチズムと闘ったユダヤ人やアルメニア人、イタリア人やスペイン人亡命者ではなかった。こうした闘士たちに言及するのは、彼らが路頭に迷い出てしまい、その大義はもはや現代人にはなんの意味もなく、いまや彼らは旧敵と仲直りせざるをえなくなったことを強調するためである。かくして、イタリアでは、反ファシストと「サロの若輩野郎ども」、双方ともそれなりの愛国者を合同で記念することになる。☆8 またスペインでは、元共和国兵士と、一九四一年、国防軍《ヴェーアマハト》に加わり、無神論的共産主義と戦ったアスュル〔青〕師団の元義勇兵とをいっしょに行列行進させているのである。☆9

この「グレーゾーン」の後天的な再評価は多くの賛同者を見出した。☆10 彼らはこれを、ユートピアとイデオロギーの狂信を免れた倫理的美徳の集積所として称え、どんなに大義への誓いの至上命令が歴史の行為者を誤らせ、同胞市民にたいする彼らの個人的責任を忘れさせたのかを指摘した。マックス・ウェーバーの「確信の倫理」と「責任の倫理」☆11 の古典的な区別を引きながら、彼らは後者を前者に対置し、当事者の意図にもかかわらず、悪を犯す行動を排除するためには、後者、責任の倫理だけが各行動の帰結を予測・考慮できるものとした。この考え方によると、レジスタンは彼らを、大義のために身を捧げようとする英雄にするか、または善を為すという口実で殺人を犯し、イデオロギーの名でスケープゴートを犠牲にする狂信者にしてしまう犠牲の道徳を説いていたことになる。だが、しばしば状況次第で、英雄と死刑執行人を生むこのおぞましい道徳よりも、彼らは理想的な共同体、新しい人間の全体主義的ユートピアの樹立をめざすのではなく、現実の人間を気づかう非政治的道徳を

☆8　ルチャーノ・ヴィオランテ「サロの若者たちについて」（一九九六年）、フィリッポ・フォカルディ編『記憶の戦い――一九四五年から今日までのイタリアの政治論争におけるレジスタンス』、ラテルッツァ、二〇〇五年、二八五―二八六頁、所収。イタリア下院議長の就任演説のことである。
☆9　ホセ・ラモネダ「ちょっとしたパレード」、『エル・パイス』紙、二〇〇四年十月十四日付、参照。
☆10　たとえば、ツヴェタン・トドロフ『フランスの悲劇――一九四四年夏：内戦の舞台』、スイユ、一九九四年、参照。
☆11　マックス・ウェーバー『学者と政治』、ラ・デクヴェルト、二〇〇三年、一八八―一九三頁、参照。

好んだ。その代表者たちは人類を解放する欲求からではなく、ただたんに無実の犠牲者がでないようにするか、または彼らを救うために行動する。ある者は全体主義の温床となり、他の者は控えめだが、比較にならないほど高潔な美徳を体現するのである。

しかしながら、内戦の現実においては、当事者の広範囲な行動形態は、ウェーバーが素描したこの二つの理想型には、しばしば当てはまりにくいものとして現われる。確信の倫理と責任の倫理はけっして完全に分離しているのではなく、逆に多様に結びつき、混ざり合っている。レジスタンは、彼らの論争が示しているように、自らの行動の帰結をおおいに自問するし、また人道主義者は必ずしも政治的確信を欠いているわけではなく、むしろそれどころではないのだ。一九四二年五月、リディッツェの虐殺を招いた、プラハでのハイドリヒ暗殺テロの首謀者たちを非難できるのか？ 一九四四年三月、レジスタンが三二人のドイツ兵を殺害したローマのラゼッラ通りのテロを避けるべきだったであろうか？ それは、三三五人の市民が処刑されたアルデアティーネ洞窟の虐殺のさい、ナチがそれに報復したのだという者の意見である。こうした問いはヨーロッパのいたるところで発せられた。ドイツ占領を抵抗もせずに、受け身で被らねばならなかったのか？ 解放から生じた戦後の諸制度はそこからどんな正当性が引き出せるのか？ こうしたジレンマは当時の主役たちを苦しめた。一九四三年四月、ワルシャワ・ゲットーの蜂起の前には、ユダヤ人レジスタンスの内部で激論が交わされ、確信の倫理が責任の倫理に打ち克った。たんに力関係を考えただけでも、ユダヤ人戦闘員が抵抗できるいかなるチャンスもなく、彼らの選択はまったくの自殺行為のように思われた。あとから見れば、この叛徒たちの犠牲の道徳が、ユダヤ人評議会の名士たちの責任感覚よりも価値あるものだったことを認めるのは、むずかしくはない。後者にしても、協力はしつつも、必ずしも日和見主義とか順応主義（体質（habitus）として、内部規制として当局への服従）からではなく、しばしば、彼らが選択の帰結を間違って予測した結果、人命救済を配慮して行動したのである。一九四二年、ワルシャワ・ゲットーのユダヤ人評議会議長アダム・ツェルニアコフの自殺はその劇的な例証である。[☆12] 一九四一年十二月、アムステルダムのユダヤ人強制収容にたいし、ゼネストを組織したオランダ左翼の組合と政党のイデオロギーは、数千トンの爆弾でドイツの都市破壊を組織したアーサー・ハリス卿とか、責任ある政治家として、日本が侵入したさい、アメリカ人犠牲者が多数に上ることを理由にして、ヒロシマとナガサキの原爆全滅作戦を正当化したハリー・トルーマンなどの責任の倫理よりも価値があったのである。

二十世紀前半が、距離を置いてみるだけ、それもとくにこの時代を経験しなかった者にとって十分遠くなったとしても、以下本書では、これを人道的なカタストロフィとかイデオロギーの害悪の恐るべき例であることに矮小化はしないでおこう。また、内戦はすべて悲劇であるとしても、いくつかは参加するに値するという考えを基にしている。[☆13] 同様に以下、次のような考えにもとづいている。我ら

☆12　アダム・ツェルニアコフ『ワルシャワ・ゲットー日誌（一九三九年九月六日―一九四二年七月二十三日）』、ラ・デクヴェルト、一九九六年、参照。

☆13　これについては、セルジオ・ルッツァートの明解な指摘、『反ファシズムの危機』、エイナウディ、二〇〇四年、参照。

民主的ヨーロッパ市民は、その建設のために闘ってきた人びとに負債を負うていること。記憶喪失の民主主義は必然的に脆弱であり、とくにファシズムを経験した大陸ではそうであること。アンガージュマンの非政治的な拒否、暴力批判、イデオロギー指弾などの態度と、非時間的な英知のかたちを混同しないこと。問題は、人道主義の公民的美徳に異論を唱えることではなく、ただ、暴力にたいする道徳的批判がその分析と解釈に取って代わるものと考えて、現代のポスト全体主義的感性によって、倫理・政治的な範疇が歴史的範疇に変えられるようなことは、認めないだけだということである。保守的時代の精神は人道主義を、イデオロギーにたいする免疫を受けて、恐怖の時代の灰燼から浮かび上がった自由主義の不可欠な派生物として呈示する。この傾向にたいして、アメリカの歴史家アルノー・J・メイヤーは大著『狂乱』を著したが、おおいに読まれ、考察されるに値する。彼はそこで、マキャヴェッリ、ホッブズ、マルクスの跡にしたがって、暴力は歴史の「産婆」であり、その流れを描き、その動きにリズムをつけると指摘している[☆14]。それは、哲学的とか人間学的主張でも[☆15]、親ジャコバン的とか親ボリシェヴィキ的弁護でもなく、二十世紀を歴史化するあらゆる真摯な努力の出発点である。

自明のことだが、そのようなアプローチは今日支配的な暴力の歴史記述とはたいした関係はない。フランス革命の歴史家パトリス・グニフェにとって、恐怖政治は「変化の様式と見なされたあらゆる革命の……宿命である[☆16]」。したがって、ジャコバン主義の重要性はその原型的性格にある、と彼は結論づけるが、それは、オーギュスト・コシャンがそれをよく理解して、革命暦二年の恐怖政治を分析しながら、無意識のうちに「ボリシェヴィズムの解剖[☆17]」に寄与したのと同じである。グニフェによると、二つの点が革命を特徴づける。「二〇〇年前からたえず繰り返されつづける」シナリオによる「果てしなき恐怖政治」と「犠牲者の連続殺害[☆18]」である。要するに、ジャコバン派はボリシェヴィキにその絶滅政策のモデルを提供したのであろう。ノルテはすでに、ボリシェヴィキの「階級的ジェノサイド」は「論理的かつ事実としての先例を成し、そこから一種の反応的模倣によってナチの暴力が生まれた、と述べている。[☆19]」振り出しに戻ったのである。かくして、全体主義断罪は革命的暴力訴訟として表現される。ほぼ二〇年間、歴史記述が退化したあと、つまり、社会主義が全体主義的悪夢に変わっても、イデオロギーはしっかりと権力の操縦席に残ったままで、「ソ連共産党史概説講義」の反共産主義的解釈を聞かされたあと、いまや我々はアイザック・ドイッチャーの清澄な文章を再発見すべきときであろう。彼は、苦悩と矛盾を抱えたまま歴史の爆風になお吹きまくられながらも、ロシア

☆14 アルノー・J・メイヤー『フランス革命とロシア革命の時代の狂乱、暴力、復讐、恐怖政治』、ファイヤール、二〇〇二年、参照。
☆15 ヴォルフガング・ソフスキーが『暴力論』(ガリマール、一九九八年)で、曖昧かつ凝った自己満足感で示唆したようなもの。
☆16 パトリス・グニフェ『恐怖政治の政治——革命的暴力論 一七八九—一七九四年』、ファイヤール、二〇〇〇年、二二六頁。
☆17 同書、二三四頁。
☆18 同書、三三八—三三九頁。
☆19 エルンスト・ノルテ「過ぎ去ろうとしない過去——書かれはしたが、行なわれなかった講演」、前掲『歴史家論争』、四五頁。

革命に普遍的な広がりを有する解放行為と、やがて全体主義的になる独裁体制の起源を同時に見ていたのである。[20]

冷戦終結後の二十世紀の歴史の読み直しは、反ファシズムの伝統を排することはできなかった。ファシズムと反ファシズムの対立は一九三〇年代と一九四〇年代の政治文化を支配していたが、その頃、ヨーロッパが置かれていた状況では、これが劇的な二者択一のかたちをとっていた。戦後、反ファシズムは、レジスタンスを経験したいくつかの民主主義体制の、一種の「市民宗教」に変わった。ところで、この時代はもう過ぎ去ったように思える。一〇年ほど前から、反ファシズムはその台座から降ろされて、いまや批判的修正の対象になった。イタリアでは、メディアはこれを「第一共和国」の破局的な漂流の原因として示している。ムッソリーニの主要な伝記作者レンッツォ・デ・フェリーチェは、「反ファシズムのパラダイム」克服のため闘ったが、彼からすると、それは戦後の歴史記述の重大な欠陥であり、何人かの歴史家がその観点で彼の跡につづいた。[21] ドイツでは、再統一後、反ファシズムにはもう市民権がなかった。それは、旧東ドイツのドグマの兵器廠とともに捨てられたが、その消滅は、国家イデオロギーを越えていた国民の記憶――亡命やヒトラー体制反対闘争の記憶――もいっしょに運び去った。ある観察者たちにとっては、結局のところ、反ファシズムは儀礼化された一群の象徴と慣行に変えられた「神話」にすぎず、その背後には唯一党、国家管理経済、階級的社会秩序の原則にもとづく全体主義的イデオロギーが屹立していたのである。[22] フランスでは、数年前、反ファシズム・キャンペーンが、『コマンテール』誌のアニー・クリージェルの論説によって開始された。[23]

これは、ジャン・ムーラン〔レジスタンスの英雄〕の肖像をソ連のスパイ姿に仕立て上げた誹謗文書が出たさい、もっとも愚かなときを迎えたが、[24]より高い文化的次元では、フランソワ・フュレの『幻想の過去』で頂点に達した。この本では、反ファシズムがソ連の全体主義の影響力を西欧文化に広げさせたプロパガンダとして呈示されている。そしてこうつづけている。反ファシズムによって、「共産主義者は、その確信の内実に関してはなにも捨てることなく、民主主義の金モールを取り戻した。大粛清の時代〔一九三七―一九三八〕に、ボリシェヴィズムは否定の美徳によって自らを自由としてつくり直したのである。[25]換言すれば、反ファシズムは、一方では政治的影響力を広げ、他方ではその全体主義

☆20　とくにアイザック・ドイッチャー『未完の革命』、ロベール・ラフォン、一九六七年、参照。きわめて実り多い歴史記述的革新のなかで、ミシェル・ドレフュス、ブリューノ・グロッポ他編『共産主義の世紀』、エディシオン・ド・ラトリエ、二〇〇〇年、参照。

☆21　レンッツォ・デ・フェリーチェ『赤と黒』、バルディーニ&カストルディ、一九九五年、参照。

☆22　たとえば、アントニア・グルーネンベルク『反ファシズム。ドイツの神話』、ローヴォルト、一九九三年、一二頁、参照。これについては、拙著『過去：使用説明書、歴史、記憶、政治』(ラ・ファブリック、二〇〇五年)、第五章ドイツ歴史家のジレンマ、参照。

☆23　アニー・クリージェル「反ファシズムについて」、『コマンテール』第五〇号、一九九〇年。モーリス・アギュロン「反ファシズムの歴史を修正すべきか?」、『ル・モンド・ディプロマティック』一九九四年六月号、一七頁、参照。

☆24　ティエリー・ヴォルトン『大募集』、グラッセ、一九九三年。少なくとも、ピエール・ヴィダル＝ナケの応え『毒入りの論説。ジャン・ムーラン事件に関する考察』(ラ・デクヴェルト、一九九三年)を引き起こしたことだけは価値がある。

的性質を隠そうとした共産主義のたんなる民主的仮装としての役割を課されたという。この見解には一半の真実があるが、一面的で単純化されている。それは、さまざまな感性とイデオロギー的信条が集中する反ファシズム現象の多様性も、その社会的かつ知的な広がりと定着も考慮していないからである。反ファシズムとスターリン主義の関係の複雑さは、前者に後者の被造物、派生品しか見ないようなアプローチによって先験的に排除されている。反ファシズムを葬り去ると、一九二二年から一九四五年までのイタリア、一九三三年から一九四五年までのドイツ、一九四〇年から一九四四年までのフランス、四〇年間近くのスペインとポルトガルの唯一の良識的な顔を消す恐れがある、と反論もできよう。しかし、この答えは妥当ではあるが、十分ではない。反ファシズムをその複雑さと矛盾において理解するには、その批判的歴史化を行なわなければならない。ここから困難が始まるが、それは、現在の歴史記述論争が、いまはまだ冷静に距離をおいて歴史記述するときではないことをよく示しているからである。反ファシズムを歴史的に考えることはいぜんとして、歴史を公的に扱うこととその政治的な争点とは不可分な作業である。それでも、批判的歴史化は、イデオロギー的な指弾と盲目的弁護という、双方とも一面的、つまりは誤った、相反する常套句を越えねばならないだろう。本書では、反ファシズムはとくに知識人が急進化、政治化する場として分析されるだろう。その大きな牽引力と内的な矛盾が露わになるのは、両大戦間、次いでレジスタンスの時代、彼らの政治（社会）参加の姿が映し出される鏡においてである。

本書が戦争の暴力の記憶にページが割かれていないとしても、あらゆる歴史の作業と同様、不可避的に記憶の役割を内包し、これが私の問いと思考を方向づけている。それは、体験した過去の思い出にもとづく「証人」の記憶ではない。この時代は私が生まれるよりも前の時代だから、むしろ、マリアンヌ・ヒルシュの概念によれば、「ポスト・メモリー」[26]である。換言すれば、私が幼年時代からその断片を受け取ってきた集団の記憶である。ときには矛盾に満ち、伝説に固められているが、年月とともにかたちをなしてきた。それは、反ファシズムの家庭で伝えられて、おおむね支配的な公的言説に結びついているが、必ずしも同級生のものといっしょではない。

私はピエモンテ地方の人口約三〇〇〇人の小さな町ガヴィに生まれた。川と城に挟まれ、丘に取り囲まれたこの町は、ピエモンテとリグーリアのあいだにまたがる他の村落同様、魅力に事欠かない。白ワイン、特有な菓子やラビオリで有名で、少なくとも私が知るかぎりは、かなり豊かでとても穏やかな所である。だが第二次世界大戦中はそうではなく、地方全体がドイツ占領軍と武装レジスタンスによってもろに害を被っていた。中世の古城は、大戦中は軍事要塞に変えられ、英米将校用の監獄となっていたが、彼らはその番兵よりも食事がよかったという。

ファシズム崩壊後、一九四三年九月八日、ドイツ軍は建物を占拠し、イタリア人戦争捕虜を収監した。一九四三年末から一九四五年春の恐るべき二年間、ガヴィ周辺の渓谷は、イタリア半島、より一般的にはヨーロッパを荒廃させた内戦の縮図になっていた。一九四四年四月、ガヴィは、イタリア全

☆25　フランソワ・フュレ『幻想の過去』、ロベール・ラフォン／カルマン・レヴィ、一九九五年、二六六頁。

☆26　マリアンヌ・ヒルシュ『家族の枠――写真、語りとポスト・メモリー』、ハーヴァード大学出版、一九九七年。

土で行なわれたあの殺戮作戦のひとつの虐殺事件により喪の町と化した。山岳地帯でパルチザン団が組織されはじめ、ムッソリーニのイタリア社会共和国軍への入隊を拒否した多くの若者を受け入れていた。リグーリア海岸への連合軍の上陸を恐れて、ドイツ軍は戦略地域の大「掃討」作戦を行なう決定をしたが、それは、英米部隊がポー平原に到着すると、すぐに彼らにドイツへの道を開くことになるからである。したがって、海と平原を隔てる山岳地帯を制圧せねばならなかった。四月六日、大規模な重火器部隊を投入して、ドイツ軍はパルチザンが抑えている山岳地帯を砲撃し、火炎放射器で焼き始めた。彼らの基地であるベネディクタという旧修道院で、捕らえられた九七名のレジスタンが、翌日即座に処刑された。しかし、人間狩りは次の日以降もつづいた。処刑はほぼ一週間つづき、捕らえられた戦士以外に、援助や保護をしたという嫌疑で何人かの農民にも降りかかった。作戦は二〇〇〇名の国防軍部隊が行なったが、処刑はイタリア兵銃殺班に任された。

六日間で、戦闘中の死者を別にして、一四七名のパルチザンがそのようにして殺された。数日後、四〇〇名の若者がマウトハウゼンに強制収容されたが、その半数以上は戻ってこなかった。☆27 いまでもなお、パルチザンの軍事的準備不足や、彼らの隊列に裏切り者がいたこと、渓谷の司祭が果たした役割などについては、大きく見解が分かれているが、たとえば、レジスタンスは数か月間の広がりしかもたなかったし、司祭は降伏を呼びかけたが、それもなお隠れている若者を救うためなのか、彼らの逮捕を幇助するためなのか、不明だったという。私は何度もこうした話は聞いたことがある。出来事の公式な物語、つねに虐殺の場に建てられた記念碑に記されたものは、若いヒーローたちが外国の侵入者にたいする闘争に身を捧げたという殉教物語である。(記念銘板に「ナチ」という語はほとんど現われず、とくに好んで「ドイツ人」が用いられている)。しかし、この地方の噂で広まった、意図的に触れなかったこと、ほのめかしや疑いから、ドイツ軍の虐殺の歴史はまたイタリア人同士の内戦の歴史でもあることがすぐにわかった。戦いは渓谷でつづいた。

一年後、一九四五年四月二十五日、パルチザン隊がドイツ軍部隊撤退直後にガヴィに入った。解放のお祭り騒ぎどころか、彼らの到着は清算決着することだった。ファシストの責任者は逃亡したが、選挙ではなく、ムッソリーニ当局に任命された市長(podestà)や、町で開業し、しばしば占領軍に通訳として使われていた歯科医のM・ツィンマーマンは処刑された。私の父は戦後、共産党の市長だったが、ポデスタは「いいやつ」で、たしかにファシストだったが、拷問者ではなく、あんな死に方には値しないと、言っていた。ツィンマーマンについては、母はその処刑が恐怖の光景として記憶に染み込んでいると言った。ほとんど誰もが、彼はただドイツ人というだけで、殺されたのだと思っていた。母はまた、町でパルチザンを匿っていた連帯組織網のことを話してくれた。つまり、いっせい検挙のさい、噂が急速に広まったので、彼らはドイツ兵到着前に逃げることができたのだという。

こうした話を聞きながら、私はしばしば、パルチザンへの支援には、平時よりも戦時においてはるかに強い共同体の相互援助と連帯が働くもので、またこの支援はイデオロギー的領域に属するのではでは

☆27　共同作品『ベネディクタ修道院――出来事、記憶』、レ・マーニ、二〇〇四年。より全般的に見るならば、ルッツ・クリンクハンマーの『ドイツのイタリア占領(一九四三―一九四五)』、ボラーティ・ボリエンギエリ、一九九三年と『イタリアにおけるナチの大虐殺』、ドンゼリ、二〇〇六年。後者では、ベネディクタ修道院の虐殺が扱われている。

なく、これにはいくつかの暴力形態にたいする留保、さらには反対が伴うものだという印象を受けた。またしばしば、少年だったころ、パルチザンの叙事詩的な英雄行為の話も聞いたことがある。すなわち、道路の曲がり角での待ち伏せ、銃撃戦、凱歌、戦士たちの偽名などである。だが、解放の日、何人かの証人が町に帰り着いたときのことを語る話と、この神話とは合致しない。彼らは勝利した軍隊というよりも、駆り出された獣のようだったらしい。

何人かのユダヤ人が周辺の田舎に隠れ住んでいた。ある者は一九三八年以前、ファシストだった。人種法の差別が襲いかかったが、迫害が始まったのは一九四三年でしかない。他の者はレジスタンスに参加していた。さらに他の者はイタリア警察に逮捕され、次いで強制収容所に送られた。しかしながら、少・青年時代、私はユダヤ人の強制収容所送りのことは全然聞いたことがなかった。無知、抑制、無関心か？　三つの混ぜ合わせか？　答えはむずかしい。ガヴィには、ユダヤ人はいなかった。しかし、ほかでもユダヤ人の噂は聞かなかった。それでも、私の書棚には、一九四二年、ロンドンの連合軍情報委員会刊行の『ユダヤ人絶滅』と題するイタリア語のパンフレットがあり、ヨーロッパ諸国の強制収容所送りを報告している。この小冊子はアウシュヴィッツには触れていないが、ゲットーの生活を描き、「刑場」と称されたヘルムノやベルゼックを示唆し、そこでは「高圧放電と毒ガス」によるユダヤ人の大量処刑が行なわれたとし、ポーランドを「ポーランドだけでなく、ヨーロッパ全土から来たユダヤ人を集中的に虐殺した屠殺場[☆28]」と呼んでいた。このパンフレットは、いまは消えてしまった渓谷で活動したパルチザンのものだった。私はそれがどうして彼の手に入ったのかも、レジスタンがユダヤ人の強制収容所送りをどう考えていたのかも、まったく彼に聞くことはできなかった。

だが、このパンフレットは情報が流布していたことを示している。

大戦中、オーストリアの収容所の捕虜生活で学んだ職業である理髪師の資格で、私の父方の祖父は通行許可証を持っており、夜に灯火管制のなかを町の名士たちの髪を切りに外出することができた。それは祖父の選んだことではなく、一種の義務で、当時もっとも慎ましいもののひとつと見なされていた職業によくある慣行だった。この名士たちはみなファシスト当局と占領軍と良好な関係を保っていたが、一九四四年からは、レジスタンスが要求する身代金を払いはじめた。例外を除いて、解放後、彼らは追求されなかった。何人かは、用心して、しばらく姿を消していた。しばしば、私は、信用しないわけではないが、農民の荷車が連合軍戦闘機に機関銃掃射を受けたという話を聞いたことがある。「彼らは路上で動くものはなんでも撃ってきた」という。ガヴィから数キロ離れた村落で、鉄道事務所があったヴィラルヴェルニーアでは、連合軍の空爆ははるかに悲劇的な結末をもたらした。一九四四年十二月一日、村は米軍爆撃機に掃討されて、一一四人の市民が殺され、二三五人が負傷した。住民八〇〇人に避難民三五〇人が加わっていた。村役場、学校、教会は破壊された。軍事基地でも工業地帯でもなかったので、誰もがそのような爆弾の嵐を予想していなかった。警報も出されなかった。私はいつもこうした話にあるいくつか一定の特徴に驚かされた。ベネディクタの虐殺の責任はもちろんドイツ人にあるが、イタリア人処刑班に言及されることはほとんどなかった。この事実は引き出された告白のように、しぶしぶ認められていた。連合軍の空爆は、たとえば「アメリカ人の残酷さ」とされていた。

☆28 『ユダヤ人絶滅――ロンドンの連合国情報委員会報告書』、ロンドン王立印刷所、日付なし、三六頁（持ち回りの委員長ジョージ・ションマーの序文の日付は一九四二年十二月十八日となっている）。

してではけっしてなく、つねに戦争が終わると定着する伝統により、一種のその宿命として示された。記念銘板には、「ヴィラルヴェルニーアの平和な住民に戦争の怒りが引き起こした恐るべき炎の嵐」とある。

全面戦争と内戦のあらゆる要素がそのようにして渓谷一帯に集中していた。すなわち、ドイツ軍の虐殺とイタリア人の共犯。対独協力の複雑な背景。強いられた適応と反抗。殉教者、ヒーロー、残虐行為を伴うレジスタンス。さらには、連合軍の無差別爆撃。この地はいまではとても穏やかだが、かつて旧世界で演じられたドラマのミニチュア劇場だったのである。

一九七〇年代、何人かのパルチザンの立役者たちは神話的なアウラを享受していたが、それが、共産党を批判する「極左勢力」を黙らせるときに組織的に援用されるだけにいっそう耐えがたかった。私は元パルチザンで父の友人アンドレア・スカーノに会ったことを覚えているが、彼は、私がリセに通った町ノーヴィに住んでいた。リセのグループを代表して発言した政治集会で、共産党の姿勢を糾弾すると、彼を驚くほど苛立たせてしまった。当時、彼のことはほとんどなにも知らなかった。ところで、アンドレア・スカーノは一種のヨーロッパ内戦の生きた記憶だった。スペインで国際旅団とともに戦い、ファシストの牢獄も経験し、レジスタンスにも参加していた。一九四五年、降伏を拒否したため、有罪判決をくだされ、冷戦勃発と共産党の政権離脱後は、ふたたび祖国を出なくてはならなかった。彼はユーゴスラヴィアに避難し、一九四八年、そこで正統派スターリン主義者として、反チトーの野党を組織したが、逮捕され、労働キャンプに拘禁された。一九五〇年代、イタリアに戻り、「歴史的妥協」に向かった共産党引退したが、小さな地方都市でのひっそりとした引退生活だった。[☆29]

では、スカーノは厄介な人物だったが、彼が活動家たちに及ぼしていた道徳的権威は、彼らをレジスタンスと内戦の時代に結びつけるきわめて強い絆があることを示していた。

ノーヴィでは、反ファシスト闘争の英雄たちは大半が共産党員で、急進左翼とレジスタンスとの関係は弱かった。その遺産はいわば共産党に没収されており、我々の「ポスト・メモリー」は実際には記憶の断絶だった。我々にとって、それは何度目かの「裏切られた革命」にすぎず、我々の隊列では、誰も、またはほとんど誰もそれに参加していなかった。おそらくそれが、我々が十月革命を復活させようとして、ほかに、とくにラテンアメリカにモデルを求めることに固執した理由であろう。しかしながら、この「伝統の創出」の横には、第二次世界大戦の時代がなおサブリミナル効果の物語のかたちで漂っていた。それは我々のうつろな歴史を想起させた。この時代の急進左翼は断絶を具現しており、連続性ではない。それがその強みでもあり、弱点でもあったのである。

一九七三年、一七歳のとき、私は「革命的」政治組織に加入した。したがって、私は「十月革命の最後の世代」[☆30]、政治的行動主義のしるしのもとで、一九七〇年代を生きたその最後の最後の代表たちのなかにいた。きわめて若年の活動家として、私は、ヨーロッパ内戦の時代に遡る、党、大衆、戦術、戦略、蜂起、力関係などの政治的範疇の概念と用語集のセットを遺産として受けた。義勇軍をもつことなどできないので、我々はヘルメットをかぶり、軍隊ふうの警察に取り囲まれてデモ行進した。歌

☆29　アンドレア・スカーノのかなり脚色された肖像がジャンパオーロ・パンサ『沈黙の囚人』（スペルリング&クプファー、二〇〇四年）に描かれている。

☆30　バンジャマン・ストラ『十月革命の最後の世代』、ストック、二〇〇三年。

は軍歌調のリフレインで、武器をとれと呼びかけ、ときには『労働者の力』讃歌のような「内戦」を予告するものだった。我々のアンガージュマンの意味があの暴力的対決色への性向、さらにはあの軍事的次元に矮小化されるとは思わないが、しかしそういうものが存在したし、それを否定するのは間違いであろう。ある者にとって、とくにイタリアとドイツでは、それはテロの様相を呈しており、結果は悲劇的だった。要するに、本書では、ときにはパロディーふうの形態で経験したにもかかわらず、私のものでもあった〔政治的・社会的・革命的〕言語と思考様式の原点を理解しようとしたのである。一九七〇年代の政治的・社会的紛争を、この経験の理論的、実践的、さらに審美的でさえあった革新の有する現実的次元を無視して、既知の作品を演ずる笑劇に矮小化したくはない。ただ、それが媒介する遺産、つまり、それほど遠くはなく、つねに現代人の精神に存在する、前の時代からの堆積物である遺産の役割を理解することだけが問題なのである。

一九六〇年代末がひと世代全体に影響を及ぼした反抗精神に支配されていたとしても、次の七〇年代に、もっとも政治化された少数派、つまり自らを好んで「前衛」と見なしていた少数派において、ときおり内戦への方法的準備の形態をとった革命的企てが展開された。一九八九年、世界が迎えた転換期は、こうした戦略的論争を過ぎ去った時代のイデオロギーの兵器廠に決定的に仕舞い込んでしまった。世界を変えることがいぜんとして必然――計画以前でさえある――必然であれば、そこへいたる道は根底的に再考されねばならない。そしてこの試みはノスタルジーも否認もなく、熟考されることを要求するのである。

歴史書を書くことは、過去を公的に語ることに必要な素材を提供することを意味する。それは歴史家を国民的遺産の番人にすることではなく、そういう役目は他の者に任せておくが、彼らの責務は過去を解釈することにあり、アイデンティティの形成とか国民的和解のプロセスを助長することではない。知識人、つまり、歴史家は「有機的に」階級、記憶、集団とか党派に結びついているが、その職務に本質的に課せられる批判的自律を忘れる恐れがある。しかしまた私は、歴史家、とくに現在時の歴史家が、公平な観察者として定義づけられるとは思わない。職務を果たすには、彼らは一定の批判的距離をおくことができなくてはならないが、しかしまた自らを研究の対象に結びつけるものを自覚せねばならず、これにはつねに「転移」の部分、すなわち、プリズムのように過去の出来事を屈折させ、その眼差しを方向づける主観性の役割が含まれる――この問題には、ザウル・フリートレンダーの卓越した考察[☆31]がある。

いまのような時代には、おそらくいくらかのくわしい説明をしておくことも、無駄ではあるまい。ここでスペインの共和派の残忍さを指摘したとしても、彼らをフランコ派と同等に扱うためではない。またリンチやムッソリーニの死体を吊るすおぞましい光景とか、一九四五年五月のベルリン奪取のさい、赤軍兵士によるドイツ人女性の集団暴行を挙げたとしても、コラボとレジスタンをまったく双方とも暴力信者と見なすためでも、ソ連の戦争をナチの戦争と同一視するためでもない。それは、なにものも正当化できないこうした恐るべき行為は説明を要するからである。それがあるかどうかもわからないし、またそれを見出したとも言えない。だが少なくともその要請からは逃げなかった、とは言

☆31　ザウル・フリートレンダー「歴史、記憶と歴史家。ジレンマと責任」、『ニュー・ジャーマン・クリティック』八〇号、二〇〇〇年、三―一五頁、参照。

えるであろう。

第1部　行為への移行

「階級闘争の頂点のかたちである内戦は敵対する階級間のあらゆる道徳的関係を暴力的に破棄する」
レオン・トロツキー『彼らの道徳と我らの道徳』（一九三八年）

「戦争は双方の正当な大義を掲げた戦いであるが、また双方の不当な敵意も伴う戦いでもある」
カール・シュミット『用語集』（一九四七年）

第1章　序曲

解釈

二十世紀前半、ヨーロッパは驚くべき錯綜した紛争を経験した。すなわち、国家間の「古典的な」戦争、革命、内戦、民族解放戦争、ジェノサイド、階級的、民族的、宗教的、政治的、イデオロギー的亀裂から生じた激しい対決などである。何人かの現代の観察者と、そのあとにつづいた多くの歴史家が、この騒乱の時代を「ヨーロッパの内戦」の星のもとにおいて、その意味を再構成しようとした。この表現の総合的性格と喚起力のため、これは一定の成功を収めたが、その規定は曖昧で、不確かなままである。その用法はかなり一般的だが、厳密な概念化とか総体的な研究の対象になることは稀だった。[☆1]おそらくその創始者は、ヴェルダンで死ぬ少し前に前線で書かれた手紙における、ドイツの画家フランツ・マルクであろう。彼はこう指摘している。プロパガンダの主張とは反対に、世界戦争は永遠の敵との戦争でも、人種対立でもなく、「ヨーロッパの内戦、ヨーロッパ精神の見えざる敵にたいする戦争である」[☆2]。

類似の表現が何人かの戦後の作者たちに現われた。『総動員』（一九三〇年）の冒頭部分で、エルンスト・ユンガーは「世界戦争」と「世界革命」という、その間に「深く錯綜したもつれ」が存在する二つの現象を結びつける絆を強調している。そしてこう書いている。「両者は……その起源に関することでも、その現われ方でも互いに相関する、地球規模の同じ出来事の二つの側面にすぎなかった」[☆3]。要するに、一九一四年の戦争は「内戦」の雰囲気のなかで「ヨーロッパにたいして戦うヨーロッパ[☆4]」を示す黙示録にすぎなかったのである。一九四二年十一月、当時パリの国防軍最高司令部に配属されていたエルンスト・ユンガーは、日記のなかで、進行中の紛争を「世界規模の内戦《ウェルトビュルガークリーク》[☆5]」として描いてい

☆1　それが、ステファーヌ・オドワン＝ルゾー、アンリ・ルッソ、アンヌ・デュメジル、クリスティアン・アングラオが書誌学的論稿で確認したことである。「社会、戦争と平和（ヨーロッパ、ロシア／ソ連、アメリカ合衆国、日本）一九一一―一九四六年」、『歴史家と地理学者』、三八三号、二〇〇三年、一五五頁。この概念の系譜の再構成については、クラウディオ・パヴォーネ「第二次世界大戦：ヨーロッパとヨーロッパの内戦」、ピエトロ・カウザラーノ、ヴァレリア・ガリーミ、フレデリック・フレジ編『戦争の二十世紀』、エディシオン・ド・ラトリエ、二〇〇四年、四七二―四八五頁と、ジャン・エンリコ・ルスコーニ「〝ヨーロッパの内戦〟と国家とヨーロッパの観念による結果について」、『国家であることをやめれば』、イル・ムリーノ、一九九三年、一〇一―一二三頁、参照。

☆2　モドリス・エクスティンズ『春の儀式――大戦と近代の誕生』、バンタム・プレス、一九八九年、九四頁に引用。

☆3　エルンスト・ユンガー「総動員」、『普遍的国家／総動員』、一九九〇年、九九頁、所収（この仏訳名は原題とは異なる）。

☆4　同書、一四一頁。

た。この戦争は列強間の伝統的な対決の枠をはるかに超えており、恐ろしく破壊的な世界炎上に変じた。スターリングラードでドイツが敗北し、コーカサス地方での任務から帰ると、彼はその光景を真っ黒に描いて、この考えを再確認した。「東部の戦争は、一八一二年の経験のあとでさえも、クラウゼヴィッツが考えなかったほど絶対的で、動物的な絶滅の空無にまでいたらしめられた国家間、民族間、市民同士、宗教間の戦争である」[☆6]。

一九四〇年、日本に亡命したカール・レーヴィットはヨーロッパの統一性解体、進行中の戦争の真の背景について自問した。この壊れた統一の核は物質的ではなく、「共有された精神的傾向」[☆7]にあった。レーヴィットによれば、第一次世界大戦が「内戦」[☆8]であったのは、まさにその争点が大陸の統一だったからである。その結果は統一ではなく、ニヒリズムの出現、つまりは彼が「現存文明の否定」[☆9]と解釈していたニヒリズム、すなわち、ヨーロッパの伝統が遺したあらゆる価値観の破壊の到来だったのである。

今日では、「ヨーロッパの内戦」の概念を、その有名な著作の題名にしたドイツの歴史家エルンスト・ノルテに結びつける傾向にある。彼はこれを用いて、十月革命で始まり、ナチズムの敗北で終わる時期を定義づけた。彼の解釈はその本の副題「ナチズムとボリシェヴィズム」に暗黙裡にあり、それは共産主義にある全体主義的萌芽が生み出した対立を示唆し、ナチの犯罪はそのたんなるコピーにすぎないとする[☆10]。仔細に見ると、彼の主張はすでに最初の著書『当代におけるファシズム』（一九六三年）に刻み込まれ、透けて見えているが、そこで彼はナチズムをマルクス主義と「根本的に反対だが、やはり類似した運動と定義づけ、ナチズムは「ほとんど同じ方法」を使ってマルクス主義を倒そうとしたとしている。[☆11] 文脈からは孤立して、見落とされがちな一節で、彼は「歴史家論争」の中心になるような考えさえ主張し、「ユダヤ人によって実行されたジェノサイドのもっとも根本的なかたち」[☆12]というボリシェヴィズムの見方をヒトラーのものと見なしている。最初の著作の結論として、ノルテはファシズムの深い核を、近代世界の「超越性」、つまりはその根本的な形態において、哲学的次元ではマルクス主義によって、政治的次元ではボリシェヴィズムによって具現された「超越性」への抵抗にあるものと位置づけた。したがって、ファシズムは近代性の出現にたいする組織的な反応であり、戦争と革命の時代における、その敵と同様の根本的な反応だった。「実践的超越性」の否認として、ファシズムは自然に保守的、さらには反動的な伝統に組み込まれた。しかしそれはまた、近代世界に

☆5 エルンスト・ユンガー『戦争日記』、ジュリアール、一九八〇年、三七三頁。
☆6 同書、四五頁。
☆7 カール・レーヴィット「ヨーロッパのニヒリズム。ヨーロッパ戦争の精神的前史に関する考察」、『全集』、メッツラー、一九八三年、第二巻、四七三—五四〇頁。このレーヴィットのテクストに関しては、エンリコ・ドナッジョ『控えめな不安——カール・レーヴィットと哲学』、フェルトリネリ、二〇〇四年、九〇—九七頁、参照。
☆8 カール・レーヴィット、前掲『ヨーロッパのニヒリズム』、四七九頁。
☆9 同書、四九八頁。
☆10 エルンスト・ノルテ『ヨーロッパの内戦　一九一七—一九四五年——ナチズムとボリシェヴィズム』、エディシオン・デ・シルト、二〇〇〇年。
☆11 エルンスト・ノルテ『当代におけるファシズム』、ピーパー、一九六三年、五一と五一五頁。
☆12 同書、四九〇頁。

内部からの異議を申し立て、「その固有な領域において」否定する「理論的超越性にたいする闘い」[13]のかたちもとった。近代性が革命のかたちをとると、近代性打倒のため、反革命、すなわち、「保守革命」が必要になる。ところで、シャルル・モラスは「ラディカルな反応は革命にたいする革命を意味する」[14]ことを最初に理解し、大戦後、ファシズム運動がとる方向を示した。たしかに、モラスの反革命はなおブルボン家の復興をめざしたが、しかしまた別の目標でもって、ムッソリーニとヒトラーがとった道を切り拓いた。反革命とファシズムには明確な連続性があったのだ。それゆえ、歴史記述の流れに逆らって――この点ではシュテルンヘルが彼に加わるが――、ノルテはアクシオン・フランセーズをファシズムのただなかに組み入れたのである。

要するに、ノルテは二十世紀を、超越性と超越性にたいする抵抗、すなわち、革命と反革命、共産主義とファシズムの対立に支配された時代と解釈していた。[15]ノルテによると、この一九一七年以後に世界を分断した大規模な対決は、哲学的次元ではマルクスとニーチェによって予示されていた。十九世紀に、『悲劇の誕生』の作者は近代世界にたいする根源的な反抗の最初の代表者だった。彼の神も預言者もなき世界としての近代性ヴィジョンはその「理論的超越性」批判に想を与えたが、他方でその民主主義、大衆社会、社会主義の否認は「実践的超越性」にたいする将来の闘いを予告していた。マルクスは近代の大規模な「奴隷反乱」に哲学的・政治的なかたちを与えたが、ニーチェとは正反対で、両者はそれぞれが革命と反革命を体現していた。ノルテはニーチェに二十世紀に勃発する「大いなる内戦の予言」と、それに伴う「不可避的な絶滅の概念」を見ていた。[16]ボリシェヴィズムとともに、ニーチェが予感した「普遍的脅威」は「具体的なかたち」をとった。[17]ノルテは解釈の概要は変えない。

「アジア的で野蛮な衣裳の人間理論」というナチのボリシェヴィズム観に割いた『争点』の章で、彼は、一九二〇年、バクーの東方諸民族会議でのジノヴィエフの演説を想起している。植民化された民族を国際運動で組織化するというこの最初の試みは、ファシストの想像世界に強烈なインパクトを与えた。ナチの会合では、ヒトラー、ヒムラー、ゲッベルスたちには、ロシア革命を「下層人間の革命」[☆18]、西欧文明にたいする大規模な反乱と見なす習慣があったのである。

二〇〇〇年、ミュンヘンのコンラート゠アデナウアー財団賞がエルンスト・ノルテに授与されたさいの賛辞で、歴史家ホルスト・メラーは同僚の作品を貫いている息吹にシュペングラー流の調子があると述べている。[☆19]ノルテは自分を諦観した瞑想的で、ほとんどウェーバー的な近代性の批評家である

☆13　同書、五四四頁。ノルテは「超越性」の概念を、師であるハイデガーから採った。フォルカー・クローネンベルク『エルンスト・ノルテと全体主義的時代——合意の試み』、ブーヴィエ・フェアラーク、一九九九年、八五—一〇三頁。ハンス・クリストフ・クラウス「エルンスト・ノルテの哲学的歴史記述」、『政治思想』、一九九四年、六四頁。マーティン・キッチェン「エルンスト・ノルテとファシズムの現象学」、『科学と社会』三八巻第二号、一九七四年、一三九頁、参照。ハイデガーの「超越性」概念については、マルティン・ハイデガー『問いI』、ガリマール、一九六八年、一〇一—一〇五頁、参照。

☆14　エルンスト・ノルテ、前掲『当代におけるファシズム』、一七九頁。

☆15　ハンス・クリストフ・クラウス、前掲書六四頁、参照。

☆16　エルンスト・ノルテ『ニーチェ——戦場』、バルティヤ、二〇〇〇年、九九頁。

☆17　同書、二九九頁。

☆18　エルンスト・ノルテ『争点——国家社会主義に関する現在と今後の論争』、ウルシュタイン・プロピレーエン、一九九三年、三五七頁。

と自己紹介しているが、しかしその著作には、保守革命の痕跡の臭う戦争の喧騒の響きがこだましている。この伝統から、ノルテはまたそのデーモン、すなわち、近代世界の秘められた動因としての反ユダヤ的な「ユダヤ人」観、つまりは「超越性」の中心も受け継いでいる。彼の著作はナチズムの心的機構や思考方式を洞察する助けとなり、そのいくつかの本質的な特徴を再生産している。『争点』で、ユダヤ人大虐殺を「世界史上もっとも恐るべき大量殺戮[☆20]」と定義づけているが、しかしボリシェヴィキの派生的犯罪、その「ジェノサイド」のたんなる模倣であると解釈している。悪の真の源泉はまさにそこ、ボリシェヴィズムにあり、これがユダヤ人にその自然の代弁者を見出したというのである。ニーチェを引用して、彼は「道徳において奴隷の反乱をはじめた」民族と書いている[☆21]。

ノルテの主張が引き起こした論争は有名である。しかしながら、確認しておかねばならないが、それは、多くの作者の著作を貫いているヨーロッパの内戦概念の意味の豊かさと多様性を論じつくしたわけではない。彼の弁明的なアプローチを退けて、何人かの歴史家はこの内戦の始まりを一九一七年ではなく、一九一四年に位置づけた[☆22]。彼らは一致して、列強間の同盟関係と均衡をはるかに越えて、第一次世界大戦はある一定のヨーロッパ観の終焉と、新しい危機、社会的・政治的・軍事的対立の時代の出発点を画したことを強調している。だがこの考えは古く、ハンナ・アーレントの『全体主義の起源』のような、一九五〇年代初めの著作にその萌芽が見出せる。そこでは、大戦は旧世界の「爆発」として描かれ、その飛び散った破片は、もはや古い帝国制度にも一連の緊密な国民国家群にも対応しなくなった混乱のなかで、ばらばらになり、互いにぶつかり合っている。そして最初の世界的紛争後の「不確かな平和の二〇年」は、「かつての宗教戦争よりも残酷で血なまぐさい……内戦」の連

なりにつづき、結局は前よりもはるかに強烈で破壊的な第二の総爆発に行き着くしかないものと見なされている。[☆23]

もっとあとになると、一九一四―一九四五年のヨーロッパの危機は、マルクス主義者のエリック・ホブズボームと自由主義者のフランソワ・フュレのような歴史家によって「内戦」と形容されているが、二人は異なった観点からその本質的に「イデオロギー的な」性質を強調している。前者は一九一四年の塹壕から生まれた世界を、平和と進歩の観念に支配された安定と安全の「黄金時代」に対置している。それは、少なくともヨーロッパでは、百万単位で数える場合、大陸の産業が生産した石炭と鉄鋼のトン数のことであり、あとでのように戦争とジェノサイドの犠牲者数ではなかった。『極端な時代』において、彼は「国際的なイデオロギー的内戦」[☆24]の概念を用いて、共産主義とファシズムの対立をはるかに越えて、「二つの異なったイデオロギー家族」間の道徳的対決によって荒廃した大陸の

☆19 リヒャルト・ヘルティンガー「全体主義力学」、『ディ・ツァイト』二四号、二〇〇〇年、四二頁、参照。
☆20 エルンスト・ノルテ、前掲『争点』、二九〇頁。
☆21 エルンスト・ノルテ、前掲『ニーチェ』、一二二頁。
☆22 ダン・ディナー『今世紀を理解する――普遍的歴史の意味』、ルフターハント、一九九九年、二一―二五頁。マーク・マゾワー『暗黒の大陸――二十世紀のヨーロッパ史』、コンプレックス、二〇〇五年、二一頁以下。ジョルジオ・ガラッソ『ヨーロッパの歴史――III現代』、ラテルッツァ、一九九六年、一三一頁以下。
☆23 ハンナ・アーレント『全体主義の起源』、クワトロ・ガリマール、二〇〇二年、五六一頁。
☆24 エリック・ホブズボーム『極端な時代』、コンプレックス、一九九九年、一九七頁。「ヨーロッパの内戦」の概念はすでに前掲のアイザック・ドイッチャー『未完の革命』にある（一四七頁）。

分裂を描いている。二つとは、啓蒙思想、当然ロシア革命が含まれる伝統と、反啓蒙思想、すなわち、ファシズムである。[☆25]大戦が分水嶺となる。つまり、その勃発で「長い」十九世紀が終わり、内戦の時代が始まる。かくして後者は、彼が「カタストロフィの時代」と称する「短い」世紀の前半と一致する。「イデオロギー的内戦」と「カタストロフィの時代」。二つの表現は、いわば相互交換可能なのである。

フランソワ・フュレにとっても、第二次世界大戦は、「イデオロギーの論理[☆26]」にしたがって、一九一四年の転換期が生み出した文脈に含まれる。サライェヴォのテロから生じた紛争後、ヨーロッパはもはや同じ顔ではなかった。この二つの時代を隔てる区切りはきわめて深く、第一次世界大戦は、彼にとって、「近代史のもっとも謎めいた出来事のひとつ」として現われた。大戦は深淵を穿った。一九一四年八月に始まる時代は、「内戦だが、国家的な情熱の名において、主権国家間で行なわれるという不条理な様相[☆27]」を帯びる。このヨーロッパの危機は、反自由主義的で矛盾しているが、いわば類似した双生児的反応、つまりは共産主義とファシズムの母型として残り、彼はこれを、西欧文明が民主的な自由主義に向かう不可避的な道を大きく変える全体主義的挿話劇の立役者と解釈していた。ホブズボームにとって、この内戦は戦うのに値し、自らの陣地を選ばねばならず、それこそヨーロッパを救ったのはこの戦争だった、となる。フュレは、まるで自由主義の徳は争い（共産主義とファシズムの対立）の頭上にあるかのごとく、遠くから無表情に、冷ややかに眺めていた。まさに二つの感性と二つの記憶だが、ただし同じ事実、つまり、一九一四—一九四五年間のヨーロッパの歴史は内戦に引き裂かれた大陸の歴史であるという事実から発しているのである。

先例

二十世紀のヨーロッパの内戦には二つの原型がある。三十年戦争（一六一八—一六四八）とその一世紀半後のフランス革命、すなわち、バスティーユ奪取で始まり、ナポレオンの失墜（一七八九—一八一五）で終わる断絶と変化の長いプロセスである。両者は破滅的で、大陸の相貌を変えた。二十世紀との比較はほとんど自然なものとなる。十七世紀のヨーロッパの危機と未来の世界戦争の比較を最初に粗描したのは、おそらくフリードリヒ・エンゲルスで、彼は一八八八年の有名な論稿でしばしば、その予兆的性格を強調している。そしてこう述べている。「八〇〇～一〇〇〇万の兵士が殺し合いをし、そうして、バッタの大群でさえしなかったほどヨーロッパを根こそぎにするだろう」。さらにつづけて、そのさいには、「三十年戦争の荒廃は三～四年間に集中され、大陸全体に広がるだろう」と言う。それは大規模な飢饉と伝染病をもたらし、経済を「修復不能なカオス」に沈め、結局は「総破産」にいたるとも言う。「古い国家と伝統的な国家的英知が崩壊し、その結果、王冠が数十個も路上に転がるが、それを拾う者が誰もいないような光景」[☆28]を目にすることになる、というのである。プロイセンの将軍ヘルムート・フォン・モルトケがこれに応え、一八九〇年五月、帝国議会に鳴り響く演説で、諸

☆25　類似のアプローチで、文脈からはずれるが、この対立を思想史の領域に限って解釈しているものに、ゼーヴ・シュテルンヘル『十八世紀から冷戦までの反啓蒙思想』（二〇〇六年、フェイヤール）がある。
☆26　フランソワ・フュレ、前掲『幻想の過去』、五〇頁。
☆27　同書、三五頁。

国家の軍隊が到達した威力を鑑みると、新たな紛争のさいには、いかなる国家もすぐには他国を圧することはできず、結果は恐ろしく破壊的な新三十年戦争になるだろう、と断言した。[29] この比較は、一九一九年、ドイツの歴史家ハンス・コーンが、大戦から生じた近代的ナショナリズム理解を試みた先駆的著作でふたたび取り上げている。[30]

　第二次世界大戦中、三十年戦争はいまいちど想い起こされた。一九三九年、外交面から見ると、疑いようもなく、新たな戦争は前大戦との連続性に組み込まれており、ヒトラーはヴェルサイユの恥を晴らすという意向を叫びつづけていた。一九四二年、アメリカへの亡命ドイツ人政治学者ジークムント・ノイマンは、「過去三〇年を本質的に単一の時代、おそらく第二の三十年戦争と見なす」[31] よう提案している。自伝的作品『カプート』において、クルツィオ・マラパルテ〔一八九八―一九五七、イタリアの作家〕は、東部戦線の戦いの時期に、国防軍の兵士たちが戦いを「三十年戦争の電撃戦」と名づけたという苦々しい皮肉を想起している。[32] この比較は、アルフレート・ローゼンベルクにとってはライトモチーフで、まずナチ党機関紙『フェルキッシェ・ベオーバハター』、とくに一九四二年九月一日付の論説、次いで啓蒙思想とフランス革命がもたらしたヨーロッパの「病い」であるボリシェヴィズム撲滅闘争に向けられた小冊子に表われた。彼はこう書いている。この闘いでは、「生きるための闘い《レーベンスハルトゥンゲン》、国家概念、世界観」が対決しており、それは、ダーウィンの用語で言えば、「生存競争 (struggle for existence)[33]」と言われるほどのものである。比較はまた一九四一年九月、ド・ゴール将軍のロンドンからのラジオ演説に、また一九四八年、第二次世界大戦の自らの体験を「もうひとつの三十年戦争物語[34]」として描いたウインストン・チャーチルにも現われる。さらには、「第二の三十

年戦争」を「双曲線の戦争」と定義づけたレイモン・アロンにも現われる。つまり、一九一四年、

☆28　フリードリヒ・エンゲルス「(ボルクハイム『ドイツの熱烈なる愛国者追悼』への)序文」、マルクス／エンゲルス『著作集』、ディーツ・フェアラーク、一九七五年、第二一巻、三五〇—三五一頁。これについては、ジルベール - アシュカール「エンゲルス、戦争の思想家、革命の思想家」、ジョルジュ・ラビカ、ミレイユ・デルブラッキョ編『エンゲルス、学者と革命家』、PUF、一九九七年、一三九—一六〇頁、参照。

☆29　マイケル・ハワード「三十年戦争？　歴史的パースペクティヴにおける二つの世界戦争」、『王立歴史学会紀要』III巻、一九九三年、一七一頁。「全面戦争」としての三十年戦争については、ロジャー・チッカーリング「全面戦争。概念の用法と誤用」、マンフレート・ベメッケ、ロジャー・チッカーリング、シュテイーク・フェルスター編『全面戦争予測——ドイツとアメリカの経験一八七一—一九一四年』、ケンブリッジ大学出版、一九九九年、所収、一三—二八頁、参照。

☆30　ハンス・コーン『ナショナリズムの観念——その起源と背景研究』(一九一九年)、トランザクション・ブックス、二〇〇五年。

☆31　ジークムント・ノイマン『永久革命——国際的な内戦時代の全体主義』、パル・マル・プレス、一九六五年、二六〇頁。

☆32　クルツィオ・マラパルテ『カプート』、モンダドーリ、一九九五年、二〇二頁。

☆33　アルフレート・ローゼンベルク『現代の世界闘争と世界革命』、F．エーア、一九四四年。ミヒャエル・ガイヤー「原カタストロフィ、ヨーロッパの内戦、人間屠殺場。第一次世界大戦のヨーロッパの破壊を歴史家はどう意味づけるか」、ライナー・ローター編『世界戦争一九一四—一九一八年——出来事と記憶』、ミネルヴァ、二〇〇四年、二九頁、所収に引用。

☆34　ド・ゴール将軍の演説は、アントワーヌ・プロストとジェイ・ウインター『大戦を考える——歴史記述の試み』、スイユ、二〇〇四年、三三頁に引用。ウインストン・チャーチル『巻き起こる嵐』、ホートン・ミフリン、一九四八年、III頁。

「外交の失敗」から生まれたこの戦争は、多様な危機と内戦を経て、一九四五年にしか終わらなかったのである。[☆35]

十七世紀と二十世紀のヨーロッパの戦争の比較には、たしかにかなりの類似点がある。どちらも全面戦争である。双方とも恐ろしいまでに破壊的であったが、それはたんに参戦した兵士にとってのみならず、前者の場合は飢えと疫病のために、後者の場合は戦闘に付随する爆撃、殺戮、ジェノサイドによって何百万人も殺され、犠牲になった民間人にとってもそうであった。最初の三十年戦争は、宗教面では旧教と新教の対立によって、政治的な面では封建制と絶対主義の対決によって特徴づけられる。第二の場合は、一九一四年、大陸の覇権をめぐる列強間の伝統的対立から生まれ、一九一七年後は革命と反革命の対立によってつづき、一九四一年に敵対する世界観のあいだで還元不能な戦争となって頂点に達した。後者は複雑な政治的形態をとり、資本主義／集団主義、自由／平等、民主主義／独裁体制、普遍主義／人種主義など、いくつかのもつれた対立に細分化された。換言すれば、まず自由主義と共産主義、革命と反革命の対決、次いで民主主義とファシズム、ファシズムと共産主義、結局は、ファシズム連合にたいする自由主義的民主主義と共産主義の同盟という対立にまでいたったのである。この二つの三十年戦争は、国家間の戦争と内戦、国境の修正と国家構造における政治的変化、宗教的次元の対立とイデオロギーの対決の組合せである。二つともが十字軍精神で行なわれ、虐殺さらにはジェノサイドの標柱が次々に立てられた。二つともがドイツを震源とし、一六四八年にも一九四五年にもその分裂で終わったのであった。[☆36]

ただ、違いは結果にあった。ヴェストファーレンの講和によって、最初の三十年戦争は国家間のバランスにもとづく安定した国際関係システムをもたらした。それはまた、「ヨーロッパ公共広場法(jus publicum europeum)〔邦訳はヨーロッパの公法〕とでも称されるようなもの、すなわち、ヨーロッパ列強間の関係の法的調整と主権国家間の世俗的紛争としての戦争処理システムの礎を築いた。このバランスはフランス革命によって揺るがされ、次いで一八一五年、ウィーンで回復する。最初の三十年戦争は近代国家の発端を画したが、それは主権を有する法的・政治的機構で、国境内で合法的暴力の独占権を行使し、常設軍によって外敵の脅威から国境を守ることができるものだった――この常設軍とは、ノルベルト・エリアスが「戦士の廷臣化」と定義づけた〔文明化〕プロセスの一環であろうが。[☆37] 宗教戦争はボダン〔一五二九―一五九六、フランスの経済学者、哲学者〕に主権を考えさせ、イギリス革命はホッブズに内戦のアンチテーゼとしての国家観の着想(『リヴァイアサン』)を与えたが、これは、前政治的であるがゆえに敵対的な自然状態を越えて、政治的秩序、平和と安全を確立できる絶対的権威としての国家である。絶対主義下では、戦争は内戦の回避手段になった。君主への服従は非業の死を被らないために払うべき代価である。第二の三十年戦争は交戦国間の妥協にも、新しい力関係のバランスにもいたらなかったが、敵対者のひとつを粉砕すること――一九四一年以後、これ以外にいかなる解決策もな

☆35　レイモン・アロン『回想録』、ジュリアール、一九八三年、四〇六頁、参照。
☆36　この二つの三十年戦争の比較としては、とくにアルノー・J・メイヤー『歴史における〝最終解決〟』(ラ・デクヴェルト、一九九〇年、五〇―五五頁)、参照。これはジョフリー・パーカーの古典的著作『三十年戦争』(オービエ・モンテーニュ、一九八七年)に依拠している。
☆37　ノルベルト・エリアス『西欧の力学』、ポケット、一九七五年、二一九頁以下。

かっただろうが――と、ナチズム打倒のため結束していた自由主義と共産主義、この啓蒙思想の敵対する二人の申し子の対立をもたらした。二十世紀には、国家の強化は市民が非業の死を被る危険を減らすことにはならなかった。むしろ、近代式虐殺とジェノサイドの状況を生み出したのである。最初の三十年戦争は歴史的に文明化過程の決定的な一段階として、第二のそれはその危機の絶頂として捉えられたのだった。

第二のヨーロッパの内戦はフランス革命で始まり、ワーテルローで結束を迎えた。歴史家ローマン・シュヌーアは、一七九二―一八一四年、ヨーロッパを真っ赤に染めた紛争を「世界的内戦」の星の下に置いた。☆38 十七世紀同様、またもや社会的・政治的大変動、イデオロギー戦争であった。軍事面では、それは君主制諸国連合と革命国家との対決で始まったが、後者は自然法の名において、旧制度に国境なき宣戦を布告した。ヨーロッパのいくつかの地域ではジャコバン派が生まれ、フランスの侵入を解放行為として歓迎し、そのようにして国家間の戦争を貴族権力にたいする内部の反乱、すなわち、内戦に変えた。一七九三年、国民公会の演説で、ロベスピエールは人民の友愛の原理を唱え、彼らを「同一国家の市民」として一致協力させ、国民の抑圧者をして「あらゆる国民の敵」とするよう主張した。ところで、人類の敵にたいする戦いは内戦の特徴を帯びるが、ロベスピエールによると、それは国際法の法規にはなじまないからである。彼は、「王、貴族、専制君主は普通の敵ではなく、逆徒の殺人犯、山賊として万民に訴追されねばならない」☆39 と宣告している。まったく同様に、反ジャコバン派は、フランス移民貴族に感化されて、国民にたいしてではなく、革命に反抗していたが、これは、エドマンド・バーク〔一七二九―一七九七、英国の政治家、作家〕が「武装せる教義」にたいして「宗教戦争」を推奨したときに完璧に理解していたことで、そこでは「文明化した戦争の方法はもはや適用されないだろう」[☆40]という。ジャン゠クレマン・マルタンによると、フランス革命は「自由の友人／敵」という亀裂をめぐってつくられた新しい世界観を確立したが、これは秘密外交を排し、君主間の紛争を終わらせて、「イデオロギー的基礎にもとづく「世界的内戦の前提を導入した」[☆41]。かくして、ボリシェヴィキは一九一八―一九二一年、白軍と戦争を行ない、またかくして、連合国は一九四一―一九四五年、ナチ・ドイツと戦争を行なうことになる。つまり、和平を求めるのではなく、倒さねばならない非合法な敵との戦争である。

最初の三十年戦争のときのように、フランス革命とナポレオン戦争は旧社会秩序を解体した。それはヨーロッパ諸国全体を巻き込み、大陸の民衆を動員し、近代的ナショナリズムの到来を招き、その

☆38　ローマン・シュヌーア「世界平和の観念と世界的内戦　一七九一―一七九二年」、『革命と世界的内戦――一七八九年以後の亀裂研究』、ドゥンカー&フムブロット、一九八三年。

☆39　ロベスピエール「人間と市民の権利宣言草案」（一七九三年四月二十四日）、『演説：幸福と自由のため』、ラ・ファブリック、二〇〇〇年、二三三頁。ヨーロッパの内戦概念の生成にとっての、この演説の重要性は、ヴィルヘルム・ヤンセン「戦争」、ラインハルト・コゼレック編『歴史的基本概念――ドイツの政治的・社会的言語辞典』（クレット・コッタ、一九八二年、三巻、五八八頁）にある。

☆40　コーナー・クルーズ・オブライエン「序論。反革命宣言」に引用。エドマンド・バーク『フランス革命の省察』、ペンギン・ブックス、一九八六年、六一―六二頁、所収。

☆41　ジャン゠クレマン・マルタン『暴力と革命――国民神話の誕生』、スイユ、二〇〇六年、一一九頁。

インパクトはアメリカにまで及んだ。ヴェストファーレンの講和は絶対主義を生み出した。ウィーン会議はその死を確認した。王政復古はナポレオンの征服がもたらした社会的変化を再検討することはなく、またたしかに、一八一五年以後も「常在する」旧制度は産業資本主義の飛躍的な発展を妨げなかったが、政治的秩序は貴族的なヨーロッパのままだった。それゆえ、フランス革命とナポレオン戦争がもたらした振動は、例の〝ヨーロッパ公共広場法〟を廃することはできなかったのである。一八一五年、ウィーン会議は「百年の平和」を樹立したようなもので、これは以下のような、はるかに限られた期間と範囲の紛争によってしか乱されなかった。クリミア戦争〔一八五三—一八五四〕、イタリア国家統一運動の原因となった仏墺戦争〔一八五九〕、普墺戦争〔一八六六—一八六七〕、ビスマルクにドイツ統一を完成させた普仏戦争。一九一二—一九一三年のバルカン戦争、これは、そこに大陸の秩序を爆発させそうな危機が生じているにもかかわらず、ヨーロッパの安定にとっての脅威というよりも、オスマン帝国の危機の出現として立ち現われていたのである。

カール・ポラーニイ〔一八八六—一九六四、オーストリアの経済学者〕によれば、一八一五年に生まれたこの「百年の平和」は四つの柱に依拠していた。つまり、列強間の均衡、金本位制、産業革命によって生まれ、市場による社会の自動調整原理にもとづく自由主義経済、そしていくつかの憲法上の自由の認知を伴う法治国家である。四つめの柱が極度に欠けていたツァーのロシアを除いて、他の全ヨーロッパ諸国がこのシステムに同意していた。☆42 この「百年の平和」の起源には、同じ文明に属し、同じ価値観を共有しているという、大陸のあらゆる国のなかに深く根づいた感情があった。この文明は、植民地世界のアンチテーゼ、つまり、その優越性と支配のイメージ、進歩の媒介役という歴史的「使命」

を確信する根底的な他者性の世界として定義づけられる。植民化に開かれた空間と見なされたヨーロッパ外の空間では、暴力が無制限、無規則に展開された。その代わり、旧大陸の内部では、十九世紀は不動のもののように見えた社会システム、諸制度、文化、行動形態をつくりあげていた。拷問はいたるところで減少し、消滅するまでになった。平和は共通の価値観として認められた。戦争は限られた範囲と期間でしかなかった。列強間の同盟システムはこの文明の鏡だった。外交は一種の貴族的カーストで、その言語、フランス語をもち、さまざまな国の王冠どうしの打算的な結婚に慣れた王室家族にも似た大陸横断の関係を有する特権階級のものだった。こういうコスモポリタンのジェントルマンにとっては、帝王制ヨーロッパの運命と国益を分けることは困難だった。しかしこのカーストは以後、ナショナリズムの飛躍的発展にたいして大きくずれる存在になったのである。[☆43]

一九一四年、英国外務省の某高官が「ユニークなタイプ」の外交官の出現を強調して、こう述べている。全員が「隠喩を用いて、同じ言語を話す。彼らは同じ思考様式と、多かれ少なかれ同じ観点を共有している」[☆44]。世界の運命はこの「ユニークなタイプ」に対応するエリート層に委ねられているので、ヨーロッパ内部での絶滅戦争の可能性は、「文明世界」外のアフリカでヨーロッパ人が行なった戦争のようには考えられなかった。一九一四年四月、カタストロフィ勃発のわずか数か月前、『タイムズ』の社説はヨーロッパの「協調」の徳にたいする信頼を再確認している。「列強が均衡のとれた

☆42　カール・ポラーニイ『大変化』、ガリマール、一九八三年、第一章。
☆43　ヘンリー・ステュアート・ヒュージ『現代ヨーロッパ：歴史』、プレンティス・ホール、一九六一年、六頁。
☆44　ジェームズ・ジョル『第一次世界大戦の起源』、ロングマン、一九八四年、第三章に引用。

二つのグループに分かれ、各国間で緊密な連携を保ち、各国それぞれが他グループの国と友好関係をもつことは、狂的な野心とか国家的な憎悪の暴発を防ぐ二重の抑止力になる。各君主や政治家、さらには各国民さえもが、この二つのグループの戦争は大きな災禍となることを知っている。この意識は中庸の感覚を前提とし、きわめて大胆な者や騒乱者を抑える。彼らは、同盟した他国の援助を獲得して、紛争の責任と危機を共有するよう説得するには、武力の行使を考える各国列強がまず、紛争が必然で正当であることを他の同盟国に説得せねばならないことを知っているからである。彼らはもはや彼らだけがその運命の支配者ではない……」[☆45]。

この根底的なオプティミズムは、その大筋において、政治勢力全体に共有されている。一九一四年以前、ヨーロッパの社会主義者は平和主義的な大攻勢をかけ、一九一二年十一月、バーゼルの国際会議でフェルマータとなった。労働運動が世界戦争を阻止するとか、それが勃発した場合には、社会主義革命に変えられるだろう、と彼らは言っていた。しかしこうした仰々しい発言は、紛争の可能性を無視したナイーヴなオプティミズムを示していた。またこの原則的な立場はけっして実際的決定にはいたらなかった。ドイツおよび国際的な社会民主主義の主要な理論家のカール・カウツキーは、戦争末期のころ、一九一四年七月二十九—三十日に国際社会主義事務局が招集されたさい、事務局全員が先をまったく見通していなかったことをきわめて明快な言葉で認めていた。「出席していた我々のうち誰ひとり、こう問いかけなかったことは驚きである。戦争になったらどうする？ 戦争で社会主義党はどんな態度を取らねばならないのか？」[☆46]。

ところで、一九一四年八月、帝国列強相互の中立化にもとづくシステムは瓦解することになる。戦後の講和条約は〔一八七一年の〕ヴェルサイユ条約を基にしていたが、力の均衡関係を回復することにはならなかった。フランスを列強と平等な地位に戻した〔一八一五年の〕ウィーン会議と違って、ヴェルサイユ会議はドイツを罰する決定をし、武装解除、巨額の賠償金、領土切断を課したが、この痛ましい領土削減は旧プロイセン帝国市民数百万人を国境外に置き去りにすることになった。ソヴィエト・ロシアは「防疫線」によって孤立していたが、西側諸国はこれを軍事面で抹殺しようとした。その国際的な認知は白軍の反革命敗北の所産となろう。ツァーリズムと中欧帝国の崩壊につづいた内戦は自由主義的な政治制度をむしばんだ。一方でソ連体制、他方でファシズムの出現がその危機を深めた。経済的自由主義のほうは、まず戦争経済によって再問題化され、次いで一九二九年の危機によって厳しい試練にさらされ、これがヨーロッパの一部がファシズムへと大きく傾くのを助長した。ジョン・メイナード・ケインズのような自由主義経済学者をはじめ、誰も市場の自動調整力など信じなくなったのである。

一八一五年、ウィーンで樹立された「ヨーロッパの協調」は貴族的な大帝国の存在の上に建っていた。ジョルジュ＝アンリ・ストゥーによると、これは、列強間の力関係にもとづく機械的均衡と、この同じ列強諸国が体現する一連の自由主義的価値観にもとづく有機的均衡をともに前提とする。☆47ところで、機械的均衡は帝国の解体によって、また大陸が脆弱で、多くは異質で多様な国民国家に細分化

☆45　同書。
☆46　ジョルジュ・オプト「戦争か革命か？　一九一四年八月のインターナショナルと神聖同盟」、『歴史家と社会運動』に引用（マスプロ、一九八〇年、二〇三―二〇四頁）。

されたことによって消滅した。有機的均衡のほうは、一九一八―一九二三年の内戦、深刻な自由主義の危機、ロシアのボリシェヴィズムの出現、大陸各地、まずイタリア、次いでドイツ、オーストリア、スペイン、そして中欧諸国におけるファシズムの台頭の波に呑み込まれてしまった。一九三〇年以後は、経済危機が脆弱なヴェルサイユの構築物を吹っ飛ばし、国際連盟の無効性を露呈した。後者は、ウィルソンが提唱した民族自決の原則にもとづき、ヨーロッパ社会の民主化と、経済的、知的、政治的なポスト・アリストクラシーの新エリート層の誕生を反映していた。しかしながら、この原則は共通の政策を生み出せなかった。王朝的な旧式の「協調」は過ぎ去った時代のもので、その後継となるものを見出せなかった。昔の王朝がつねに大陸の問題解決の基礎にしていた家族的精神が、国民的な新しい政治的エリート層には決定的に欠けていた。それが、一九一九年からジャック・バンヴィルが『平和の政治的帰結』において明らかにした事実である。[48]

たしかにドイツは弱体化したが、麻痺したわけではない。ロカルノ条約（一九二五）と、ドイツの国際連盟加入に象徴される和解政策の根本には、ボリシェヴィズムへの恐怖があった。ジョン・メイナード・ケインズはすでに一九一四年の紛争を「ヨーロッパの内戦」と形容していたが、[49]論文『平和の経済的帰結』（一九二〇）で、ドイツを罰するという断固たる意志は共産主義の温床となる恐れがあると、その危険性を警告した（実際にはナチズムの温床となるが）。彼にとって、そのような政策は中央ヨーロッパを貧困化し、数百万の市民を飢え死にさせるにとどまらず、はるかに広範囲の新たな紛争の基をつくることになるのだった。そしてこう述べている。「そのときには、なにものも、反動勢力とフランス革命の激動のあいだの最後の内戦、つまり、この前のドイツとの戦争の残忍恐怖が色褪せて見えるほどの内戦、勝者がどちらであれ、我々の世代の文明と進歩を破壊するような内戦を遅らせることはできないだろう」[☆50]。

しかしボリシェヴィズムの恐怖はまた、一九三六年、ドイツの再軍備化とラインラントの再軍事化と、その後、ヴェルサイユで宣言された民族自決権の名において実行されたザール地方、オーストリア、ズデーテン地方の併合《アンシュルッス》にたいする英仏の消極的態度の原因でもあった。第一次世界大戦で貧血状態になり、以後も外交面で威力を誇示できる軍隊も奪われて、フランスにはもはや抵抗する力がなかった。イギリスはたんに共産主義の脅威にたいするドイツの過度の弱体化を恐れただけでなく、大陸におけるフランスの覇権を避けようとした。両国は、ヒトラーが戦争を望み、その拡張主義がプロイセンの汎ゲルマン主義とは質的に異なっていることを理解するのが遅れた。列強はあとになって

☆47　ジョルジュ＝アンリ・ストゥー「一九一四年：三十年戦争に向かうのか？　ヨーロッパ秩序の消滅」、ピエール・シャニュニュ編『平和の賭け――我々と他者　一八―二十一世紀』、PUF、一九九五年、八〇頁、所収。

☆48　ジャック・バンヴィル『平和の政治的帰結』（一九一九）、ジョン・メイナード・ケインズ『平和の経済的帰結』（ジャック・バンヴィル『平和の政治的帰結』併載）、ガリマール、二〇〇二年。ジョルジュ＝アンリ・ストゥー「ヨーロッパの協調――ウィーンからロカルノへ」、ジョルジュ＝アンリ・ストゥーとジャン・ベランジェ編『一六―二十世紀のヨーロッパの秩序』、パリ・ソルボンヌ大学出版、一九九八年、一一七―一三六頁、参照。

☆49　ジョン・メイナード・ケインズ、前掲書、一九頁。

☆50　前掲書、二五九頁。

はじめてヒトラーの企ての本性を知ったのである。すなわち、ヨーロッパにドイツの覇権を確立するのではなく、征服すること。ポーランドを属国化するのではなく、消滅させること。ソ連を抑えるのではなく、ヨーロッパ東部を奪い、ドイツの「生活圏」とすること。第三帝国のユダヤ人狩りをするのではなく、大陸規模で絶滅すること。要するに、両国はナチの戦争が第二の三十年戦争の真っただなかに、断絶を刻印するものであることを理解しなかったのである。[☆51] 一九四五年以後、平和が戻ってくるが、ヨーロッパの「協調」にではなく、むしろ、ヨーロッパが中心ではなくなった世界で、恐怖の均衡にもとづくものであった。それゆえ、ヨーロッパが統一を取り戻したのはその自己破壊後でしかなかったのである。

一九一四―一九四五年の危機が、フランス革命がもたらした大変動と同じ理由でヨーロッパの内戦と解釈されたとしても、そのインパクトがそれぞれの同時代人の意識においてまったく異なっているので、両者は歴史における表象としていかんともしがたいほど矛盾したままである。ヴェルダンとアウシュヴィッツが、一九三〇―一九四〇年代の日常的な表現によると、文明世界の野蛮への「再落下」の表われとして、一挙に二十世紀の立役者たちの前に立ち現われたのは、彼らがその歴史意識に一七八九年のヴィジョンを文明化過程の一段階として同化したからである。フランスの革命家はその行動を啓蒙思想に跡づけ、その主義主張をコード化し、その遺産を引き受ける。コンドルセはフランス革命にその進歩観の歴史的確認を見出すが、他方で、国民公会はルソーの遺骸をパンテオンに移していた。恐怖政治を批判はしても、カントとヘーゲルはフランス革命を解放の契機として歓迎していた。[☆52] この見方の対極にあって、二十世紀のヨーロッパの内戦は、我々の記憶には、途方もないカタストロフィ、文明の衰退の脅威として残っている。その始まりはカール・クラウス〔一八七四―一九三六、オーストリアの作家〕によって「人類の最後の日々」[☆53]として描かれている。そしてその結論が、マックス・ホルクハイマーとテーオドア・W・アドルノには「理性の自己破壊」[☆54]の表われとして立ち現われたのである。

循環

歴史的時間に関する古典的論稿において、フェルナン・ブローデルは三つの時間的範疇を区別していた。一方には、出来事、「持続のきわめて不安定な見せかけのもの」、観察者をその輝きと炎で目を眩ませるが、はかなく、社会科学の観点からはほとんど無意味なもの。他方には、長期持続、彼にとって真に注目に値する唯一のもので、社会の数世紀間の運動に潜在する構造、大きな経済的、文化的、人口的傾向を見ることを可能にするもの、がある。二つのあいだには、中間的範疇、「〔重合〕局面」

☆51　マイケル・ハワード、前掲書「三十年戦争？」、一八三―一八四頁、参照。
☆52　とくにノルベルト・ボッビオ「カントとフランス革命」、『権利の時代』、エイナウディ、一九九二年、一四三―一五五頁、参照。
☆53　カール・クラウス『人類の最後の日々』、アゴーヌ、二〇〇〇年。
☆54　マックス・ホルクハイマーとテーオドア・W・アドルノ『啓蒙の弁証法』、ガリマール、一九七四年、一五頁。

とか「循環」の範疇があり、その長さを「約一〇年、二五年周期の循環に定め、究極的にはコンドラチェフの古典的な五〇年周期の波」に定めるものがある。[☆55] 彼はこの最後の範疇には留意しないが、その示唆は実り多いように思われる。数十年にわたる循環は、出来事がたんなる表層的な動揺として現われるのではなく――ブローデルの見解に反して、それらはときには主要な歴史的転換点を画する――、数世紀間の傾向に照らして見通され、分析される時代を示している。換言すれば、循環は出来事と構造の関係を明らかにし、長短の持続が相互に触れあい、時間性が相互に連動する期間である。

ヨーロッパの内戦の概念は出来事や数世紀間の傾向ではなく、まさに破局的な出来事の連なり――危機、紛争、戦争、革命――が歴史的変遷を凝縮している循環を示しており、その前提は長期持続において、前の世紀に積み重なっていた。大衆社会の出現、自由主義的資本主義から独占的資本主義への移行、政治の民主化、集団的国有化、軍事革命などが一九一四年の断絶に先行していた。帝国的秩序からいわゆる「国民的」（しばしばきわめて異質な）国家間の敵対的システムへの移行は、フランス革命と一八四八年の蜂起以降も「頑固な」貴族的制度によって醸成されていた。一九一七年十月以後の共産主義の波は産業プロレタリアートの飛躍的発展を想定しているが、同様にファシズムの出現は反啓蒙主義と、もはや貴族的ではなく国家主義的な「革命的右翼」との出会いを前提にしていた。全面戦争は、大衆的軍隊や近代的破壊手段も、それに伴うプロパガンダもなく、「長い」十九世紀に形成された国家的理想が民衆層に根づくこともなしには、考えられないだろう。結局のところ、世界の軸足が、アメリカ合衆国の台頭とともに大西洋のひとつの岸辺から他の岸辺へ移ったことは、南北戦争後始まった力関係の変化を明らかにしただけだった。こうした構造的変化すべては長期持続において形成されたが、約三〇年にわたる一群の出来事に凝縮され沈殿したもので、その出発点は一九一四年の危機であり、これが現代人にとって真の分水嶺となった。ヨーロッパの内戦という観念によって要約できるのは、まさにこの危機、戦争、革命の循環である。おそらく、文明という寓話の完成を理論化し、資本主義経済の「長波」と戦争の連動化を分析し、新たな大陸規模の革命を予告する著作が現われたのが大戦直後であったとしても、偶然ではあるまい。先験的に、オスヴァルト・シュペングラーの『西洋の没落』とコンドラチェフの経済的著作、第三・第四共産主義インターナショナル会議のさいになされたヨーロッパ革命の力学に関するトロツキーの考察に親近性はない。しかしながら、ドイツの保守的哲学者、ロシアの経済学者と革命家が共有するのは、歴史の長期の時間が経済的、軍事的、政治的循環と重なり合う局面を理解したいという欲求である。☆56

ヨーロッパの内戦概念は、いくつかの点で、たとえば、当初から国際的な広がりをもつ危機を時系列で捉えるような場合、不適切に見えるかもしれない。それは二つの全面戦争のあいだに挟まってお

☆55 フェルナン・ブローデル「長期持続」(一九五八)、『歴史に関する著作』、フラマリヨン、一九六九年、四八頁。

☆56 オスヴァルト・シュペングラー『西洋の没落』、ガリマール、一九四八年、第二巻。ニコライ・ドミトリエヴィッチ・コンドラチェフ『景気の大循環』、エコノミカ、一九九二年。レオン・トロツキー『共産主義インターナショナルの最初の五年』、パーク・パブリケーション、一九七三年、第一巻、一三三―一三八頁。コンドラチェフとトロツキーについては、ジョシュア・ゴールドスタイン「戦争循環としてのコンドラチェフ周波」、『インターナショナル・スタディーズ・クオータリー』第二九巻四号、一九八五年、四一一―四四四頁。エルネスト・マンデル『資本主義の老年期』、UGE, 一九七五年、第一巻、第四章二一三頁以下。

り、そのひとつはアメリカの介入によって特徴づけられ、二つめはアフリカから太平洋まで複数の舞台で繰り広げられた。二つのあいだには、多様な危機が含まれるが、たとえば、一九二九年十月の株価大暴落によって引き起こされた世界的な経済不況は、旧世界に深刻な影響を及ぼすことになる。もちろん、一九一四―一九四五年のヨーロッパの危機を理解するのに、この出来事とその帰結の重要性を否定することはむずかしい。グローバルな歴史の尺度で見ると、ヨーロッパの内戦は、一九四五年以後も冷戦としてつづき、四五年後にソ連の崩壊で終わる国際的紛争の一局面にすぎない。それでも、両大戦間の時代はヨーロッパの運命を明らかにするにはきわめて重要で、その物質的破壊と精神的分裂そのものが、悲劇的な形態で、共通の遺産を示し、その統一の必要性を提起しているのである。

内戦の特徴を備えているにもかかわらず、一九一四年の戦争は数百万の兵士の軍隊が対決し、やはり国家を対立させた紛争である。ヨーロッパ公共広場法をもう遵守しないが、それでも主権国家である国家。それにたいし、それ以後の紛争では、内戦の性格がはるかにくっきりと明瞭に浮かび上がってくる。二つの全面戦争に挟まれて、ヨーロッパの内戦はまた局地化された多様な内戦から成る。それは三つの主要な時期にまとめられるであろう。まず一九一七年のロシア革命で始まり、一九二〇年代の初めに終わる時期（象徴的には、一九二三年十月、ハンブルクの挫折した反乱）で、その間、国家間の戦争は、中・東欧諸国では革命と内戦になる。次いで、一国規模で大陸的、さらには国際的紛争を凝縮したスペイン内戦。最後には、局地化された多様な内戦をもたらした第二次世界大戦。この三つの局面は相互に緊密に結びついている。一九一四年から一九四五年の時期の連続性を織りなすのは、この全面戦争と内戦の緊密な混淆である。

連続性

　国家間の古典的な紛争として生まれた大戦は、内戦の文脈のなかで大陸の帝国崩壊で終わる。最初は、神聖同盟が関係諸国すべてを支配していた。一九一五年、スイス・アルプスのツィンマーヴァルトに集まった戦争反対の社会主義者はひとにぎりの少数派にすぎなかった。しかるに、紛争末期には、ヨーロッパ社会は著しく分裂していた。ロシアでは、一九一七年二月、ツァー体制が革命によって倒され、十月には、ボリシェヴィキの権力到達にまで急進化した。一九一八年三月、彼らはブレスト・リトフスクでドイツと単独講和条約を締結し、国内では、血まみれの内戦に直面し、三年後にやっと鎮圧することになる。ドイツでは、ホーエンツォレルン家の体制崩壊後、内戦のムードが蔓延していた。一九一八年十一月九日、社会民主主義者フィリップ・シャイデマンは、一四時、帝国議会の窓から演説して、麗々しく共和国を宣言した。二時間後、カール・リープクネヒトはシャルロッテンブルク城の広場にベルリンの労働者を集め、社会主義共和国の到来を告げた。☆57 この二重権力の状況――戦争は革命を、革命は内戦を生んだ――は長くはつづかなかった。危機は、一九一九年一月、ベルリン知事エーミル・アイヒホルンの辞任のさい、武力衝突となって現われたが、この知事はスパルタクス団に近い独立系の社会主義者で、革命運動が十一月の革命のあいだ、政府に押しつけていた知事であった。首都に、秩序を回復せずに倒そうとし、政府を認めずに労働者評議会のために働く知事がいる

☆57　デートレフ・ポイケルト『ワイマール共和国――典型的な近代の危機の年』、ズールカンプ、一九八七年、一三―一五頁。

ことは、戦後のドイツにおける暴力の国家独占の断絶を体現していた。その辞任拒否はスパルタクス団のにわか作りの孤立した蜂起を引き起こすが、これは容赦なく鎮圧される。そのカリスマ的指導者ローザ・ルクセンブルクとカール・リープクネヒトは義勇軍《フライコール》に殺害される（ローザの死体は国土防衛軍運河に投げ込まれた）[☆58]。ベルリンでは、暴徒狩りが三月までつづき、数千人の犠牲者が出た。次はバイエルンの番で、一九一九年春、〔労働者〕評議会共和国が、その初代議長クルト・アイスナーの殺害後に設立された。このかげろう体制の指導者たちは、作家で文芸批評家グスタフ・ランダウアーのように、アイスナーに次いでまたもや処刑されたり、劇作家エルンスト・トラーのように重罪刑に処せられたりした。混乱は翌年も、カップとルーデンドルフ将軍率いる極右の一揆でつづいた。蜂起は一九二三年にも準備され、共産主義者は、労働者の武装化を行なっているザクセンとテューリンゲンの社会民主党（SPD）左派と連立政府を形成するが、結局は十月にハンブルクでしか起こらなかった。またもや孤立して、蜂起は厳しく弾圧された[☆59]。同じころ、ヒトラーが公けの舞台に登場し、ミュンヘンのビヤホールでお粗末な一揆を起こした。こうした出来事はすべて混乱と急激なインフレを背景にして繰り広げられたのである。

一九一八年十一月、ハプスブルク帝国も崩壊し、そのさまざまな民族の構成国が分かれて独立国家を形成した。この危機はウィーンのゼネストと、ハンガリーで共産主義者クン・ベーラの指導下、ソヴィエト共和国の誕生に行き着いた。ただ後者は四か月しかもたなかった。春には、フランスの支持を得たルーマニア軍の介入によって倒され、ミクロス・ホルティ元帥の独裁政権が生まれた。ミュンヘンでもブダペストでも、反共産主義の抑圧が血の海をもたらし、強い反ユダヤ主義的色彩を帯びた。

ホルティは第二次世界大戦の終りまで権力の座にあり、その間、彼の体制はナチ・ドイツと同盟、協力し、彼自身の発議で、ソ連戦に参加するため軍隊さえ送ったのであった。☆60

フィンランドでは、ソ連と近接していることと、ロシアの内戦とのもつれで紛争が激化し、白色テロは、一九一八年から残酷な弾圧策を実施し、人口三一〇万の国で二万人の「赤」を処刑した。☆61 バルト三国、とくにエストニアでは、政治的、社会的、民族的対立が重なったためにとくに破滅的な様相を帯びた。さまざま民族集団（エストニア人、リトアニア人、ロシア人、ポーランド人、ドイツ人、

☆58　ピエール・ブルエ『ドイツの革命』、エディシオン・ド・ミニュイ、一九七一年、二二七頁以下。

☆59　同書、七五二頁以下。

☆60　バイエルンの評議会共和国の抑圧に関しては、当時の証言集、タンクレート・ドルスト編『ミュンヘン共和国――証言と注釈』、ズールカンプ、一九九六年、とくにエルンスト・トラーの自伝『ドイツの若者』、ローヴォルト、一九六三年。ハンガリーの反革命については、イシュトバン・ディーク「ブダペストとハンガリー革命」、『スラヴ民族と東欧評論』第四六巻一〇六号、一九六八年、一三〇頁以下。ホルティの歩みについては、イシュトバン・ディーク「致命的な妥協か？　ハンガリーの対独協力とレジスタンス論争」、イシュトバン・ディーク、ヤン・グロス、トニー・ジャット編『ヨーロッパの報復政治』、プリンストン大学出版、二〇〇〇年、三九―七三頁。より一般的には、F・L・カーステン『中央ヨーロッパの革命　一九一八―一九一九年』、カリフォルニア大学出版、一九七二年、参照。

☆61　アンソニー・アップトン『フィンランド革命　一九一七―一九一八』、ミネソタ大学出版、一九八〇年。フリアン・カサノバ「フィンランドの内戦、革命と反革命、スペインとギリシア（一九一八―一九四九）：比較分析」、フリアン・カサノバ編『二十世紀の内戦』、エディトリアル・パブロ・イグレシアス、二〇〇一年、一―二八頁、参照。

ユダヤ人）の存在が闘争をあおり、一九四一年のナチの対ソ戦を予示する階級と人種の浸透膜を生み出した。一九一五年、ドイツ人はバルト三国に入り、ラトヴィアとエストニアを植民地化し、遠征軍の志願者に土地の迅速な配分を約束した。一九一八年からは、彼らの闘いは反共産主義闘争に変わった。ゴルツ将軍はボリシェヴィキと同一視された都市の「知識人を絶滅する企てを隠さず、彼の部隊は好んで「傭兵」[☆62]を自称していた。バルト三国に独立が付与されると、彼らは退却を余儀なくされ、義勇軍の隊列を強化し、ドイツでカップの一揆に加わった。歴史家ダン・ディナーによると、反共産主義の新しい、とくに人種主義的なヴァリアントが形成されたのは、この文脈においてである。[☆63]何人かのナチ指導者、たとえば、未来の第三帝国東方領土担当大臣のイデオローグ、アルフレート・ローゼンベルクは、一九一八—一九二〇年の「ユダヤ・ボリシェヴィズム」[☆64]撲滅闘争のさい、リガで自己形成しているのである。

革命と反革命の「共生的」関係は、第一次世界大戦末期に勃発した内戦の典型的な特徴である。一七九三年、フランス革命が二つの戦線、国際的には王党派同盟軍と国内ではヴァンデの反乱に防衛を強いられたように、たとえば、ロシア革命は白軍（コルチャーク、デニキン、ヴラーンゲリ〔いずれも、白軍司令官〕）との内戦と、英仏日の軍事介入にたいする戦いを同時に行なった。戦争が外敵との紛争で、内戦が国内の紛争であっても、革命と反革命の対決は二つの組合せである。一七九一年十二月から、ロベスピエールは明確に問題を提起している。「我々が予想できる戦争とはどんなものか？　他の国家にたいする国家の戦争か、それとも他の王にたいする王の戦争か？　いや、フランス革命にたいするフランス革命の敵との戦争だ」[☆65]。ボリシェヴィキは同様に世界革命を最良のロシア革命擁護と

未來社新刊案内

no.049

〒156-0055
東京都世田谷区船橋1-18-9
（未來社流通センター）
TEL:048-485-9381
FAX:048-485-9380
info@miraisha.co.jp
http://www.miraisha.co.jp/

◆ご注文はお近くの書店にてお願いいたします。
また小社のホームページでもご注文ができます。
◆価格表示はすべて税別です
2025.2

転換期を読む34

中原中也――その重きメルヘン

倉橋健一著

既刊の『宮澤賢治――二度生まれの子』につづく幻の名著『抒情の深層――宮澤賢治と中原中也』からの復刊。その抒情性が読み手の自由を誘い込む希有の詩人中也の詩の息吹を伝える会心の読解と論述。陶原葵氏による解説を追加。　四六判並製カバー・二〇〇頁・二四〇〇円

転換期を読む33

思考することば

大岡信著／野沢啓編・解説

日本の古典文学論をはじめ現代詩の世界でも詩と詩論によって中心となって活動した大岡信は、その活動の初期において「ことば」そのものの創造性をめぐって本質的な問題点を提起した。そのことばへの洞察を集録したコンパクトな一冊。　四六判並製カバー・二二〇頁・二四〇〇円

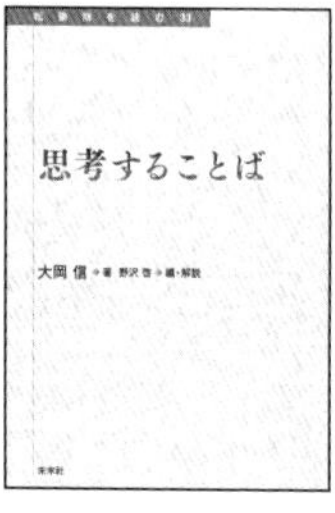

追憶の政治哲学――ベンヤミンの歴史的唯物論

内村博信著

フロイトとマルクスの理論を結びつけ、映画のモンタージュの技法と無意識、近代の商品経済と「物神」との関係を探求し、「追憶」という概念をつうじてメシア理論を歴史の概念に適用しつつ「歴史的唯物論」を展開するベンヤミン思想を問う。　四六判上製カバー・五一四頁・五八〇〇円

詩的原理の再構築——萩原朔太郎と吉本隆明を超えて

野沢啓著

萩原朔太郎『詩の原理』と吉本隆明『言語にとって美とはなにか』という二大理論書を徹底的に読み解き、その理論的問題点を剔出し、言語隠喩論的立場から根底的な批判をおこなう。倉橋健一氏推奨の言語隠喩論三部作の完結篇。

四六判上製カバー・二七四頁・二八〇〇円

政治と美学——ベンヤミンの唯物論的批評

内村博信著

第一次世界大戦後の大衆社会を問い、ボードレールの抒情詩をつうじて近代大衆社会が誕生する根源史を探求し、激動の時代状況下、亡命先のパリで反ファシズム運動とかかわり、研究・批評活動をつづけるベンヤミンの思想に迫る。

四六判上製カバー・三六六頁・四五〇〇円

転換期を読む32
宮澤賢治——二度生まれの子

倉橋健一著

幻の名著『抒情の深層——宮澤賢治と中原中也』の宮澤賢治の部分を独立させ、関連文献を追加して復刊する。賢治の「修羅」とはいかなるものであったのか、妹トシの死をめぐる葛藤の分析など、数多い賢治論のなかでも白眉の一冊。

四六判並製カバー・一七二頁・二〇〇〇円

ことばという戦慄
——言語隠喩論の詩的フィールドワーク

野沢啓著

言語の根源的問題を提起した『言語隠喩論』をベースに、さらなる理論展開を示すとともに、近現代詩という豊穣な言語世界を渉猟し、詩的言語の可能性を詩人の言語意識の格闘のなかに見出そうとする『言語隠喩論』応用篇。

四六判上製カバー・二九四頁・二八〇〇円

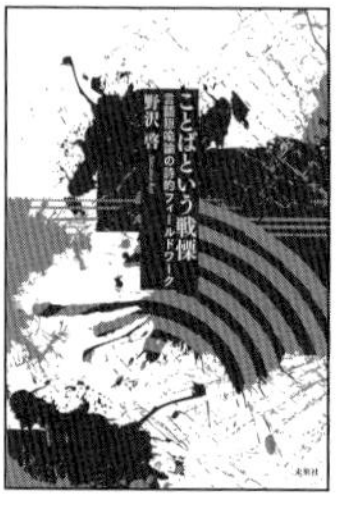

独学の思想

上村忠男著

イタリア思想史、学問論などを中心に欧米思想をあまねく渉猟する著者の知的活動をあらためて検証する。ヴィーコ、グラムシ、ギンズブルグ、アガンベンなどとの学的かかわりをつぶさに論じる著者の学問的自伝の総決算の書。

四六判上製カバー・三八八頁・五六〇〇円

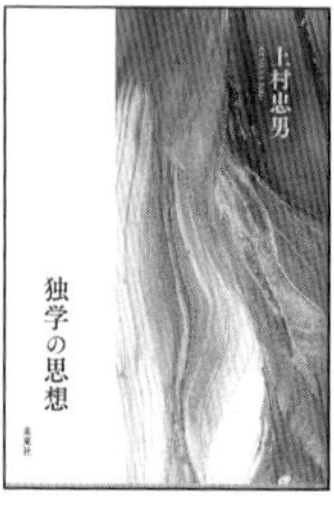

マックス・ヴェーバー研究総括

折原浩著

ヴェーバーの生き方と学問を、時代状況のなかで捉え、個人の自律と社会の民主化をめざす。『東大闘争総括』で学問の実践的側面を具体的に論じたヴェーバー学者がその研究領域での本領をコンパクトに問い直した総括書第二弾！

四六判上製カバー・三四〇頁・四二〇〇円

見なし、一九一九年から共産主義インターナショナルを創設した。それゆえ、ヴェルサイユ会議の前交渉のさい、ヨーロッパ外交の基本的な懸念のひとつはまさに、ロシア革命の震源の周りに防疫線を張ることだった。一八一五年のウィーン会議と一世紀後のヴェルサイユ会議の基本的な違いは、前者が王政復古と符合するのにたいし、後者は革命の火が中央ヨーロッパに広がって見えたときに行なわれたことからくる。タレーランはフランスの名においてウィーン会議に参列できたが、一九一九年パリに集まった列強は一致して、ボリシェヴィキのロシアを犯罪者と野蛮人の群れの手に落ちた国と見なした。ウインストン・チャーチルはボリシェヴィキを「人類の敵」、ソヴィエト国家を「文明破壊をめざす世界的陰謀」と名指しした。[☆66]

ロシア革命派のほうは、他国の国内問題への不介入原則をブルジョワ・ヨーロッパの遺産として排斥し、秘密条約を暴露し、政治協商勢力に恐怖を投げかけた。カール・ラデックによると、世界革命は「世界じゅうの問題への精力的な介入」を要求するという。[☆67] 一九一八年初め、ドイツとの単独講和を交渉すべくブレスト・リトフスクに着くと、ソ連代表団の長トロツキーとヨッフェは、迎えに来た

☆62 ユージン・カリッシャー『揺れ動くヨーロッパ――戦争と人口変動 一九一七―一九四七年』、コロンビア大学出版、一九四八年、一七二頁。
☆63 ダン・ディナー『今世紀を理解する――世界史的解釈』、ルフターハント、一九九九年、五三頁。
☆64 これについては、エルンスト・フォン・ザーロモン『神に見捨てられし者』、ル・リーヴル・ド・ポーシュ、一九六九年、参照。
☆65 ジュリアン・フルアン『政治のエッセンス』、ダローズ、二〇〇四年、五七八頁に引用。
☆66 フランソワ・ベダリダ『チャーチル』、ファイヤール、一九九九年、一七七―一七八頁に引用。

プロイセン代表団がびっくり仰天するなか、ドイツ兵たちに不服従を呼びかけるビラを配りはじめた。ソ連外交官のなかに、ポーランド・ユダヤ人でハプスブルク帝国市民のカール・ラデックがいたことは、ドイツ軍人たちの顰蹙を買った。彼がソ連代表団に参画していることは、これが、国家を代表する前に、革命を象徴し、革命は民族のではなく、ただ階級の敵だけを相手にすることを示すためだったのである。[68]

ロシアでは、ボリシェヴィキが革命的蜂起をロシア国境外へ拡大することをめざしていたのにたいし、白衛軍は西欧列強の軍事支援を受けていたので、内戦はすぐさま革命と反革命のヨーロッパ規模の対決として浮かび上がってきた。[69] 紛争は一挙に国際的次元を帯びたのである。白軍は資金援助され、武器弾薬、装備品を供与され、とくに西欧軍事団、とりわけフランス、イギリス、またオーストリア、チェコ、ルーマニア、日本からも直接支援されていた。赤軍のほうは、革命の側から参加する外国の「インターナショナル派」数十万を動員していた。つまり、中国人、朝鮮人、ハンガリー人、戦争捕虜としてロシアにいた何人かのドイツ人さえいたのである。この文脈で、さまざまな紛争がぶつかり合っていた。すなわち、ソヴィエト国家と国際同盟諸国の革命戦争、都市プロレタリアートと貴族的な産業エリートの階級戦争、ロシア人と「多種族」民の民族戦争、そして都市と農村部の社会的戦争である。こうした戦争はとくに破壊的だった。ウクライナでは、ヴラーンゲリがボリシェヴィキ権力にたいして反ユダヤ主義を利用した。一九一九年、ポグロムの波は七五、〇〇〇―一五〇、〇〇〇人のユダヤ人犠牲者を生んだ。[70] 西シベリアの白軍司令官コルチャークは、その「第一の基本的な目的はロシアの顔からボリシェヴィズムを消し、それを絶滅し、無にすることである」、と言明していた。[71]

おそらく反革命のもっともおぞましい顔は、ボリシェヴィキにごく単純に解放されたあと、ドンのコザックの反乱を組織した将軍クラスノフであろう。彼は第二次世界大戦中にその軍歴を終えるが、その頃は国防軍に編入されたコザック部隊の長だった。一九四七年、彼はソ連人に処刑される。[☆72] しばしばアナーキストに理想化される農民の長マフノは農山村の文化と伝統を守るが、彼もまた「人民委員やユダ公を絞め殺そう」[☆73] としていた。

ボリシェヴィキは、ペトログラードの政治警察の長モイシェ・ウリトスキーを殺し、レーニンを傷つけた白色テロのあと、一九一八年九月六日布告された赤色テロル政令で応えた。ソヴィエト体制はそれ自身の恐怖政治の執行機関チェッカ〔反革命・怠業・投機取締非常委員会の略称〕を創設し、これが一九一八年だけで一万人以上の犠牲者をもたらした。[☆74] ドン地方では、「コザックのヴァンデ」鎮圧闘争が、

☆67 アルノ・メイヤー『平和調停の政治と外交――ヴェルサイユの封じ込めと反革命、一九一八―一九一九年』、ワイデンフェルトルト&ニコルソン、一九六八年、二〇頁に引用。
☆68 アイザック・ドイッチャー『武装せる預言者』、ジュリアール、一九六五年、第一一章、参照。
☆69 ロシアの内戦については、オーランド・フィッジェス『民族の悲劇：一八九一―一九二四』（ペンギン・ブックス、一九九八年）が基本書で、とくに第一二と一三章、参照。
☆70 ツヴィ・ギッテルマン『ユダヤの民族性とソヴィエト政治――CPSUのユダヤ部門、一九一七―一九三〇』、プリンストン大学出版、一九七二年、一六〇―一六三頁、参照。
☆71 ジャン゠ジャック・マリー『ロシアの内戦：一九一七―一九二二年』、オトルマン、二〇〇五年、九九頁に引用。
☆72 同書、一一九、二三四頁。
☆73 同書、一二六頁。

三〇〇万弱の住民にたいし、三〇万人以上の死者か強制収容を引き起こした。☆75 戦争で起こった飢饉と伝染病はそれだけで数百万の農民を死なせた。しばしば、社会的、政治的、民族的紛争が重なり合った。コザックは、ウクライナでボリシェヴィキに反対してドイツと同盟した最初の白軍を生んだが、それは、共同体としての自己保全が土地所有者階級の利害と一致したからである。このロシア内戦の複雑さが、反革命戦線を引き裂き、その敗北を助長した分裂の原因である。コルチャークとデニキンによる、農民への土地配分を定めたソヴィエト法令破棄が白軍からその社会的基礎を離反させ、ボリシェヴィキは農村地帯での孤立化を免れた。実際、この内戦は赤軍と白衛軍を対立させただけではない。第三の役者が本質的な役割を演じていたのである。すなわち、「緑色」で、そのもっとも有名なのが、ウクライナ人ネストル・マフノの武装部隊である。これは農民「軍」で、ときにはボリシェヴィキ、ときには反革命派に反対し、両者間を揺れ動き、情勢次第でどちらかと同盟した。ボリシェヴィキが頭角を現わしたのは、彼らが、混乱と無秩序状態から、イデオロギー的に結束し、革命を守るために最後まで戦う覚悟の規律ある軍隊を確立したあと、「緑色」を無力化し、白軍を孤立させることができたからである。白軍は失墜した体制を代表し、一九一七年に都市部で掃討され、農村部で孤立したが、そこで彼らは、農民にたいする貴族階級の隔世遺伝的な軽蔑のため、しばしばボリシェヴィキに不信感を抱く住民の支持を得ることができなかった。「緑色」のほうは、社会計画や国家的展望が欠けていたので、あらかじめ締め出されていた。歴史に断罪された体制を復活させ、ボリシェヴィキを殺し、農村部を略奪しようとした白色と、都市を憎悪する緑色のあいだで、赤色が勝利を得た。したがって、この紛争は、反革命の敗北のおかげで、一九二〇年代初めにやっと一時的な解決を見た。

軍事面では、赤軍が白軍に勝利した。社会・経済面では、新経済政策（NEP）が市場を再導入して、農民を宥めた。民族的な面では、紛争は、ときには旧帝国の少数民族への独立付与によって（ポーランドからのロシア撤退、フィンランドとバルト三国の独立）、ときには軍事的抑圧によって（コーカサスの「ソヴィエト化」）緩和された。ロシアの内戦は、バルチック海のペトログラード港にある水兵たちの要塞クロンシュタットの弾圧でエピローグを迎えるが、彼らは「自由なソヴィエト」を要求していても、ボリシェヴィキからは、革命の敵対勢力の集結点に変わる恐れがあるとみられていた。仮借なき抑圧は数千人の叛徒の断罪と処刑となったのである。[☆76]

ボリシェヴィキは内戦を国内面でも国際面でも、階級対決と見なしていた。[☆77]この見方は民族問題の重みを無視したもので、その代価はきわめて高くつくことになる。一九二〇年、軍事的手段による革命の輸出の試みは痛烈な失敗となり、赤軍の前進は、ワルシャワの入口で、かつての抑圧者ロシア人の侵入にたいして蜂起したポーランドの抵抗によって阻止された。[☆78]しばしば彼らの国際主義はロシア民族主義がかぶった仮面と受け取られていた。まさしくボリシェヴィキの「火の洗礼[☆79]」である内戦が、

☆74　ニコラ・ヴェルト「国民にたいする国家。ソ連における暴力、抑圧、恐怖政治」、ステファーヌ・クルトワ編『共産主義黒書』所収、ロベール・ラフォン、一九九七年、九一頁。

☆75　同書、一一七頁。

☆76　同書、一二七―一二九頁。ポール・アヴトリトシュ『クロンシュタットの悲劇』、スイユ、一九七五年、とくにイスラエル・ゲッツラー『クロンシュタット　一九一七―一九二一年。ソヴィエト民主主義の死』、ケンブリッジ大学出版、二〇〇二年、参照。

☆77　シェーラ・フィッツパトリック『ロシア革命』、オックスフォード大学出版、一九九四年、七〇頁。

共産主義の歴史全体に痕跡を残した革命の軍事的概念の根幹にあったのだ。ノルテは過たず、一九一九年、モスクワでの共産主義インターナショナルの設立を「世界内戦党」[☆80]の出生証明書と解釈している。それは、レーニンもトロツキーも異論を唱えず、コミンテルンの初期のころの大会議事録が確認している単純な事実である。一九一七年から、レーニンはこの方向で進み、「帝国主義戦争を内戦に変える」[☆81]という戦略的問題を提起している。しかしながら、この軍国主義的文言は、イデオロギー的な至上命令の実行というよりも、戦争から生じた内戦という破局的な文脈の反映である。イデオロギーがその役割を果たしているが、しかしそれは、国際共産主義運動を脅かされたロシア革命の防衛軍とし、ボリシェヴィキの経験をヨーロッパの革命モデルとして、武装蜂起を規範的パラダイムとしたこの文脈においてつくり直されているのである。[☆82]

要するに、一九一八―一九二三年のヨーロッパを横断している対決はもはや民族間の対立ではなく、革命と反革命を対立させる弁証法に属し、民族主義が吸収され、再定義されたのである。塹壕戦争の方法と実践が市民社会のなかに転移され、闘争の言語と形式を「粗暴化」した。戦後、「民衆の国有化」は国粋的、〔帝政ロシア〕共産党化し、ラディカルで攻撃的、反民主主義的で、また同時に近代的で反動的な運動の相貌を帯びた。ベルリンとミュンヘンでは、前述したように、義勇軍が反革命の尖兵だった。イタリアでは、ファシズムの出現は、「中途半端な勝利」を受け入れない民族主義者と、ムッソリーニ反対を選んだ義勇軍（Arditi del Popolo 人民決死攻撃隊）の闘いを経た。全面戦争はたんに革命だけではなく、ファシズムの母胎だったのである。いたるところで、政治運動が軍隊化した。ワイマールのドイツでは、各党派が、ナチのＳＡ（突撃隊）から共産主義の赤色戦線《ローテ・フロント》まで民兵を擁しており、またオーストリア共和国でも同様で、一九三四年二月、民主主義の終わりは軍隊と社会主義民兵隊との一週間の闘いに刻印された。いたるところで、パリやロンドンを含めて、民族主義的右翼は軍服姿で行進した。いくつかの国で、暴力の国家独占が新たな問題として幅広く立ち現われてきたのである。

一九三六年七月、スペインで、フランシスコ・フランコ将軍の共和国にたいする反乱で始まる対決は、この大陸規模の緊張関係の脈絡に含まれる。たしかに、その根源はこの国の歴史に根ざしているが、当初から、その国民的争点は国際的な危機に深く組み込まれており、スペインはそれまでその周縁部にあったが、いまや中心になった。その主要な歴史家のひとりポール・プレストンによると、それは「二〇年前からヨーロッパで猖獗をきわめた内戦のもっとも残酷な戦い」だった。☆83 それは、その主役たちすべてにとって、最初から明白なことではなかったが、彼らはすぐにそれに気づいた。フラ

☆78 エリック・ウォーレンバーグ『赤軍』、ニュー・パーク・パブリケーションズ、一九七八年、一二一頁以下。アイザック・ドイッチャー『武装せる預言者』、第一三章。
☆79 シェーラ・フィッツパトリック、同前、七二頁。
☆80 エルンスト・ノルテ『ヨーロッパの内戦：一九一七—一九四五年』、二七頁。
☆81 ジョルジュ・オプト「レーニンにおける戦争と革命」、『歴史と社会運動』、マスプロ、一九八〇年、二三七—二六六頁。エティエンヌ・バリバール「政治における戦争が決定づけた哲学的契機。レーニン：一九一四—一九一六年」、フィリップ・スレ編『哲学者と一四年の戦争』所収、ヴァンセンヌ大学出版、一九八八年、一〇五—一二〇頁、参照。
☆82 マルコ・レヴェリ『二十世紀を越えて』、エイナウディ、二〇〇一年、一六頁、参照。

ンコにとって、それは長い歴史的過程の到達点であり、「祖国と反祖国」が死闘するなかで対決し、その唯一の解決策は「雑種民と反スペイン人にたいする純粋かつ永遠なる原理原則の勝利」[☆84]であらねばならなかった。フランコ主義のイデオローグたちはそれを宗教的に読解し、共和派を悪の化身として指弾する。パンプローナ〔ナバラ州の州都。ヘミングウェイ『日はまた昇る』の主舞台〕では、クー・デタは、「国王万歳！」[☆85]と叫んで街頭行進するカルロス党員〔十九世紀の王位継承をめぐる内乱から生まれた語で、ここではいわば王党派の意〕たちによる民衆の祭りとして迎えられた。詩人J・M・ペマン〔一八九七―一九八一〕にとって、それは神と悪魔、聖ゲオルギウスと竜、大天使ミカエルとサタン、肉体と精神との闘いだった。[☆86]それは近代性と保守主義の戦争で、カトリックで土地所有者階級優位の伝統的なスペインの支持者と、共和国が体現する近代スペインの支持者が対決する。またカスティーリャの帝国的伝統と地方自治、とくにカタルーニャが対決する国民戦争でもあった。さらにまた、資本と土地所有者にたいする、都市プロレタリアートと農民層との階級戦争でもあり、これはファシズムと民主主義の政治戦争を伴った。そのうえ、革命と反革命が共和派陣営内で対立し、一九三七年五月、カタルーニャで武力衝突の域を越えたので、内戦の内戦でもあった。結局は、民主主義とファシズム、あるいはファシズムと共産主義との国際戦争であり、フランコ陣営はムッソリーニのイタリアとヒトラーのドイツに支持され、他方ソ連が共和派勢力を武装させていた。スペイン内戦のヨーロッパ的次元は戦場の外国部隊の存在によってきわめて明確に例証されていた。独伊の軍事介入が決定的であることが明らかになる。ファシストのイタリアは兵員七八、〇〇〇人、ナチ・ドイツは一九、〇〇〇人、サラザールのポルトガルは一〇、〇〇〇人、これがフランコ軍に編入されたモロッコ兵七〇、〇〇〇人に加わった。

それに加えて、独伊の軍事介入は圧倒的な空軍力を保証し、紛争中ずっと制空権を維持した。軍再建に参画した共和派勢力は仏英の非介入のため孤立したが、国際旅団で戦うために世界じゅうからきた反ファシスト三四、〇〇〇人の支援を受けた。ソ連は共和国政府への政治的コントロールと引き換えに武器供与と経済援助を行なったが、コミンテルン要員と二〇〇〇人の軍事顧問の派遣によって直接影響力を行使した。☆87 結局のところ、この戦争の国際的インパクトは、一九三九年に出国を余儀なくされた五〇、〇〇〇人の亡命者がその証拠となったのである。☆88

この紛争は軍事用語で今日普通に用いられる概念を生み出した。「第五列＝スパイ」である。一九三六年十一月、フランコ軍のマドリード包囲のさい、ナショナリストのモラ将軍は報道陣から四縦隊列が編成する軍体制について問われた。彼は、その戦略はとくに「第五列」、つまり、包囲された市

☆83　ポール・プレストン『簡明スペイン内戦史』、フォンタナ、一九九六年、一〇七頁。エリック・ホブズボームはスペイン内戦を「ヨーロッパ戦争のミニチュア版」と定義づけている（前掲『極端な時代』、二一七頁）。
☆84　アルベルト・レグ・タピア「悪の鼓吹者：共産主義者、ユダヤ人と同種の連中」、ジャン＝クレマン・マルタン編『歴史と記憶のあいだの内戦』、西ナント大学出版、一九九四年、一〇四頁に引用。
☆85　ポール・プレストン『フランコ』、フォンタナ、一九九五年、第六章。
☆86　エンリケ・モラディエロス「英雄的行為でも悲劇的狂気でもない：内戦に関する新しい歴史的展望」、現代史評論『昨日』五〇号、二〇〇三年、一四頁に引用。
☆87　エンリケ・モラディエロス「内戦への外国の介入：批判的歴史記述の課題」、前掲書、一九九―二三二頁、参照。
☆88　ポール・プレストン、前掲書、第九章。

中にいるその支持者に賭けている、と答えた。したがって、「第五列」は「内部の敵」[☆89]と同意語になった。一七九三年の「反革命容疑者〔検挙〕法」を想起させる対策を講じて、共和派は、社会的地位からして、潜在的なフランコ派と思われる者全員の強制収容を決定した。二〇〇〇人以上が市の近郊で処刑された。この紛争中スペインに蔓延していた雰囲気をつかむには、フランコの報道官ゴンザロ・デ・アギレラ大尉の言葉を想起すれば十分で、彼はアメリカ人ジャーナリスト、ジョン・ホイテーカーに自軍の目標をこう示していた。「ボリシェヴィズムのウイルス」からスペインを解放するため「赤」全員を「殺し、殺し、殺しまくること」[☆90]だ。犠牲者の数がこの戦争の残酷さの証拠である。アメリカの歴史家ガブリエル・ジャクソンは次のような計算をしている。戦闘で死者一万人、爆撃で死者一万人、紛争がもたらした病気と栄養失調のため死者五万人。政治的抑圧のほうは、一五万—二〇万人の犠牲者を生み、その少なくとも三分の二はフランコの暴力が原因だった。[☆91]「法律上の内戦」がフランコのスペインの最初の一〇年に適用されるかもしれないが、その間、体制側は敗者共和派に暴力作戦を展開する。二七万人が強制収容所に拘禁されたのである。[☆92]

中・東欧では、第二次世界大戦が主としてドイツ支配にたいする自衛と民族解放戦争だったが、バルカン半島とイタリアでは、レジスタンスがまた内戦の様相を帯びた——それは、フランスとベルギーでも、連合軍上陸後、解放が早かったため比較的小規模だったが、同様であった。ポーランドでは、対独協力体制はなく、この現象は限られていた。ここフランスでは、レジスタンスに内在する紛争に直面することになるが、これはロンドンに亡命政府をおくナショナリストと、ごく少数派だがソ連に支援された共産主義者に分断され、両者ともが独自の軍事組織をもっていた。この紛争と「ユダヤ人問題」の関連――ポーランドの民族主義の歴史における反ユダヤ主義の位置とナチのユダヤ人絶滅装置におけるポーランドの中心的役割――は「もつれた緯糸」を織りなしており、二十世紀におけるポーランドの歴史の特異性をなしていたのである。☆93

イタリアは第二次世界大戦中の内戦を研究するには象徴的なケースである。それはまた、一五年ほどまえから歴史記述がその思考の中心に内戦概念をおいた国でもある。一九四三年九月八日、バドッリョ元帥がムッソリーニの逮捕後、国王によって首相に任命され、半島南部に侵攻してきた連合軍との休戦条約を告げてから、国家が崩壊する。軍隊は、南部以外の地域を支配下におくドイツ軍に何度

☆89 ガブリエーレ・ランツァット「暴力の現代史におけるスペイン内戦」、ガブリエーレ・ランツァット編『市民戦争――現代の内戦』、ボラティ・ボリンギエリ、一九九四年、二八〇―二八一頁、参照。
☆90 フリアン・カサノバ「四〇年の独裁」、フリアン・カサノバ編『死ぬ、殺す、生き残る――フランコの独裁の暴力』、クリティカ、二〇〇二年、一一頁に引用。
☆91 ガブリエル・ジャクソン『スペイン共和国と内戦：一九三一―一九三九年』、プリンストン大学出版、一九六五年、五二六―五四〇頁。犠牲者数については、ギー・エルメ『スペイン内戦』、スイユ、一九八九年、二二七頁。とくに最近の調査にもとづくガブリエーレ・ランツァット『民主主義の翳り――スペイン内戦とその起源』、ボラティ・ボリンギエリ、二〇〇四年、三八四頁、参照。
☆92 フリアン・カサノバ、前掲「四〇年の独裁」、二〇頁、参照。
☆93 ヤン・グロス「もつれた糸。ポーランド、ドイツ、ユダヤ人と共産主義者の関係に関する対決のステレオタイプ」、イシュトバン・ディーク、ヤン・グロス、トニー・ジャット編、前掲『ヨーロッパの報復政治』、七四―一三〇頁、所収。

か悲劇的な抵抗を試みたのち、解体した。国家の連続性は君主制によって象徴的に保たれたが、他方ムッソリーニはドイツ軍特別部隊に解放され、イタリア社会共和国（RSI）またはその首府の名からサロ共和国の創設を告げて、ドイツ占領軍との対独協力に巻き込まれた。紛争は、秋からレジスタンスとRSI部隊とで始まり、ドイツ軍と連合軍の戦争がからまって、内戦として繰り広げられた。RSIとレジスタンスの代表者たちは互いに相手を祖国の裏切り者と呼んでいた。レジスタンスは国家を代表しないが、他方、君主制とサロ体制もそれぞれ連合軍とドイツ軍の占領のおかげでしか存在せず、真の合法性はなかった。この状況下にあって、レジスタンスは、ドイツ占領軍にたいする民族解放戦争として、全体主義的独裁にたいする民主主義の闘いとして、またその構成要素は大多数が共産主義者と社会主義者であったが、ファシズムと一体化した伝統的なエリート層にたいする階級闘争として同時に展開されたのである。[☆94]

一九四〇年のヴィシー・フランスのように、対独協力を選択することは、責任者のイデオロギー的動機を越えて、大多数が国民国家を守るために払うべき代価と考えていた。しかしながら、国が占領下におかれると、亀裂がすぐにはっきりとしてきた。ファシストにとっては、優先すべきはムッソリーニ体制への忠誠であり、民主主義と共産主義の排斥である。レジスタンにとっては、反ファシズム闘争が国民的アイデンティティの再定義と新しい基礎にもとづく国家の再建である。彼らの多くはそこに新リソルジメント〔十九世紀のイタリア国家統一運動〕を見た。フランスの場合もいくつか類似の特徴を示している。すなわち、ドイツ占領軍と一九四四年六月と八月に上陸した連合軍との戦争の枠内における、ヴィシー体制と武装レジスタンスの対決である。二つの要因のために、この対決は真の内戦のかたちにはならなかった。ひとつは、連合軍の進出が速く、フランスを数か月で解体したこと。二つめは、英米軍のなかにフランス軍部隊が加わっており、ド・ゴール将軍はパリに入るとすぐに共和国への復帰を宣言できたことである。だから厳密に軍事的な面では、レジスタンとコラボはごく少数派だったのである。一九四四年一月、地下部隊は戦闘員約五〇、〇〇〇人、民兵軍は北部地域に四〇〇〇人、南部地域に三〇、〇〇〇人を動員していたが、実際にはその半分だけが作戦可能だった。オリヴィエ・ヴィエヴィョルカによると、それは「内戦の雰囲気を生んだが、「フランスを内戦の形態におく」には不十分である。[☆95] 四年前、第三共和国の残党が全権を委ねたペタン元帥によって宣言されたヴィシー体制は、無効と宣告された。そうして長い抑圧の局面が始まるが、それは、数十年を隔てて、執拗な「症候群」の一段階にすぎないことが明らかになった。この観点から、ヴィシーをめぐるきわめてフランス的な論争、「過ぎ去らない過去」[☆96]は、実際には起こらなかったが、そのあらゆる前提を擁していた内戦の記憶の表われとして立ち現われたのである。

バルカン半島でも、レジスタンスは民族解放戦争、階級戦争、内戦のかたちを取った。ひとつめは、とくに残酷で殺人的なイタリア・ドイツの占領に向けられた（戦争が終わると、ユーゴスラヴィアは

☆94 クラウディオ・パヴォーネ『内戦――レジスタンスの道徳に関する歴史的分析』、ボラティ・ボリンギエリ、一九九〇年、第六章、参照。
☆95 オリヴィエ・ヴィエヴィョルカ「フランス式内戦か？　暗い時代のケース（一九四〇―一九四五）」、『二十世紀』八五号、二〇〇五年。フィリップ・ビュラン『ドイツ時代のフランス：一九四〇―一九四四）』、スイユ、一九九五年、四五三頁、参照。
☆96 エリック・コナン、アンリ・ルッソ『ヴィシー、過ぎ去らない過去』、ファイヤール、一九九四年、参照。

一七〇万人の犠牲者を嘆くことになる)。二つめは、共産主義者が率いる労働者・農民層を基盤とした運動と、都市エリート層と大地主階級との対立である。三つめは、レジスタンスとコラボとの対立で、後者にはアンテ・パンヴェリッチ〔ナチ傀儡政権の国家元首〕のクロアチアの民族主義団体ウスタシャがおり、レジスタンは君主制信奉の民族主義者セルビアのチェトニック派と、チトーが率いる多民族基盤の運動に分裂していた。後者はヨーロッパのレジスタンス最強の軍事組織で、赤軍や英米軍の介入なしで権力奪取し、真の軍隊編成に成功した唯一のレジスタンスである。[☆97] これらの紛争の記憶は、チトー時代には抑圧されていたが、一九八九年に甦り、新たな内戦をもたらした。それは、一九四五年にエピローグを迎えたと思われたが、実際には中断していただけのドラマの残酷で血まみれの遺産の継承だったのである。

全面戦争と内戦が交錯混在する象徴的な例はギリシアで、いくつかの紛争が連関している。[☆98] まず独伊の占領部隊にたいする民族解放戦争で、レジスタンスとギリシアのファシズムの内戦と対になり、後者はメタクサス将軍の体制を引き継いだ国家機構を支えに、対独協力の道を選んだ。しかしそれはまた、レジスタンスの二つの構成要素、民族解放人民軍〔ELAS〕を率いる共産主義者と亡命中の君主政権に忠実な民族主義者の内戦でもあり、後者は一九四四年十月に侵入してきたイギリス軍部隊に支援されてゲオルギオス二世の帰国を図ろうとした。この紛争は、独伊の占領の最初の局面から潜在していたが、一九四四年夏から公然と繰り広げられた。レジスタンスの圧倒的多数派の共産主義者は、連合軍の存在と国際的な孤立のために権力奪取を諦め、ギリシアはスターリンとチャーチルの協定にもとづきソ連の勢力圏に帰することはなかった。この内戦は、一九四六―一九四九年、冷戦の状況に助長されて悲劇的に蒸し返され、共産主義者の最終的な敗北によって終わったのである。

したがって、いくつかの点で、スペイン内戦は、フランコ将軍の勝利宣言の数か月後、ヨーロッパで起こったはるかに広範囲の紛争の予兆として立ち現われた。第二次世界大戦はまたもやいくつかの類似した戦争が交錯する全面戦争となったのである。まず地政学的圏域支配を競う列強間の戦争、次いで国家社会主義による破壊に脅かされたソ連の自衛戦争、そして枢軸国軍が占領した諸国で展開された民族解放戦争と、この枠内でのレジスタンスと対独協力体制との内戦である。[☆99] それはまた、さまざまな世界観と文明モデルの全面戦争でもあった。フランコの反共戦争はいまや、ヒトラーが、「アーリア人」がその秩序をスラヴ人とユダヤ人に課すために戦う「人種戦争」、「十字軍」であると見なしたソ連にたいする全滅戦争という、とてつもなく大きな広がりとなった。ナチズムは人種を基礎としてヨーロッパを再組織化しようとした。ジェノサイドは、一九四一年六月、ソ連にたいする軍事攻撃の開始と戦争終結のあいだに挙行され、ナチ政治の二重の目標の中心に位置づけられる。目標とは、ひとつはスラヴの領土へのゲルマン人の入植による「生活圏《レーベンスラウム》」の獲得、もうひとつは共産主義の破壊である。それは、ナチの世界観では、スラヴ民族と共産主義はユダヤ人エリート層が指揮する国家

☆97 ユーゴスラヴィアのレジスタンスの歴史については、ミロヴァン・ジラスの回想録『戦時』（ハーコート・ブレイス・ジョヴァノヴィッチ、一九九七年）、参照。
☆98 マーク・マゾワー『ヒトラーのギリシア：一九四一―一九四四年』、レ・ベル・レットル、二〇〇二年、参照。
☆99 いくつかの戦争の混合物としての第二次世界大戦については、エルネスト・マンデル『第二次世界大戦の意味』、ヴァーソ、一九八六年、四五頁と、マーク・マゾワー『暗黒の大陸』、第七章、参照。

と一体化するからである。かくして、「生活圏」の植民地化、共産主義破壊、ユダヤ人絶滅はたったひとつの征服・絶滅戦争において重なり合うのである。たしかに、ナチの反ユダヤ主義はこのジェノサイドの文化的・イデオロギー的背景、その必要不可欠な基盤を成すが、これが絶滅政策に変ずるのに成功したのは、ただヨーロッパの地図の書き換えをめざす全面戦争の枠内においてのみである。

強調しておくべきは、ショアに固有な特徴で、このジェノサイドは第二次世界大戦中に生じたが、たんにその内的論理だけから演繹されるのではないことである。東部戦線での戦争があらゆる緊張関係の凝縮によって急進化し、これが引き金となって、ユダヤ人絶滅の波が起こったとしても、ショアは次第に自律的となり、ナチ政策の目的それ自体となった。生活圏獲得とボリシェヴィズム全滅がサロニカやケルキラ島〔いずれもギリシア〕のユダヤ人のアウシュヴィッツへの強制収容を説明するのではない。それは軍事作戦の状況、とくにスターリングラード敗北後の、一九四三年からの状況では説明できないのと同様である。しかしそれは、一九四一―一九四五年の戦争をこの時代における「括弧」、つまり、一エピソードとするものではない。戦争の枠内で、たしかにショアはナチの人種的支配計画に結びつく固有の次元を帯びるのではなく、その前提はヨーロッパとドイツの歴史の長期持続のなかに組み込まれていた。☆100 その特殊な性格にもかかわらず、ナチのユダヤ人絶滅戦争はこの世界的かつヨーロッパ的な内戦に属するのである。その特異性を戦争の暴力全体に溶かし込んで否定しようとすることが間違っているのと同様、それをその腐植土であり起爆薬であったグローバルな文脈から切り離すことは不合理であろう。したがって、問題は、ジェノサイドと内戦を混同することでも――ショアの場合は、犠牲者は交戦国戦闘員ではなく、死刑執行人は暴力の独占権をもっていた――双方に因果関係を見ることでもなく、それを歴史的文脈に位置づけることである。ヨーロッパの内戦は、これがなければ、ホロコーストが構想されることも犯されることもなかったような全体的状況をもたらしたのである。

☆100　拙著『ナチの暴力――ヨーロッパの系譜』、ラ・ファブリック、二〇〇二年、参照。

第2章　内戦の解剖学

アノミー（無秩序）

マキャヴェッリからクラウゼヴィッツまで、戦争の理論家は政治との密接な関係を強調している。戦争は主権の原則、形態、限界を繰り返し問題にするのだから、それはその所持者である国家の性質そのものに起因する。正義の戦争の概念は侵略戦争と防衛戦争の区別とともに古代に遡るとしても、近代的戦争の法概念の最初の定式化が現われたのは宗教戦争の時代でしかない。グロティウスとプーフェンドルフは、戦争を世俗的な観点で、神学的な対立ではなく、権力と物質的利害が争点となる「自衛と自己自身の利益」のための戦いとして分析したが、彼らにとって、戦争は国家間の対立以外のなにものでもない。戦争を自然法の理論に組み込みながらも、それでも彼らは戦争を正義を実現するための手段と見なしていた。その目的は敵の全滅ではなく、公正な平和の確立なのである。[☆1] 中世以来、戦争には規則があった。宣戦布告権と戦闘行為の法である。戦争は合法的な権威によってのみ布告され、「正当なる大義」（たとえば、侵略にたいする防衛とか損害賠償）が要求され、自然法に反する意図を隠してはならず、必然的であらねばならなかった（戦争は紛争解決のためのあらゆる平和的手段を尽くしたのち、はじめて正当化される）。そのうえ、戦争は交戦国が共有する行動規範を要求する。交戦国は捕虜の権利（まずなによりも生存権）を尊重し、一八六四年のジュネーブ協定が明確にし、一九〇七年のハーグ条約が確認するように、民間人を軍事的標的にして害を与えてはならなかった。とくに交戦国は被った不正義に見合った武力行使をすべきで、そうでなければ、正義の戦争も復讐とか抑圧の不当な意図によって歪曲されてしまうだろう。

戦争法をその一局面とするヨーロッパ公共広場法は、それぞれの領土内で暴力の独占権を行使する国家間の関係を体系化したシステムの到来を画していた[☆2]。正義の戦争概念は国境内での国家権力の不可侵性を想定する主権の概念に席を譲った。エムリシュ・ド・ヴァッテル〔一七一四―一七六七、スイスの外交官、法学者〕のような絶対主義の理論家にとって、戦争は、宣戦布告がなされれば、つねに正当で、彼の用語によれば「正規の」とか「制御した」戦争である[☆3]。換言すれば、戦争を正当なものとするのは、もはや大義ではなく、その行動である。その正当性はもう神学的、倫理的または政治的動機から

☆1　リチャード・タック『戦争の権利と平和――グロティウスからカントまでの政治思想と国際秩序』、オックスフォード大学出版、一九九九年、参照。
☆2　ヨーロッパ公法の概念については、カール・シュミット『ヨーロッパ公法の万民法における大地のノモス』、PUF、二〇〇一年と、ラインハルト・コゼレック『批判と危機』、エディシオン・ド・ミニュイ、一九七九年、三六頁以下、参照。
☆3　ミシェル・スネラール「エムリシュ・ド・ヴァッテルにおける敵の資格（呼称）」、『アステリオン』二号、二〇〇四年、三一―五二頁。

くるのではない。それはただ、つねに唯一の宣戦布告権の所持者たる国家である交戦国としての資格にある。[☆4]不法となるのは内戦で、君侯や専制君主が国内の反乱の危険を避けるため、戦争をする権利を恣いままにするほどになる。国家の擬人的メタファー、たとえば、人為的、地上的、つまりは死すべき定めの神（mortal god）のメタファーにおいて、ホッブズは内戦を、人間を害し、死せるほど苛む病気に譬えている。[☆5]臣民のほうは、国内の平和と安全と交換に、君主に外敵にたいする宣戦布告権を認める。それは絶対主義国家の前提である。君主は隣国と戦争をする権利をわが物とするが、その代わり臣民の保護を引き受ける。近代的主権の初期の理論家のひとり、ジャン・ボダン〔一五三〇―一五九六、フランスの法学・経済学者〕は、内紛の捌け口として、内戦の脅威を祓う最後の手段として戦争の効力を称えるのに躊躇しない。『国家論』にはこうある。「国家を保全し、反乱、暴動、内戦から守り、臣民との友好関係を維持する最良の方法は対抗できるだけの敵をもつことである」[☆6]。

したがって、国家の内部で封じられた戦争は、それ自身の規則を遵守しながら、外敵にたいして行なわれる。この概念はクラウゼヴィッツの戦争論の冒頭にある有名な一文に暗黙裡にある。「戦争は拡大された決闘にほかならない」[☆7]。なるほど仔細に見ると、決闘の社会的慣習は、一九一四年までは貴族階層に遍く広まっていたが、だんだんと禁止法に馴化され、暴力手段に訴えるさいに共有するいくつかの規則に制限されていることがわかる。決闘はエリート層に留保されていた。民衆層や女性、またドイツでは、ユダヤ人のような烙印を押されたマイノリティーはそこから排除されていた。決闘は、「名誉回復（Satisfaktionfähigkeit）」の原則により、損害とか侮辱の償いをめざして儀式化、体系化された対決と見なされていた。その目的は、ありうることだが、相手の死ではなく、社会的エリート層への帰属の目印となる名誉の掟の遵守である。剣による決闘では、十九世紀に「最初の血」[☆8]が流れた時点で闘いを停止するという習慣が定着した。ピストルの場合は、弾丸の危険度を弱めるようになった。『決闘の生理学』(一八五三年)の著者アルフレッド・ダランベールによると、弾丸が、「穴は開けるが、小さくて、皮膚を貫いて、火器の使用を恐ろしくする、あのひどい骨折など起こすことがない」ように装塡する習慣がついた。そうして以後、決闘の慣行は、「多少傷はつくが、殺傷にはいたらないピストル」[☆9]を造る武器製造人の発明を活用してきた。もちろん、決闘者は死ぬ覚悟はしており、闘う前に遺言を作成し、相手が不幸にして死んだ場合に備えて逃亡策も練っていた。しかし概して、ウーテ・フーレフェルトによると、「決闘は多数の公衆の興味津々の興奮した視線を浴びて繰り広げられる社会的遊戯の特徴を帯びていた」[☆10]。証人の立会いのもと、二人のジェントルマンが剣かピストル

☆4　カール・シュミット、前掲書、一二四頁、参照。
☆5　トマス・ホッブズ『リヴァイアサン(II、二九)』、ガリマール、二〇〇〇年、四七六頁以下。
☆6　ジャン・ボダン『国家論』、ル・リーヴル・ド・ポーシュ、一九九三年、四六三―四六四頁。
☆7　カール・フォン・クラウゼヴィッツ『戦争論』、フェルト・デュムラー・フェアラーク、一九九一年、一九一頁。
☆8　ジャン゠ノエル・ジャンヌネ『決闘――フランスの情熱　一七八九―一九一四』、スイユ、二〇〇四年、二六頁、参照。
☆9　同書、二七頁。
☆10　ウーテ・フーレフェルト『名誉を重んじる人――決闘の社会・文化史』、ポリティー・プレス、一九九五年、一七〇頁。

で対決する決闘は、敵対者、すなわち、騎士道の伝統によって、互いに認めた規則にもとづいて、証人の監督下で前もって選んだ武器で闘うにふさわしい人物の相互認知を前提とする。証人は事実上、決闘前の交渉で弁護人役を務め、いざ決闘が行なわれると審判になり、最後は調書を作成し、万一の場合には、法廷でそれを提示さえする。ジャンヌ＝ノエル・ジャヌネの表現によると[☆11]、この段階的な「決闘の法律化」は決闘を法によって認められた事実上の社会的慣行に変えた。ドイツでは、これが軍隊で普及してもかなり大目に見られていた。プロイセン法は、それを軍人階級内で名誉の感覚を守るために有益な一種の慣習法と見なして、合法としていた[☆12]。ガブリエル・タルド〔一八四三―一九〇四、フランスの社会学者〕は決闘を封建制の残存物と解釈し、また、ノルベルト・エリアスはそれをドイツの「特別な道《ゾンダーヴェーク》」を象徴し、文明過程にたいする抵抗以上のものと見なしているが[☆13]、これは習俗の文明化の構成要素――紛争の自制と規範的規制――であり、十九世紀には、「執拗に残る」旧制度がその権化であろうとしたものである[☆14]。換言すれば、その高度に定式化されたコードは、ヨーロッパ公共広場法が定めた戦争の規則を市民社会に再現していたのである。

　類似した進展が、近代オリンピックの創設が示すように、スポーツにも見られる。第一次世界大戦前夜、発案者ピエール・ド・クーベルタンは列強に軍事的紛争に替えてスポーツ競技を提案しているが、これは、最強者の勝利が称賛と敗者への敬意を呼び起こし、敗者は、次回、共通の規則にもとづいてつねに雪辱を図ることができるというものであった[☆15]。一九一四年、オリンピックは停止され、決闘は消えた。これに感化を与えていた名誉の掟は、全面戦争の到来後は生き残れないのである。

　一九一四年夏、ヨーロッパ公共広場法の原則は、サライェヴォのテロが狂乱の外交バレエをもたらし、大陸中の大使館が関与するようになると、おのずからいっそう重きをなしてくる。☆16 当初、オーストリア・ハンガリー帝国は同盟国ドイツの同意を得てセルビアに訓戒を与えるにとどめ、世界戦争を始めるような意図は毛頭なかった。ロシアのセルビアへの介入が間接的に、〔三国協商、三国同盟などの〕軍事同盟のため、ドイツとフランスの緊張を高めた。ロンドンのほうは、パリの同盟国であり、ドイツの覇権が大陸に及ぶ危険とともに、地政学的均衡の起こりうる変動に受け身のままではいられなかった。一年後、イタリアは中立の立場に終止符をうち、新たな状況を利用して、同盟国オーストリアに属するイタリア人多数の領土を獲得しようとした。結局、一九一七年、アメリカ合衆国が、ヨーロッパの同盟国の債務の支払い能力が不安になり、突然自らの新たな国際的役割を自覚し、参入してきた。そのようにして、セルビアの民族主義者のテロが導火線となり、火薬に火をつけ、大陸中を燃え

☆11 ジャン＝ノエル・ジャンヌネ、前掲書、八〇頁。
☆12 V・G・キアナン『ヨーロッパ史における決闘――貴族階級の名誉と支配』、オックスフォード大学出版、一九八八年、二七三頁。
☆13 ノルベルト・エリアス『ドイツ人――一九―二十世紀の権力闘争とハビタスの発展』、ポリティー・プレス、一九九六年、五二頁と、ジョナサン・フレッチャー『暴力と文明――ノルベルト・エリアスの作品入門』、ポリティー・プレス、一九九七年、一二三―一三四頁、参照。
☆14 アルノ・メイヤー『旧制度の執拗な残存』、フラマリオン、一九八三年、一一〇―一一一頁、参照。
☆15 ミシェル・カイヤ『一八八〇年からのフランスのスポーツのイデオロギー』、エディシオン・ド・ラ・パッシオン、一九九三年、三一―三二頁と、ヴォルフガング・シヴェルブッシュ『敗北の文化――国民的トラウマ、喪、回復』、ピカドール、二〇〇四年、一七四頁、参照。
☆16 ジアン・エンリコ・ルスコーニ『危機　一九一四年』、イル・ムリーノ、一九八七年、参照。

上がらせたのである。

いまだ歴史記述的論争が絶えることがないその深い原因を越えて、大戦は当事者たちが予想も希望もしなかったことだった。それは、もはや現実の状況に即応しない王朝的で「文明化した」ヨーロッパの秩序の表われとして、歴史を通じて構築されてきた外交機構の過熱化によって引き起こされた。紛争勃発の責任者の誰もが、軍隊が数年間塹壕で泥にまみれることなど予想だにせず、化学兵器も重砲爆撃も都市破壊も機関銃の連続殺戮も考えもしなかった。精神的道具立てやその文化的準拠は、互いに相手に敬意を払う旧制度の国家間の「文明化した」戦争とともに、十九世紀のヨーロッパの経験に結びついたままであった。ところで、相手を正当な敵とする見方は、遠からず十字軍に席を譲ることになる。一九一四年のクリスマス、戦闘が休暇で停止された。稀少な数枚の写真を見ると、ドイツ軍の将兵がイギリス軍の将兵と、互いの境界線間のノーマンズランドで交流する姿が写っている。この束の間の休戦のさい、彼らがいっしょにする乾杯は、戦士たちが相手を正当な敵として互いに敬意を払っていることを示している。☆17 この時代以降、そのようなものはなにもない。戦争は民族、国家、文明間の争いに変わり、以後は、互いに敬意を払う戦士同士の対決を除いて、戦争にありうるあらゆる意味を帯びるようになった。戦闘行為の法は、まずドイツによるルクセンブルクとベルギーの中立侵犯、次いで海洋の中立侵犯、中欧帝国封鎖、都市爆撃、民間人の拘禁などによって急速に葬られた。一九一五年四月、イープルでは、最初の化学兵器攻撃のさい、それは過ぎ去った時代の思い出以外のなにものでもなかったのである。

マキャヴェッリとルソー以降、「正義の戦争」理論は、その曖昧さとイデオロギー的基盤を明らかにしようとする、さまざまな着想からの多くの批判の対象となった。非ヨーロッパ世界を植民地化可能の空間としてみるということは、ヨーロッパ公共広場法から生じる暗黙の系であり、征服戦争、さらに植民地の虐殺さえもが、事実上は自然法（通商、交通、所有権、すなわち、誰にも帰属しないとされる土地や財の占有化）の名における「正義の戦争」に変ずる。征服（またしばしば絶滅）の企てと考えられた植民地戦争では、ヨーロッパの軍隊は他国の正規軍ではなく、征服者の観点から明確に定義づけられる地位のない部族や戦士と対決するのであって、兵士と民間人の区別はいっさいない。この意味において、植民地主義の歴史に見られる虐殺は二十世紀の全面戦争のモデルとなった。たしかに植民地戦争は、地理的にも文化的にも遠く離れた勢力を対立させるのだから、内戦ではない。またたしかに同じ共同体内の紛争でもないが、それでも内戦に典型的ないくつかの特徴を示している。内戦は国家間の紛争ではないが、暴力の独占権を課することができなくなった国家における秩序の断絶である。敵対するのは二つの正規軍ではなく、同じ国家内の二つの徒党で、その一方だけが合法的な地位を有するので、民間人と兵士の区別はきわめて曖昧になる。戦争法は、敵対者が国家ではなく、彼らがもうその法を認めない同じ共同体に属するならば、もはや適用されない。したがって、「正当なる敵」の顔は消える。内戦の内部の反逆者は、犯罪人とか植民地戦争の土着の叛徒のように、いかなる妥協も不可能となるアウトローなのである。[☆18]

☆17　ライナー・ローター編『世界戦争　一九一四―一九一八年――出来事と記憶』（ミネルヴァ、二〇〇四年、一〇五頁）所収の写真、参照。

☆18　内戦と植民地戦争の関係は、前掲書、カール・シュミット『大地のノモス』で幅広く分析されている。

いまに伝わるこの型の紛争の最古の記述はトゥキディデスのものである。『ペロポネソス戦争の歴史』において、彼は、紀元前四二七年、ケルキラ島にアテネ人が到来し、ペロポネソス人が逃亡したさいに勃発した内戦を語っている。それは憎悪の噴出であり、「どこでも通用する法律」は破棄され、もはや暴力と堕落しか残らなかった。[19]「ケルキラ人は反対派と見なされた同胞市民を虐殺した」。そうすると、「死はあらゆるかたちをとるようになり、そのような場合に通常起こるどんなことにも、人びとはたじろがなかった――それよりも悪かった。父が息子を殺し、懇願する者が聖域から引き出されるか、その場で殺され、ある者たちはディオニュソスの神殿に閉じ込められて死んだ。実際、内戦はそれほどまでに残酷だったのである」[20]。トゥキディデスは内戦の現象学的記述をしただけではない。彼はまた内戦が当事者にもたらす心理的変化、つまり、普通のときには見られない憎悪の波に駆られて人を殺し、そうしてものごとや精神性の秩序をひっくり返すことも強調した。「正当化に名を借りて、言葉と行為の関係の通常の意味まで変えられた。無分別な大胆さが党派への勇気ある献身、控えめな慎重さは偽装された卑劣さ、知恵は臆病さの仮面、何にでもあれこれと知恵を働かすだけは、まったくの無為無策と見なされた。性急な衝動は男性的美点とされ、慎重な論議は言い逃れの口実とされた[21]」。

二十世紀の内戦の証言者が描いたのも同じ感情、同じ精神状態である。活動家にして作家という二重の身分によってもっとも鋭い証言者のひとりとなるのは、おそらくヴィクトル・セルジュであろう。一九一九年春、ペトログラードで綴られ、のちに「危機に瀕した都市」と題して出版された日記において、彼は内戦を、引き裂かれた社会の二つの側の還元不能な対立、いかなる妥協も不可能な、暴力以外に解決策はない対立として描いている。「この二つの勢力が混じり合い、同じ生を生き、一方が他方を殺さねばならないとたえず明確に意識して、大都市の大通りで肘を突き合わせている姿を思い描いてみないと、内戦の歴史はまったく理解できない」[☆22]。恐怖、不安、憎しみ、敵を排除する意志が参戦者を鼓舞し、戦闘に必要なエネルギーを吹き込む。この戦争では、あらゆる人間性の原則が双方で追放される。「人民委員、闘士、赤軍の司令官も不意を襲われ、裏切られれば、一様に銃殺される。いかなる部類の旧将校も下士官も容赦されることはない。猛烈な戦争――人道的見せかけもなく、赤十字もなく、担架係も認められない戦争。原始の戦争、絶滅戦争、内戦[☆23]」。そしてセルジュはこう結論づける。この状況は恐怖政治に行き着くしかなく、そこに彼は、統治政策以上に、参戦者の精神状態を見ている。「掟は殺すか殺されるかである……周囲にみなぎる漠とした血の臭いとともに、それは、恐怖政治にならざるをえないのではないか、という心理状態をもたらす。我々は、嵐の前夜、空に電気が充満しているのを感じるように、恐怖政治が近づいてくるのを予感するのだ[☆24]」。要するに、

☆19　トゥキディデス『ペロポネソス戦争の歴史』（III、LXXXI）、ブカン・ロベール・ラフォン、一九八四年、三四六頁。
☆20　同書、三四三頁。
☆21　同書（III、LXXXII）、三四四頁。
☆22　ヴィクトル・セルジュ、「危機に瀕した都市」、『ある革命家の回想と政治的著述』、ブカン・ロベール・ラフォン、二〇〇一年、一〇八頁。
☆23　同書、一〇九頁。
☆24　同書、一一一頁。

内戦はつねに残酷と恐怖から成っている。ヴィクトル・セルジュは、内戦の典型的な特徴のひとつを主役たちの感情的な過重投入に見ている。義務を果たすという感情が大戦の志願兵を動機づけるが、内戦に参加するのには十分ではない。内戦は、まるで規範の瓦解から生まれた空隙が新しい実存の内実で満たされるかのごとく、つねに法的アノミー（無秩序）と極端にまで推し進められた情熱の昂揚充満の混淆である。戦いはもはや法によって合法化されず、ましてや制御されるのではなく、敵、それも近しい知り合いの敵の命と引き換えに、また必要ならば自らの命を犠牲にして、断固、徹底的に最後まで擁護せねばならない高度の倫理的・政治的信条によって正当化される。このアノミーの空間を満たすのは、時と場合により、きわめて高潔またはきわめて下劣であり、しばしば二つの混淆である。すなわち、解放、正義、平等、人間の尊厳、抑圧の償いだが、しかしまた復讐心、人種主義、過激なナショナリズム、宗教的狂信でもある。

内戦の古典的定義はカール・シュミットのもので、きわめて異論のある論稿『捕虜からの解放』（一九四九年）にある。それは、たとえ彼がナチ体制との協力関係を釈明せねばならないときの、おおいに議論の余地ある弁明的論拠に含まれるとしても、考察するに値する。シュミットはこう言う。「内戦はなにかとくに残酷なものを有する」が、それは内戦が「敵も含む共通の政治的統一体のなかで、また同じ法的秩序内で行なわれる」からである。どちら側も敵を無法状態に位置づける。「どちら側も敵対者の法を廃するが、それを法の名において行なう」。そして彼はこうつづける。そうして、内戦は法との「とくに弁証法的な」緊密な関係を確立する。「内戦は、自惚れとか自己愛に満ちた者の意味においてだけ正当であり、そして結局は、正義の戦争の原型となり、自己が正当であると宣する。

他のどんな戦争よりも危険なかたちで、どちら側も容赦なく自己自身の法を想定し、そしてまた容赦なく敵方の誤りを前提にする。一方は合法的法を、他方は自然法を主張する。前者は法を服従に、後者は法を反対に付する」。そのような文脈では、合法性と正当性の対立が極端な帰結までに繰り広げられ、正義の道具がその公正さを失い、還元不能な戦いの手段に変わってしまう。革命的正義にはひとつの掟、敵の全滅という掟しかない。人民法廷は「恐怖を緩和する」のではなく、「加速する」ことになる。法廷は「国家、人民とか人間性の敵」を指名し、「彼らから法の名において全面的に権利を剥奪する」。そこからシュミットの結論が出てくる。「敵意はきわめて絶対的なので、敵と犯罪人の古代の聖なる区別さえも自己正当化の絶頂感のうちに溶解してしまう。自己自身の法を疑うことは裏切りと見なされる。相手の論拠に関心をもつことは陰険な行為になる。どんな議論の試みも敵との内通のかたちになる」[☆25]。こうした主張の動機づけと文脈を捨象すると、そこには、残酷で、共通の規則を欠いた対立としての内戦の解剖学的素描があり、これは一九一四―一九四五年のヨーロッパを荒廃させた対決のかなり正確な記述である。

『ロシア革命史』において、トロツキーは、マルクス主義的観点から、類似した内戦分析を行ない、その頂点を「権力の二重性」の形成に見ている。つまり、歴史上のあらゆる大きな革命が示しているように、まず「無政府状態」の一時的状況があり、遅かれ早かれ闘争中の二党派の一方の勝利によっ

☆25　カール・シュミット『捕虜からの解放：一九四三―一九四七年の経験』、ヴラン、二〇〇三年、一五二頁。政治的理論の観点からの内戦概念の分析については、ノルベルト・ボッビオ「内戦?」、『テオリア・ポリティカ』Ⅷ、第二号、一九九二年、二九七―三〇七頁、参照。

て取って代わられる。イギリス革命は君主制とクロムウェルの「模範的軍隊」との対立である。フランス革命は、まず国王と立憲議会の対立、次いでコミューン〔革命的自治政府〕と国民公会の対決である。一八七一年のパリ・コミューンにおいては、この権力の「二重性」は領域的な区分となって現われる。パリでは革命、ヴェルサイユでは反革命である。一九一七年のロシアでは、ケレンスキー主導の臨時政府がソヴィエト議会と対立し、十月にはボリシェヴィキが議会で多数派となる。後者が立憲議会を解散したのは「ソヴィエトに全権力」を与えるためである。そのような二つの還元不能な敵対勢力への権力の細分化は恒久化できない。トロツキーはこう述べている。「革命にとっても反革命にとっても、かくも特徴的な独裁の欲求は二重権力の許容しがたい矛盾からきている。この二つからひとつへの権力移行は内戦の道を経て実現されるのである[26]」。

内戦は合法的な敵対者との公正な和平ではなく、敵の全滅をめざしている。一九四三年一月、カサブランカ会談のさい、チャーチルとローズヴェルトは、共同声明で、連合軍はドイツと日本とのいかなる妥協も排し、ただ「無条件降伏 (unconditional surrender)[27]」だけを受け入れると断言している。この宣言はすでにニュルンベルクと東京裁判を予告しており、軍事用語の規範的表現 (capitulation) を用いず、reddition を選んでいるが、この語は、南北戦争のさい、連邦主義者が南部連邦に課したもので、一八六五年、アポマトックス〔バージニア州の郡、ここで南北戦争最終局面の戦いがあった〕でリー将軍が署名した宣言に現われている。このような用語は国際法の伝統にはなかった。商法から借用したもので、譲渡とか所有権移転を指す。これを採択することで、勝利者は、南部連邦がたんに敗れただけではなく、存在しないことを示そうとした[28]。capitulation では、兵士は象徴的に敗北を承認する公式儀式で降伏するが、それでも国際法（勝者）によって法的存在として認められている国家の軍隊に所属しつづける。逆に、無条件降伏の場合は、敗れた軍隊は、いわば勝者の所有物となり、支配されることになる。ヴィルヘルム・カイテルは、国防軍の長の資格で一九四五年五月八日、ベルリン・カールホルストでドイツの無条件降伏に署名したが、翌年処刑された。同じような運命が日本政府の長、東条英機にも下る。一九四五年、ドイツと日本は連合軍に占領されるが、勝者は、初期には、数十年間あらゆる国家主権の剝奪を考えていた。カサブランカで、ドイツの無条件降伏という選択肢はローズヴェルトによって示唆されていた。即座に同意したチャーチルによれば、問題はドイツを奴隷状態に置くことではなく、交渉はいっさい認めず、とくに「敵国における領土移転と国境調整の阻止」[☆29]を可能ならしめるあらゆる国際法上の法的規範を葬り去ることだった。

☆26　レオン・トロツキー『ロシア革命史』、スイユ、一九九五年、第一巻、二五六頁。
☆27　ダン・ディナー、前掲『今世紀を理解する』、二二頁。ロータル・ケッテンアッカー「アングロサクソンの戦後計画としての〝無条件降伏〟」、ヴォルフガング・ミッシャルカ編『第二次世界大戦』、ピーパー、一九八九年、一七四―一八八頁。アルフレート・フォフツ「無条件降伏：一九四五年の前後」、『現代史の四半世紀年鑑』七号、一九五九年、二八〇―三〇九頁、参照。
☆28　ヴォルフガング・シヴェルブッシュ、前掲『敗北の文化』、二七―二九頁、参照。
☆29　ウインストン・チャーチル『第二次世界大戦』、ホートン・ミフリン、一九五〇年、第三巻、六九〇―六九一頁。この一節は、ジョン・I・チェーズ「無条件降伏再考」、『ポリティカル・サイエンス・クオータリー』七〇巻、第二号、一九五五年、二六五頁に引用。またハンス・ケルゼン「ベルリン宣言によるドイツの法的地位」、『国際法アメリカン・ジャーナル』三九巻、第三号、一九四五年、五一八―五二六頁、参照。

パルチザン

ヨーロッパの内戦の顕著なる登場人物はパルチザンで、大部分の紛争に登場し、ときには決定的な役割を果たす非正規軍の戦士であった。ヨーロッパの法律の規範に合致した国家間の戦争として生まれた大戦には、この現象はなかった。それはただ、紛争終結を画する革命的危機、とくに中東欧諸国に現われただけである。大戦末期の政治状況の軍事化は、パルチザン民兵と武装集団の形成をもたらし、彼らは街頭闘争、ときには本格的な反乱に参加した。それはたんに旧ロシア帝国にのみ起こったのではない。一九一九年一月、ベルリンのスパルタクスの蜂起の映像では、労働者が武装して行進し、モッセ新聞グループの社屋を奪い、ノスケ国防大臣の命令下にある義勇軍を銃撃する姿が見られる。こうした武装組織──共産党の赤色戦線からナチ突撃隊（SA）まで──はワイマール共和国、より一般的には両大戦間のヨーロッパ社会の特徴のひとつである。イタリアでは、一九二一──一九二四年代は、アルディッティ・デル・ポポロ（人民決死攻撃隊）とムッソリーニの黒シャツ党の激しい対決に特徴づけられる。一九一九──一九二四年、軍隊と非正規軍の対立はバイエルン、バルト三国、ハンガリー、ハンブルク、ブルガリアで猖獗をきわめた。オーストリアでは、一九三四年二月のナチの武装蜂起が、ウィーンで、軍隊と防衛同盟《シュッツブント》の社会主義民兵との血まみれの一週間となり、その敗北は一二〇〇人の死者と数千人の負傷者をもたらした。この現象はスペイン内戦の最初の局面でふたたび現われ、合法的な権力を体現する共和派は、政府に忠実なままの部隊と、軍事クー・デタと戦うため自然発生的に出現した民兵といっしょに軍隊を再編成しなければならなかったのである。

しかし、パルチザンの戦いは第二次世界大戦中に絶頂に達した。彼らは、ヨーロッパレベルで、数十万人が、数百万人の兵士を対立させるものにも似た戦争を行なっていた。こうしたパルチザンは、軍事作戦が民族解放運動、ナチ協力体制打倒や反ファシズム闘争と連結している戦争では、無視できない要員である。一九四一年、東部戦線では最初の頃から、スターリンは、ドイツ軍が占領したソ連領土の敵側の戦線内でのパルチザン闘争を呼びかけていた。一九四三年からは、レジスタンスはバルカン半島でも西部戦線でも、ユーゴスラヴィアからギリシア、ベルギーからオランダ、フランスからイタリアに及ぶ大きな広がりを見せていた。戦争中、そのインパクトは、反パルチザン闘争を口実に抑圧、暴力、強制収容、虐殺などを正当化するファシストとナチ勢力のプロパガンダによって拡大された。ドイツ軍が占領した国は、レジスタンスを「山賊」、「テロリスト」と称して死の脅しを掲げたポスターで覆われた。共産主義者と、いくつかの国では、外国人とくにユダヤ人の大量の存在がつねに強調され、一九四四年二月、有名な「赤いポスター」はパリのマヌキアン義勇遊撃隊の二三人の処刑を予告していた〔これはアルメニア人ミサーク・マヌキアン率いるパルチザン集団で、二三人中二〇人が外国人、ひとりが女性だった〕。イタリアでは、ファシストは彼らを「雑種民／私生児」扱いし、民族共同体のよそ者であることを示していた。それにたいして、レジスタンスにとっては、彼らは愛国者で自由の闘士であった。いたるところで、レジスタンスは彼らに正規軍兵士の地位を与え、その軍事的・階級的な組織構造を強調し、解放時に連合軍に彼らを認知させようとした。一九四四年六月三十日、マチェラータの町を占拠していたイタリア人パルチザンは、倉庫にあった植民地軍の制服を着用した。カブトはかなりエキゾチックだったが、彼らを本物の兵士に見せる利点があった。[☆30] レジスタンスの英雄たちは、ときにはのちになって、「ファビアン大佐」のように軍人ふうに呼ばれたが、このフランス人共産主義者の闘士は、一九四一年、パリでのドイツ人当局者にたいする最初のテロの実行犯である。[☆31]

解放時、パルチザンは完全に合法的な顔となる。そして蜂起した市民社会の象徴となり、みながこれに共感して一体化するか、または便宜的に一体化されようとした。闘争と地下運動の時代を経て、彼らは社会秩序を大変換する解放の祭典の中心に戻った。そうして元山賊は民衆神話の英雄に変貌した。闘争の悲劇的次元を失って、シャリヴァリの陽気で遊戯的次元を帯びるようになった。蜂起したパリの記述において、クロード・ロワ〔一九一五―一九九七、フランスの作家〕は最終局面の義勇軍の肖像を素描している。「彼らは小型機関銃を手にし、二個の柄つき手榴弾をベルトに差し込み、ズボンを赤い絹の靴下と大きな靴にたくし込んで、縞柄のシャツを袖まくりしていた。まるでアメリカ映画から出てきたようだった。『奇傑パンチョ』〔一九三四年初演〕の主人公そのものだ[☆32]」。パルチザンのきわめて大胆な行動はときには、カメラの前で再現され、不朽のものになった。このパントマイムは、あとから公然と演出手直しされているのだが、たいていは歴史の偽造ではなく、実際のレジスタンスにその血と死者とともにそぐうものである。それを不滅化せねばならないのは、まさに深刻な出来事が問題だからであり、またその英雄的次元を示し、それにエピナール版画という定型を与えねばならないのは、人びとがその歴史的性格を自覚したからである。たしかにいくつかの姿勢はかなり場違いで、ただカメラマンの要求を満たすだけであった。だから、拷問されて瀕死の戦士のさまざまな苦悶の様子や、処刑班の前で拳を突き上げて、英雄として死ぬその仲間、さらには、自動小銃で守られながら山頂で兵士の手当てをする看護婦の姿などが見られるのだ。カメラマンのレンズの前で、レジスタンスの主役たちは文字通り、歴史という「舞台」の役者となったのである。☆33

第二次世界大戦中にさまざまな呼称のパルチザンが果たした役割の重要性を鑑みると、この紛争のアノミックな性格や、戦争の伝統的な規範の再検討、つまりは内戦の性質の再検証の問題が明らかになる。またもや、パルチザンの「理想型」を定めたのはカール・シュミットである。まずは彼らが、制服着用という点において兵士とは異なる非正規軍戦士であることだ。彼らの戦いは、ある党派のメンバーであることを意味する語源が示すように、その「強い政治的参加」の精神にもとづいている。そして「機動性、スピード、攻撃と退却の迅速な交替」がその行動の特性となり、それは彼らが支える正規軍の動きとほとんどいつも連携している。結局、シュミットによると、パルチザンは「土着的な性格」を呈している。つまり、大部分の場合、彼らは解放をめざす地域に深く根ざしており、その

☆30　アドルフォ・ミンネーミ『第二次世界大戦：一九四〇―一九四五年』、エディトーリ・リウニーティ、二〇〇〇年、一七六頁、参照。
☆31　ピーター・ラグル「二十世紀ヨーロッパの〝不正規の戦争〟と合法的暴力の規範」、ルカ・バルディッサーラ編『戦争犯罪と記憶』、ランコーラ・デル・メディッテラーネオ、二〇〇四年、九七頁、参照。
☆32　アラン・ブロッサ『狂ったお祭り騒ぎの解放：民衆の情熱の神話と儀式または大舞台』、オトルマン、一九九四年、一二一頁に引用。
☆33　アドルフォ・ミンネーミ『レジスタンスの写真史』、ボラッティ・ボリンギエリ、一九九五年、二五七―二八七頁。

行動は現地住民との有機的な関係に助けられている。[34] 武装集団のなかで「非合法活動の専門家」や「破壊工作員」[35] として行動する都市部で彼らを匿い、守ってくれるのは市民である。したがって、パルチザンは正当なる大義を援用するが正当なる敵は認めない戦争では、中心的な顔となる。第二次世界大戦は、解放者ゲリラの特徴も政治的闘士の特徴も最大限に高めるが、この二つの特徴は融合して、パルチザンに第一線の役割を確保し、しばしば彼らにほとんど神話的なアウラを与える。まさにそこで、非正規軍戦士の結集から軍隊が生まれ、占領軍勢力に打ち勝ち、権力奪取に成功するが、そのカリスマ的指導者は、ユーゴスラヴィアのチトー元帥とか中国の指揮官毛沢東のように、自然に新国家の長の地位を獲得するのである。

一九〇七年、ハーグ協定は内戦の非正規軍戦士を、とくに「敵が近づくと自然発生的に武器を取る住民」が指導者を有し、識別標章をもち、武器を隠さず、「戦争の法と慣習」[36] に従うならば、戦争の正規軍と同等に見なした。パルチザンに戦闘員の地位を認める効用はスペイン内戦のさいに明らかとなり、共和派権力は民兵に守られ、叛徒は正規軍に属していた。一九三八年、国際法に内戦を記載することを擁護したドイツの法学者ハンス・ヴェーベルクによると、法的に認知された叛徒はもはや「海賊団」ではなく、国際法上の主体として扱われるべきであり、その結果、この認知ははじめて内戦を人間的なものにし、規則を導入した。[37] 問題は、大部分の場合、紛争当事者の相互認知ではなく、ただ一国か複数の第三国による合法化であった。第二次世界大戦中の活動的パルチザンの集団や部隊——ポーランドの国内軍からユーゴスラヴィアの共産主義者、フランスの義勇遊撃隊（ＦＴＰ）からイタリアのガリバルディ旅団まで——は、間違いなくこのハーグ協定が確立したカテゴリー（「民兵と志願兵団」）に入るが、ドイツ人は彼らをいつもただのテロリスト、山賊と見なしていた。彼らのテロは復讐を招き、最良の場合でもドイツ人殺害ひとりにたいして一〇人の山賊が殺されるか、市民が襲撃された。ソ連人が採った態度は対称的で、彼らは戦争末期に帝国防衛のために創設されたドイツの国民突撃隊《フォルクスシュトゥルム》員を銃殺した。ナチにあっては、反パルチザン闘争は反革命闘争の伝統につながっており、その何人かの責任者は一九一九年からそれを証明して見せていた。クリスティアン・エングラオはこのナチの暴力文化の連続性を例証し、東部戦線でのパルチザン撲滅闘争の長のひとりで、一九四一年からポーランドとロシアの数千人の市民虐殺の責任者であるオスカー・ディルレヴァンガーの歩みを描いている。第一次世界大戦中ロシア戦線で戦ったのち、彼は、一九一八年からは義勇軍で活動し、一九三七年には、スペイン内戦中、ヒトラーがフランコ軍を支援するため送ったコンドル軍団に加わった。一九四五年ドイツ南部で逮捕された彼は、拘禁されていた収容所で元強制収容所囚人たちに見破られ、死ぬほど拷問された。[☆38] 危険が際限なくあった戦争で、[☆39] 極悪の抑圧を受けたパルチザンが粛清の波を起こすもととなったのは、避けがたいことだったのである。

☆34　カール・シュミット「パルチザンの理論」、『政治概念／パルチザンの理論』、フラマリオン、一九九二年、二一八―二二四頁。

☆35　同書。

☆36　ジェームズ・ブラウン・スコット編『ハーグ平和協定の条文：一八九九年と一九〇七年』、ボストン&ロンドン、一九〇八年、二〇二頁。ハンス・ヴェーベルク『内戦と国際法』、シレイ、一九三八年、八八頁も参照。

☆37　ハンス・ヴェーベルク、同書、九頁。

☆38　クリスティアン・エングラオ『黒いハンター――ディルレンヴァンガー旅団』、ペラン、二〇〇六年、参照。

パルチザンには制服はなかったが、モラルと行動規範があった。内戦を、ホッブズの用語を文字通りにとって、政治なき無秩序状態への後退、万民の万民にたいする戦争と解するのは誤りであろう。共通の法をもたない二つの交戦国の対決は、彼ら双方がそれ自身の規則をもつことの妨げにはならない。法的権力——相手がその合法性を認めない国家——と一体化する側は、敵を山賊、無法者として扱う。新しい合法性を体現しようとする反逆者は組織化し、自らの規則を備える。クラウディオ・パヴォーネは、イタリア・レジスタンスの枠内でこの現象を検討して、パルチザン集団のなかに「新たに出現する規範性」[☆40]への傾向があることを指摘した。一九四四—一九四五年、トスカーナのパルチザン旅団の政治委員だったレジスタンスの歴史家ロベルト・バッタリャは、そのような状況の逆説的な性格を描いている。ファシズム打倒のために武器を手にするとか、またはただたんにファシストの軍隊への召集令を逃れようとする者は無法者だった。しかし、法律外に身を置くことは、不正義で、道徳的にも政治的にも受け入れがたい秩序を終わらせ、新しい秩序の基礎を築くために行動するという、彼らの深い衝動からきていた。法律外に身を置くことは、価値観と規則の選択方式を生むことを意味していた。したがって、彼らが山中の基地に地域の銀行の頭取たちを呼び出して、レジスタンスの身代金を課し、挨拶代わりに断固として「我々は法を体現している」[☆41]と断言するのは、大まじめなのである。冗談ではないのだ。問題は、パルチザンは敵が言うような山賊ではなく、自らの規則へのいかなる違反も容認しないことを示すことだった。武装していることを利用して裏切りとか略奪をした者は罰せられ、またしばしば処刑されさえした。政治的正当性は正義の厳正なる行使にのみもとづいていたのだ。[☆42]あらゆる内戦を特徴づける裁判ぬきの処刑、即決執行、見せしめの処罰、過剰な暴力などはつねに、闘争の鋭い正義感や道徳的正当性の感覚と共存する——逆説的だが。スペイン内戦中、共和派の残虐行為を激しく告発したシモーヌ・ヴェイユは、「無政府主義者の隊列における盗みや婦女暴行は、死刑を科せられるべきである」[☆43]と指摘していた。

内戦は活動的な少数派どうしの戦いである。対決する二つの分派——赤軍と白軍、共和派とフランコ派、レジスタンとファシスト、解放者とコラボ——のあいだには幅広い「グレーゾーン」[☆44]が浮かび上がるが、これは迷い、眺め、無気力なまま自らの陣地も選べず、紛争中にも態度が変わる不定形な民衆層から成る。ロシアの内戦中、農民は交互に赤軍と白軍の人質にされ、ときには両者間でバランスを保ったり、ウクライナのマフノ軍のように、状況次第で一方から他方に移ったりした。一九四四年、フランス・レジスタンスは、四年前にヴィシー体制を大挙して支持した市民社会のなかで、圧倒

☆39 シュミットによれば、パルチザン戦争は、限られ、計算された損害、つまりは補償可能な損害を示す、法的領域でつねに保証の法律に関係する危険概念を知らなかった（前掲「パルチザンの理論」、『政治概念／パルチザンの理論』、二三二頁）。

☆40 クラウディオ・パヴォーネ、前掲書、一二四頁。

☆41 ロベルト・バッタリャ『正規兵——パルチザン』、イル・ムリーノ、二〇〇四年、二〇九—二一〇頁。

☆42 クラウディオ・パヴォーネ、前掲書、四五四—四五九頁。

☆43 シモーヌ・ヴェイユ「ジョルジュ・ベルナノスへの手紙、一九三八年」、『著作集』、クワルト・ガリマール、一九九九年、四〇八頁。

☆44 内戦の受動的要素を明確にするための「グレーゾーン」概念については、クラウディオ・パヴォーネ、前掲書、二四七頁と、レンッツォ・デ・フェリーチェ、前掲書、五五—六五頁、参照。

的に多数派になっていた。一九四三年秋、大多数のイタリア人はムッソリーニの社会共和国と、国家機構と軍隊の崩壊後、連合軍側に与した君主政権とのあいだで態度を決めかねていた。ファシズム打倒のため武器を選択した若者はごく少数派だった。レジスタンスが広がり、一九四五年春の解放時に住民の大多数までに及ぶのは、一九四四年からでしかなかった。内戦では、事態を決するのは、「グレーゾーン」ではなく、活動的少数派である。パルチザンはむずかしい選択に直面する。彼らはその「確信の倫理」によって行動を促される。ナチズムに反対することは道徳的・政治的な至上命令なのである。「責任の倫理」によって、彼らは自らの行為の結果を考慮し、敵の不可避の反撃、民間人にたいしてありうる復讐、ときには虐殺をも予想することを余儀なくされる。教会では、聖職者当局がパルチザン集団の「無分別な行為」を糾弾する。イタリアの共産主義者レジスタンスの長のひとりジョルジオ・アメンドーラは、彼らの選択を想起している。「武装闘争の初期、イタリアでは、以前のフランスや、ナチが占領した諸国のように、復讐の問題が提起され、決定的に解決されていた。復讐の脅しに屈することは先験的に闘争放棄を意味していた」[☆45]。民間人は連帯と恐怖のあいだで揺れる。あるときにはパルチザン集団を支え、あるときには彼らの「無責任な」行動でナチの抑圧を招いたと非難する。一方では、非正規兵による破壊活動やテロにたいする彼らのごく自然な不信感が、何世紀も前から国家権力に暴力独占権を与えている精神的習性から生じる[☆46]。他方では、非合法と見なされた当局にたいする敵意、ときには公然たる反対が彼らを反逆者のシンパや保護者に変える。この対照的な感情の動きが、内戦の展開には、最後までつづく[☆47]。のちの平和になった社会では、それまで関与を拒み、選択もできず、強いられた適応と協力関係の狭間で[☆48]、優柔不断か、ただ日常生活の苦労に呑み込まれていただけの受動的な大衆が、選挙権を通して、政治的均衡の再構築に決定的なものとなろう。しかしながら、対決のときには、彼らは置き去りにされたままで、揺れ動かされ、状況に適応するだけで自らはどうすることもできなかった。だが彼ら大衆が政治的生活の当事者に戻ると、パルチザンは舞台を去り、神話的な顔として集団の記憶に組み込まれるか、ただたんに忘れられてしまうのである。

熱い暴力

内戦では、暴力は侵犯の形態で展開される。したがって、ロジェ・カイヨワが示したように、内戦は祝祭と著しい相同性を呈する。内戦と祝祭は社会化の本質的契機を成し、そこでは、個人が「集団的興奮」に呑み込まれ、その問題解決を共同体的行為に変え、社会的距離と個人の自律を再検討する

☆45　ジョルジオ・アメンドーラ『ミラノへの手紙――記憶と記録資料一九三九―一九四五』、エディトーリ・リウニーティ、一九七三年、二九三頁、参照。復讐に関するイタリア・レジスタンスの論争については、クラウディオ・パヴォーネ、前掲書、四七五―五〇五頁、参照。

☆46　クラウディオ・パヴォーネ、前掲書、四二一頁、参照。

☆47　これについては、ツヴェタン・トドロフ、前掲書と、サント・ペリ『イタリア・レジスタンス――歴史と批判』、エイナウディ、二〇〇四年、二三八―二四九頁、参照。

☆48　占領体制下の民間人の行動類型学としては、フィリップ・ビュラン、前掲書、四六八―四七一頁、参照。

ことになる。日常性は切断される。ふだんは禁じられていたものが許され、時効にさえなる。カーニヴァルは近親相姦を許し、戦争は殺人を促す。後者はあらゆる直接的有用性を失い、通常の戦争には存在しない聖なる宗教的次元を取り戻す。つまり、戦士の人身御供であり、敵の供儀となる。内戦でも祝祭でも、「放埒と大饗宴の役割が増すにつれ、典礼の役割は減ずる」のである。[☆49]

憎しみは抽象的な性格を失う。それはもはや政治的選択を育む精神的傾向または感情ではなく、行為となって現われる衝動である。法の停止と暴力の国家独占の再検討がこの行為への移行を可能にする状況を生む。内戦はつねに文明化過程の後退を伴う。[☆50] 我々の行動規範をかたちづくる社会的・文化的拘束が吹っ飛んでしまうのだ。フロイトの跡につづいて、ノルベルト・エリアスが、個人が「攻撃の快楽に身をゆだねる」のを阻止する「心的経済」の源泉と見なした欲動の自己制御が消滅する。内戦の勃発は、分水嶺のごとく、その前後の平和な時代と隔たる人間学的な転換点を画する。この中間的局面において、暴力は全開的な広がりとなり、際限なく展開される。それはもうたんに闘争手段ではなく、当事者の情熱、感情、恐怖、憎しみの表われでもある。そして近代世界のまっただなかに、侵犯、秩序の転覆、復讐という星のもとで、古風な殺戮的群衆のイメージを甦らせるかたちをとる。暴力はエリアスが文明化以前、すなわち、国家的強制以前の、と名づけた社会の慣習を掘り起こす。『文明化の過程』で、彼はこう述べている。個人の生活は、「戦士の社会では、残酷な攻撃にたえず脅かされている。そのような社会と平和な社会の構成員の存在を比較すると、それが極端に傾くことがわかる。戦士にはあらゆる感情や情熱を露わにする自由があり、野蛮な快楽にふけり、性的欲望を満たし、憎しみを爆発させ、多少とでも、敵に属するものはなんでも荒らし回ることができる。しかし敗ければ、彼らは勝者の復讐と残酷な扱いに晒され、中央権力だけが苦痛、屈辱、捕虜生活を科する権利を確保する日になると、拷問に付され、日常的な人間関係から排斥される恐れがある」[☆51]。

内戦では、暴力はけっして単純なる道具的手段ではなかった。それは顕著な象徴的次元をにない、自己増殖し、固有な力学を得て、それ自身目的にまでなる。換言すれば、過激な暴力ではなくなり、残忍残虐となる[☆52]。フランコのクー・デタのあと、一九三六年七月、スペインの軍人たちは、バリャドリード地方でほぼ一千人の共和派を殺害した。彼らは、町の中心で公開処刑を行ない、名士たちが列席し、ポピュラーな菓子チューロを味わい、アニスのリキュールを飲みながら見物していた[☆53]。この種の暴力の話においては、たいていの場合、神話の真実さを見分けることは困難である。一九一八—一九二一年の内戦のさい、ロシアの地に外国人部隊がいたことが、多くの伝説のもとになったが、たし

☆49 ロジェ・カイヨワ『人間と聖性』、ガリマール、一九五〇年、二二七頁。
☆50 ガブリエーレ・ランツァァット「暴力の現代史におけるスペイン内戦」、ガブリエーレ・ランツァァット編、前掲『市民同士の戦い——現代の内戦』、二七二頁、所収。
☆51 ノルベルト・エリアス、前掲『西欧の力学』、一九〇頁。これについては、ガブリエーレ・ランツァァット『カレッタのリンチ（一九四四年春）。政治的暴力と日常的暴力』、イル・サッジャトーレ、一九九七年、一九六—一九七頁も参照。
☆52 ステファーヌ・オドワン゠ルゾー「戦争の中心で：二度の世界大戦中の戦場の暴力」、ステファーヌ・オドワン゠ルゾー、アネット・ベッケール、クリスティアン・エングラオ、アンリ・ルッソ編『戦争の暴力、一九一四—一九四五年』、コンプレックス、二〇〇二年、九一頁、参照。
☆53 ハビエル・ロドリゴ『フランコのスペインにおける暴力と政治的抑圧（一九三六—一九四八）』、オンブレ・コルテ、二〇〇六年、四六頁。

かにそのもっとも有名なのは不気味な中国人チェッカが行なった拷問で、彼らは犠牲者の死体をペトログラード動物園の獣の餌にするとか[☆54]、敵の頭を「ネズミの檻」に突っ込んで殺したという[☆55]。しかしながら、もっとはるかに恐ろしいのは、白軍の暴力に関する話で、歴史家ジャン゠ジャック・マリーが明白な事実としてその挙動を語っている。たとえば、コサック兵が考え出した「共産主義スープ」で、ユダヤ人共産主義者を生きたまま、村の中心に置いた大きな熱湯の桶に投げ込んで、他の捕虜にゆであがった仲間の死体を食わせた。伝聞によると、この捕虜の何人かは発狂したという[☆56]。

内戦は現在の欲求不満や期待につながる過去の衝動や感情を掘り起こし、甦らせる。敵はたんに殺されるだけではなく、公衆の面前で辱められ、戦利品として展示されねばならない。だから、ナチとファシストは処刑したパルチザンを、とくに東欧では吊るしたのである。ときには、肉屋の動物の骸骨のように脚から逆さ吊りにした。この暴力は不可避的に反対暴力を生むが、これは、たとえ、そのような行為の道徳的拒絶から正当性を引き出した勢力が行なったとしても、相手の暴力のいくつかの特徴をむし返すことになる。だから、一九四五年四月二十九日、ミラノのロレート広場で、ムッソリーニの死体は群衆に踏みつけられ、吊るされるのだ。これについて、セルジオ・ルツァットは、内戦は「また肉体的悲劇でもある[☆57]」、と書いている。内戦はつねに過激で劇的な、恐ろしい暴力の一面を有する。この内戦の人間学的次元は、ヴォルフガング・ソフスキーが考えるように、「暴力はこの種のものの宿命である[☆58]」ことを示すのではない。それは人間の深く隠れた性質を表わすのではなく、極限の状況では人間はなんでもできることを、いとも明瞭に示しているのである。内戦は、ジェノサイドのように、人間に宿る連帯、犠牲的精神、寛容などを徹底的に探るための興味深い実験場となる。

しかしそれはまた、残酷さと、結局はその弁証法的な裏地である、悪を成す底知れぬ力の深淵も浮かび上がらせる。さらには、進歩の哲学者の人間学的オプティミズムと保守的イデオロギーの根本的ペシミズムをともに再検討することにもなる。内戦では、善と悪は同じ磁場の両極のように共存し、そうして、極限に面すると、人間性はつねにこの二つの混淆であることを示すのである。☆59

復讐もまた第二次世界大戦の帰結に伴う民衆の祭りの一側面で、象徴的にして具体的な復讐である。短期間、法定上の裁判が機能する前に、即席法廷が活発になり、それ自身で裁きをし、しばしば裁判

☆54 ジャン゠ジャック・マリー、前掲書、四一頁。
☆55 この伝説はエルンスト・ノルテによって広まった（前掲書、一四二―一四三頁）。この伝説のもとは、ロシア移民の反共・反ユダヤの誹謗書である（R．ニロストンスキー『ボリシェヴィズムの過激な殺意――目撃者の証言』、一九二〇年、四八頁）。ウルリヒ・ヴェラー『ドイツの過去の廃棄物処理か？〝歴史家論争〟に関する論争的エッセー』、C．H．ベック、一九八八年、一四七―一五三頁、参照。「ネズミの檻」の最初のヴァージョンは、その文学的系譜を明らかにしたアラン・ブロッサが示したように（『荒廃の試練――二十世紀と収容所』、アルバン・ミシェル、一九九五年、三五七―三七二頁）、オクターヴ・ミルボーによる（『拷問の庭』、UGE、一九八六年、二一六―二一八頁）。
☆56 ジャン゠ジャック・マリー、前掲書、一二四頁。
☆57 セルジオ・ルツァット『統領の死体――想像力、歴史と記憶のあいだの死体』』、エイナウディ、一九九八年、六〇頁。
☆58 ヴォルフガング・ソフスキー、前掲書、一九九八年、二〇〇頁。
☆59 ノーマン・ゲラス『相互的無関心の契約――アウシュヴィッツ以後の政治哲学』、一九九八年、八八―九〇頁、参照。

ぬきの処刑を行なった。一九四四―一九四五年、ドイツ軍の敗北は「狂ったお祭り騒ぎ」[☆60]に取って代わられた。それは、解放軍とレジスタン勢力が出会って生まれた官能的興奮状態にあって、バリケード、旗飾り、教会の鐘の音がかもし出す歓びと遊びの爆発的発散である。この日常的な時間の中断と、意味と希望に満ちた生の時間の侵入は、自然発生的に、集団的記憶に根ざした儀式とイメージを生み出す。パリでは、バリケードは、一八四八年やコンミューンを喚起する記憶の場と同じく戦闘の場でもある。しかし、情熱の爆発は必ずしも解放として生きられたのではない。それはまた、辱められた肉体の山を要求し、民衆の祭りは、顔をしかめた下層民が丸刈りにされた女たち、「コラボの売春婦」を見て大喜びする「醜いカーニヴァル」[☆61]に変わってしまう〔これは、戦時中ドイツ人と関係した女たちが見せしめの罰に頭髪を刈られ、パリ市中を引き回されたことを指す。ココ・シャネルも危うく丸刈りなるところをチャーチルに助けられた〕。この二つの群衆、一方はお祭り気分、他方は復讐に飢えており、その区別はけっして明確ではない。二つは混じり合い、喜びから憎しみ、寛容から残酷へと広がり、その極限にまで達した多様な感情が宿っているのである。

最大の寛容と最大の残酷、友愛感情と復讐心、民衆の祭りの歓喜とサディスト的な虐殺衝動が結合するこの過剰な陶酔は、ミシェル・ヴォヴェルが分析した「革命初期の自然発生的な暴力」をいみじくも想起させる。[☆62]それは、彼が恐怖政治に対置する無政府状態の暴力であるが、恐怖政治は組織化、制度化され、統制された強制的慣行で、もはや旧制度の象徴やその体現者を破壊するだけにとどまらず、新しい秩序の創造をめざし、その途上で出会う敵を倒すのが目的である。これは、一七八九―一七九二年、フランスに出現する暴力であるが、そのとき、ムーニエから借用したパオロ・ヴィオラの比喩によれば、「玉座は空いていた」[☆63]のである。旧制度は解体されたが、人民主権は、まだ新権力のかたちをとっていないので、抽象的な概念のままである。この移行期、頂点が空位のあいだ――国王は革命勢力の人質だった――、法はなく、人民が無法状態で統治していた。絶対君主制に抑圧され、保護もされていた人民は圧倒的な権力のもとにあり、これに反抗はできても、あえて取って代わろうとしなかったが、突然放り出され、ひとりになったと思った。彼らは新しい自らの権力機関をつくらねばならない。そのとき、突然あの虐殺事件が起こり、群衆は貴族たちの首を斬り、槍に突き刺して、行列行進したのだ。恐怖政治はこの自然発生的な民衆の暴力を終わらせ、彼らを法の枠内に戻した。ロベスピエールとダントンによれば、盲目的で危険なほど過激になった民衆の暴力を「法の刃」[☆64]に置き変えることが問題だったのである。

類似の特徴がロシア革命にも見られる。もっぱらボリシェヴィキ・イデオロギーの産物として説明

☆60　アラン・ブロッサ、前掲書、参照。

☆61　アラン・ブロッサ『丸刈り女――醜いカーニヴァル』、マニャ、一九九三年、参照。これはミハイル・バフチーンのカーニヴァル解釈に想を得たもの（『フランソワ・ラブレーの作品と中世とルネサンス期の民衆文化』、ガリマール、一九九〇年）。

☆62　ミシェル・ヴォヴェル『革命的心性――フランス革命期の社会と心性』、エディシオン・ソシアル、一九八五年、八五頁。

☆63　パオロ・ヴィオラ『空いた玉座――フランス革命における主権の推移』、エイナウディ、一九八九年。

☆64　アルノー・J・メイヤー、前掲『フランス革命とロシア革命の時代の狂乱、暴力、復讐、恐怖政治』、一七一―一七二頁に引用。

しようとする、今日歴史記述に広まった見方には反して、恐怖政治は、一九一七年に下から起こり、慢性的になった暴力にたいする新しいソヴィエト権力の答えだった。フランス革命に倣って、イデオロギーはあとからやってきて現場で考え出された方法を正当化した。マルク・フェロによると、共産主義独裁は「ルサンチマンから生まれ、奥深いところからきた恐怖政治を正当化し、自らに都合よく解釈した。そしてそれを利用して権力を恒久化した」、となる。[☆65] 暴発的で制御不能な農民の暴力と違い、チェッカの過激な暴力は自然発生的ではなかった。それは、革命と反革命、赤軍と白軍、農民と地主、都市の庶民階級とツァーの貴族階級、ロシア共産主義と西欧の反共産主義を対立させる内戦の仮借なき論理に組み込まれていたのである。

「空いた玉座」の論理はスペイン内戦の初期にも働いており、フランコの反乱は共和派の領域に文字通り社会革命を引き起こした。ホセ・ルイス・レスデマは、アラゴン州での共和派の抑圧事件を分析して、犠牲者の大半が一九三六年夏に殺害されたと指摘している。またそのとき、国家の分裂と、そこから生じる権力の空白に起因する民衆の暴力の噴出を目にすることになる。それは、司祭と地主狩り作戦の時期で、抑圧は階級が基準となり、とくに農山村でそうであった。つまり、肉体的に手仕事の習慣があるとわかれば許され、そうでない者は追われた。この無法状態の（無政府主義的）暴力は、秋、共和派国家が再建され、その法を課すと終息した。人民法廷はなおも死刑判決を発するが、暴力の波は和らいだ。革命がそれ自身の制度をつくり始めたのである。[☆66] そこに反共和派暴力との根本的な相違があり、この暴力はフランコ軍が立場を固めるにつれて加速され、結局、内戦が終結し、総統《カウディーリョ》制度が設立されてから一〇年もつづくのである。

第二次世界大戦の残虐行為、とくに東部戦線で行なわれたものは、国防軍兵士が撮った数千枚の写真資料によって、しっかりと裏づけられている。しばしばこうした写真映像は耐えがたく、暴力と死を恐ろしく赤裸々に写しているが、証拠としての、つまりレンズが捉えた「真実の瞬間」としての不可避的な基本的次元以上には、解釈するのは容易ではない。[☆67] いくつかの場合、それは殺人行動に係わっており、共犯の眼差しに殺す快楽が伴っていることを物語っている。何人かの兵士が写真の裏とか、思い出のアルバムに注釈として書き付けた説明文は、この視覚的資料の次元を示している。つまり、戦利品なのである。[☆68] しかし、多くの場合、それは別な動機も反映している。命令を実行し、配布するためではなく、兵士自身の意志で撮り、私物の記録として保存されており、戦争の別の次元と暴力への別の眼差しを示している。カメラは兵士の感情や情緒を「中和する」が、彼らは殺戮に関与しながらも、「冷静な目」[☆69] で見ることができる素人写真家なのである。だから、殺人行為や犠牲者という視覚対象を距離化し、中性化して遠ざけ、行為の主体者という感覚をもたず、観察者の役割にとどまっ

☆65 マルク・フェロ「ナチズムと共産主義：比較の限界」、マルク・フェロ編『ナチズムと共産主義——今世紀の二つの制度』、アシェット、一九九九年、一七頁。
☆66 ホセ・ルイス・レスデマ『革命の炎の日々——内戦中のサラゴサの共和派後衛部隊における暴力と政治』、インスティトゥシオン・フェルナンド・エル・カトリコ、二〇〇三年。
☆67 ジョルジュ・ディディ＝ユベールマン『是が非でもの映像』、エディシオン・ド・ミニュイ、二〇〇三年、四七頁。
☆68 ジュディット・レヴィンとダニエル・ユジエル「普通の人びと、異常な写真」、『ヤド・ヴァシェム・スタディーズ』二六号、一九九八年、二六五—二九三頁、参照。

ていられる。今日、これらの写真は兵士の秘密の想像世界の記録という最初の目的を離れて、二十世紀の死の証言として集団の記憶に刻み込まれているのである。

冷たい暴力

しかしながら、この内戦の暴力を理解するには、全面戦争のはるかに巨視的な暴力と比較せねばならないが、多くの場合、内戦はその構成要素かまたは付随物である。違いは一目瞭然である。一九一九年一月―五月、敗戦でワイマール共和国が誕生したとき、ドイツを引き裂いた血まみれの対立は多数の犠牲者を生んだが、その大規模さの次元にソ〔ン〕ムやヴェルダンの戦いとの共通の尺度はない。二十世紀のヨーロッパの内戦の特殊性は、それが全面戦争、革命、内戦、ジェノサイドの大渦巻きとして立ち現われることからきている。そこから、野蛮で父祖伝来の暴力が近代的暴力、空爆の技術、ガス室の工業的絶滅に混じり合うという状況が生まれる。この戦争では、アラン・コルバンの言を借りれば、復讐に燃える群衆の「ディオニュソス的欲動」が国家暴力の「低温殺菌された虐殺」と共存している。[☆70] 換言すれば、文明化過程の抑圧から生じた暴力が、時を隔てた驚くべき非同時代性の弁証法において、工業社会のテクノロジーを前提とする、はるかに殺人的な近代的暴力と結合しているのである。この暴力は、社会的な面でも人間学的な面でも、文明化過程の獲得を前提とする。すなわち、武器の国家独占、官僚的・生産的合理性、分業、職務の細分化、欲動の自己制御、社会的行為者の倫理的な脱責任化、死刑執行人と犠牲者の空間的な分離などである。特務部隊《アインザッツグルッペン》の兵士がポーランドの村で、ユダヤ人を共同墓地に積み重ねて撃ち殺している一方で、SS中佐アードルフ・アイヒマンは事務室に座して死の収容所へのユダヤ人強制収容を組織していた。官僚の大群が絶滅プロセスの展開に不可欠な任務を果たしていたが、これ自体にはなにも殺人的なものはなかった。それは、人口調査、土地財産没収令とか、ただたんに死の収容所への護送列車の運行計画などを考えてみればよい。これは、それらは、ガス室で極点に達する絶滅組織網に組み込まれて、はじめて殺人的なものになる。これは、さまざまな部門責任者が必ずしもその到達点を知らない組織網だが、それは、近代社会の典型的な「道徳的無関心の社会的生産」がその前提のひとつだからである。☆71

一九四四年六月十日、SSが村の教会で全住民を焼き殺したオラドゥール・スュール・グラーヌのイメージ〔正確には、教会に閉じ込められ機銃掃射を浴びたのは婦女子で、男は穀物倉庫で殺害された。死者総計六四二人〕は、アウシュヴィッツの煙突と同様、第二次世界大戦の記憶に属する。この二つのかたちの暴力、ひとつは「熱い」、もうひとつは「冷たい〔冷静な〕」暴力が、同じ戦争のなかで共存していた。ノルベルト・エリアスの理論は内戦における復讐に燃える群衆の出現を研究する助けにはなるが、その分だけ、彼

☆69 ディーター・ライファールト、ヴィクトリア・シュミット＝リーゼンホフ「行為者のカメラ」、ハネス・ヘール、クラウス・ナウマン編『絶滅戦争。国防軍の犯罪』、ハンブルガー・エディツィオン、一九九五年、四九七頁、参照。
☆70 アラン・コルバン『食人種の村』、オービエ、一九九〇年。
☆71 ツィークムント・バウマン『近代性とホロコースト』、ラ・ファブリック、二〇〇二年、四七頁。

がユダヤ人虐殺を「原始の時代の野蛮と残酷のぶり返し[☆72]」と説明する試みは誤りで、的はずれであることがわかる。アドルノとフランクフルト学派の跡につづいて、ホロコーストを「文明の原理そのものに含まれる野蛮[☆73]」の表われと考えるほうが、はるかに適切であろう。文明と野蛮は矛盾した関係ではなく、解放の領域と同時に破壊の傾向をもつ同じ歴史的過程の不可分の二つの局面である。解放と支配が、同じ弁証法的運動の二つの潜在性のように、ともに歩むのである。

社会的無関心の源泉としての距離の影響に関する考察において、カルロ・ギンズブルグはアリストテレスからシャトーブリアンまでその系譜を再構成しているが、彼はディドロの『盲人に関する手紙』のメタファーを想起している。罰せられる恐れがなければ、多くの人間は牛を自らの手で殺すよりは、燕の大きさほどの距離からひとを殺すほうを好むだろう。距離は殺人の恐怖を消し、犯人を、なにも気づかず、その道徳的反応を感じない盲人のように無関心にする。ギンズブルグによると、二十世紀の空爆戦争は敵を微小な標的に変え、虐殺の実行者に血を見えなくさせるが、これはディドロの予見を確認するものである。「距離は、極端に狭められると、他の人間にたいする絶対的な同情の欠如をもたらす[☆74]」。この指摘は近代世界の戦争と集団的暴力の一面を捉えている。しかし、ヨーロッパの内戦では、冷静な「距離のある」暴力は、知己の敵を殺してその死体を晒しものにしようとする十字軍ふうの熱い情熱的な暴力に結びついている。都市を爆撃し、大量殺害を可能にする距離と道徳的無関心は、「救済者[☆75]として戦われた闘争のさい、ボリシェヴィキを殺し、パルチザンを拷問し、「人間の屑」の排除をめざす戦闘の物理的近さや情緒的な影響作用と混じり合う。国防軍兵士が東部戦線から妻子に送るパルチザンやユダヤ人処刑の写真や、老ユダヤ人の髭を切ったり、冬のポーランドで

裸の女性を辱めたりして冷笑する兵士を写す映画は、この戦争暴力の精神的傾向と慣行の野蛮化を反映する鏡である。☆76

独裁

ヨーロッパ内戦は独裁概念の意味と用法を変えた。ムッソリーニ、ヒトラー、フランコ、スターリン体制の出現後、それは権威主義的、さらには全体主義的で、抑圧と恐怖の体制の同義語になり、何世紀間ももっていた意味内容を消してしまった。☆77 一九三八年、ハリウッドで、チャーリー・チャップ

☆72 ノルベルト・エリアス、前掲『ドイツ人』、三〇二頁。
☆73 テーオドア・アドルノ「アウシュヴィッツ以後、教育する」、『批判的モデル集』、パイヨ、一九八四年、二〇五頁。
☆74 カルロ・ギンズブルグ「中国の宦官を殺す。距離の道徳的影響」、『木の目――距離に関する新しい考察』、フェルトリネリ、一九九八年、二〇二頁。
☆75 ザウル・フリートレンダー『ナチ・ドイツとユダヤ人、I.迫害の時代』、一九九七年、八三頁以下。
☆76 これらの写真は、ダニエル・J.ゴールドハーゲン『ヒトラーの意志的死刑執行人――普通のドイツ人とホロコースト』(スイユ、一九九七年)にある。これについては、ベルント・ヒュッパウフ「カメラの背後の虚ろな目」、ハネス・ヘールとクラウス・ナウマン編、前掲『絶滅戦争』、五〇四―五二七頁、参照。
☆77 ジョバンニ・サルトリ「独裁」、『法律百科』第一三巻、一九六四年、三五七頁。

リンが演じたパロディー『独裁者』は大衆文化にこの語の新しい語義を導入した。古代から十九世紀まで、独裁は民主主義の系、いわば派生物と見なされていた。古典的な語義では、それは、危機のさいの共和政府のかたちを指し、権力の行使は dictator（独裁官）と呼ばれた人物に独占されていた。しかしながら、ローマの独裁制は権限、行動領域、期間が限られた行政官職だった。専制的、恣意的または非合法な権力ではなく、その基礎は民主主義的であった。ディクタトルは元老院の要請で、執政官が指名し、任期は半年だった。「臨時執政官」として、彼は国内（反乱）と国外（戦争）の重大な危機に対処するために任命された。ディクタトルが権力を体現していても、独裁は、厳密に制度的な観点からは、権力ではなく、たんに権力の臨時機関であり、その性格は状況的で、構造的なものではなかった。[☆78] 民衆の想像世界では、ディクタトルの顔はキンキナトゥスに体現されていたが、この伝説的な司令官は危機のローマ共和国を救うために呼ばれ、二週間で敵を打ち負かすと、領地に戻って畑を耕したという。

独裁は「例外状態」、すなわち、法の停止と個人的自由の制限を前提とする。しかしそれは、国家の合法的な決定機関が許可した一時的措置である。この点についてカール・シュミットに想を得たジョルジオ・アガンベンの定義によると、例外状態は、規範を守り、それを有効にするため、規範とその適用を分離する。「例外状態はアノミックな空間であり、その賭けとなるものは法なきところの法の力である」。[☆79] したがって、独裁者はクー・デタによって権力を奪う簒奪者とか暴君とは同一視できない。彼はたんに事実上だけでなく、法令上も権力を行使するのだから。彼は一時的に法の適用を停止できるが、法の修正も憲法の廃止も新法の発布もできない。この独裁概念は政治思想の歴史全体を貫いているのである。

　ボダンに想を得て、カール・シュミットは独裁を二つの型に定義づけている。一九二〇年、彼は古典的独裁を委任独裁と称して主権独裁と区別し、前者は構成された権力の現われ、後者は構成する〔構成的〕権力として作用するとした。[☆80] 彼にとって、後者のモデルは十七世紀のイギリス革命にある。「長期議会」を解散したあと、クロムウェルは軍事独裁制を布いたが、これはもういかなる上級決定機関にも対応せず、文字通り至上権力になり、委任されたものでも一時的なものでもなく、恒久的かつ絶対的な権力であった。シュミットはフランス革命もこの範疇に入れたが、ここでは、一七九三年、国民公会がそれ自身の恐怖政治機関、公安委員会を設置し、類似の役割を果たしていた。彼が呈示する最後の例は、一九一七年十月、ロシアでボリシェヴィキが創設した体制で、マルクスのプロレタリアート独裁概念が予示したものだった。この場合もまた、独裁は合法的権力の臨時機関ではなく、新しい秩序を生む構成的権力である。この場合は、国家的正当性を標榜できない革命的権力で、彼らは少数派だった立憲議会を解散して、階級的正当性――ソヴィエト〔労農評議会〕――に依拠しており、その代表制は反乱を起こした党によって即座に取って代わられた。内戦中、構成的権力は軍事化した

☆78　アルフレッド・コバン『独裁制――その歴史と理論』、ハスケル・ハウス・パブリッシャーズ、一九七一年。フランツ・ノイマン「独裁理論覚書」、『民主的国家と独裁的国家』、フィッシュ、一九八六年、二二四―二四七頁。ジョバンニ・サルトリ、前掲書、三五九―三六〇頁。
☆79　ジョルジョ・アガンベン『例外状態』、ボラッティ・ボリンギエリ、二〇〇三年、五二頁。
☆80　カール・シュミット『独裁』、スイユ、二〇〇〇年。

革命党の独裁に不可避的に一体化された。[☆81]

戦争直後、革命と反革命の血まみれの対決に陥った中央ヨーロッパで、多少とも持続可能な独裁制が発展した状況下で、マックス・ウェーバーは「カリスマ的支配」理論を再定式化し、独裁政治のさまざまなかたちを付け加えて、『経済と社会』でその類型学を呈示した。[☆82] カリスマ的権力とは、神がかり的な人物、使命感を備えた群衆のリーダー、危機の時代に「救世主」のように出現する、いわゆる例外的な資質能力を有する長の権力である。彼は「恩寵」に浴し、中世の魔術師的な王のように奇跡を行なうことができるように見える。彼の周りには、賛同者の「カリスマ的共同体」ができ、彼らはその異常なる能力にほとんど宗教的な信仰感情で結びつき、その意志にたいして服従の意志を示す。原始キリスト教共同体が法的組織構造ではなく、キリストの顔というカリスマ的基礎だけをもっていたのと同じく、第一次世界大戦から生じた独裁制はしばしば超法規的正当性を主張し、法律ではなく、自然とか歴史の超越的な法則を援用していた。それは、その正当性が慣習法の力で課される伝統的な権力とも、法の合理的強制にもとづいた近代的な支配形態とも異なっていた。独裁の長たちに共通の特性は、「ひとが彼らに従うのは慣習とか法律によってではなく、彼らを信用しているから」[☆83]という事実にある、とマックス・ウェーバーは強調している。カリスマ的権力は、これを生み出す混乱した無秩序な時代同様、本来脆弱な、過渡的なもので、ウェーバーによれば、不可避的にその性格を摩耗、消滅させる「日常化」を余儀なくされる。

しかしながら、この権力が発展すると、法を破棄または無力化し、権力者たる長の決定に取り替えられてしまう。したがって、個人的な権力となり、自らがその発信元であり、法的強制から解放されていると主張することになる。これは、唯一の神聖なる、代替不能の肉体によって体現される権力で、王朝的でも制度的でもない、まさにカリスマ的権力である。いくつかの行為とか表現、ひとつの声に一体化された肉体。周りに群衆が集まり、それへの憧憬を共有する神秘的な対象。それが、ニュルンベルクのナチ党大会の記録映画『意志の勝利』で、レニ・リーフェンシュタールが描いた総統《フェーラー》の肉体である。またそれが統領《ドゥーチェ》の肉体であり、作家ヴィッタリアーノ・ブランカーティ（一九〇七―一九五四）はその信奉者たちにもたらす幻惑効果をこう述べている。「彼が群衆のまっただなかにいると、群衆はその周りで情熱を吐出し、沸騰する。民衆は彼を囲み、ピラミッド型をなし、自然と彼を頂点に据える」[☆84]。不可避的に、このカリスマ的権力の終りは肉体の破壊を経る。一九四五年四月のムッソリーニのように、足で踏みつけられ、辱められ、逆さ吊りにされる。第三帝国崩壊の数日後、そんな恐るべき死を避けるため、ヒトラーのように「自己生贄」を供することになる。独裁者の肉体はヨーロッパ内戦を生き残れず、その終りはしばしばその生贄と重なる。ルイ一六世とか皇帝ニコライ二世

☆81 「構成的権力」としての革命については、トニ・ネグリ『構成的権力』、PUF、一九九七年、三五二―三八五頁、参照。
☆82 マックス・ウェーバー『経済と社会I 社会学の範疇』、ポケット、一九九五年、三二〇―三二五頁。この変遷については、ピーター・ベール「マックス・ウェーバーと専制主義の変化」、ピーター・ベールとメルヴィン・リヒター編『歴史における独裁制と理論――ボナパルティズム、専制主義と全体主義』、ケンブリッジ大学出版、二〇〇四年、一六七頁、参照。
☆83 マックス・ウェーバー『学者と政治』、プロン、一九五九年、一〇三頁。
☆84 セルジオ・ルツァット、前掲書、一九頁に引用。

の処刑の場合と同様、この象徴的な契機は新しい合法性の出現を画するのである。

一九二〇年、トロツキーのカール・カウツキー批判の小冊子『テロリズムと共産主義』はシュミットの独裁論の先取りのように思える。そこで赤軍の長は、革命の恐怖政治を新しい権力の創造に不可欠な手段として分析し、正当化している。戦争は「ヒューマニズムの学校ではなく、ましてや内戦ではない」と指摘したあと、彼は歴史の法則の名においてボリシェヴィキの政策を正当化し、それはクロムウェル、ジャコバン派、パリ・コミューンの例に従っているだけであると示そうとした。毎回、革命派はテロリズムを非難されてきた。毎回、革命の防衛は人質の捕縛と処刑、検閲制の設置、敵の無力化や除去を要求した（原則としてではなく、便宜的に、と彼は弁明しているが）。そしてこう結論している。ボリシェヴィキ権力の暴力はそれを歴史の意味に刻み込む階級的基礎に依拠している。厳密に歴史主義的なトロツキーの論拠は、次のような観点で展開される。「赤色テロは、消える定めにあるのに、それを受け入れない階級に向けられた武器である。白色テロはプロレタリアートの歴史的上昇を遅らせるだけだが、赤色テロはブルジョワジーの崩壊を早めるだけである。いくつかの時代には、加速化は……決定的な重要性を有する。赤色テロがなければ、ロシア・ブルジョワジーは、国際ブルジョワジーと結託して、ヨーロッパの革命到来前に我々を圧殺したであろう。それを見ないためには盲目、それを否定するには真実を偽る者であらねばなるまい[85]」。数か月後、ヴィクトル・セルジュは、たとえ国是よりも革命的飛翔昂揚に鼓舞されていたとしても、同じ原則を同じ恐るべき表現で主張した。「我ら赤軍は、飢え、過ち——罪さえも——があったにもかかわらず、未来の国《シテ》へ向かう[86]」。

こうした言説は一九二〇年のボリシェヴィキの逆説的な立場をじつによく例証している。一方で、彼らは自らを圧殺しかねない敵との絶望的な闘いにおいて、生き残りの武器としてテロを実践していた。他方では、それを歴史の法則の名において正当化し、新しい社会の「産出」に必要な鉗子として理論化した。革命的形式主義のコードを尊重しながら、チェッカは歴史を「産み出す」暴力に関するマルクスのテーゼに理論的正当化を見出すことさえできた。

実際には、この恐怖政治擁護は大戦のトラウマから生まれたヨーロッパ社会における新しい暴力解釈の一面にすぎなかった。民族主義者、ファシスト、「保守革命派」の側では戦争を、全体主義国家に組織化された文明、塹壕から生まれた新人間に体現された文明形態の実験場として理想化した。大戦はファシスト指導者の価値観、メンタリティー、政治観をかたちづくった。ムッソリーニとヒトラーは、戦争体験に存在の意味を発見したと思った退役軍人だった。戦争は「闘争共同体《カンプフゲマインシャフト》」を生んだが、これは、一九一八年以後、社会モデルとなり、一枚岩の全体主義的な「民族共同体《フォルクスゲマインシャフト》」に変わった。☆87 ときには、未来主義によって美的経験として理想化され、ときには、民族主義によって「新人間」の使命として称揚されて、戦争はいつもファシストの世界観の中心にあった。そこでは、国家は戦争のための道具と見なされていた。ボリシェヴィキの独裁が社会的・政治的革命から生まれ、ツァ

☆85 レオン・トロツキー『テロリズムと共産主義』、10／18、一九七四年、一〇六—一〇七頁。
☆86 ヴィクトル・セルジュ、前掲書、七九頁。
☆87 オメル・バルトフ「栄光の戦場」、『破壊の鏡——戦争、ジェノサイドと近代的アイデンティティ』、オックスフォード大学出版、二〇〇〇年、九—四四頁、参照。

ーリズムを継承した国家機構を壊し、旧エリート支配層を崩壊させたロシアと違って、イタリアとドイツでは、ファシズムは合法的に権力を奪取した。両国では、全体主義体制の樹立は「合法的革命」[☆88]を前提とし、直接的には国家の制度的な外見を損なわず、恒久的にその法を停止した。イタリアでは、一九二五年末頃、ムッソリーニにたいするアンテオ・ザンボーニのテロにつづいた「きわめてファシスト的法律」の発布とともに、リベラルな国家の解体が完了した。三年で、議会制度は事実上破壊され、全権力が行政府に集中され、基本的自由は、集会の自由からスト権まで抑圧された。報道の多様性は検閲制の設置により廃止され、死刑は再導入され、地方行政は中央権力に任命された市長（ポデスタ）に委ねられ、結局は、一九二八年、ファシズム大評議会が体制の最高決定機関になった。ドイツでは、一九三三年二月二十八日、国会議事堂炎上事件の翌日、ヒトラーが発した「国民と国家防衛のための緊急令で、ワイマール憲法に認められたあらゆる自由が〝無期限〟に停止された。それゆえ、ローマン・シュヌーアはナチ体制を「合法的な内戦[☆89]」と定義づけた。ヒトラー独裁は、内戦に固有な例外状態を恒久的にしたことによってのみ確立されたので、内戦を「合法化」したのである。政治学者エルンスト・フレンケルはこれを「二重」国家、すなわち、二つの矛盾した法的構造を共存させることのできる国家と呼んだ。一方に、経済と個人的領域に係わる合理的な近代法、他方に、政治権力があらゆる合理－合法的法手続きを免れる特別法があるのである[☆90]。ファシストの独裁は法を停止し、例外状態を常態化した。戦間期中のこの危機的状況は、シュミットがその政治神学の構成要素を掘り出す腐植土となり、彼はそこで絶対主義の公準を世俗的なかたちでふたたび議題に乗せるのである。かくして、絶対権力の保持者の特権は近代政治の規範《ノモス》になる。つまり、「例外状況を決定する者が主権者である」[☆91]。

☆88　エミリオ・ジャンティル『ファシズムとは何か？　歴史と解釈』、フォリオ・ガリマール、二〇〇四年、四五頁。
☆89　ローマン・シュヌーア「中間総括：内戦の理論について。放置された状況に関する注釈」、前掲『革命と世界的内戦――一七八九年以後の亀裂研究』、一三四頁。
☆90　エルンスト・フレンケル『二重国家』、オックスフォード大学出版、一九四一年。
☆91　カール・シュミット『政治神学』、ガリマール、一九八八年、一五頁。

第3章　市民にたいする戦争

全滅する

ヨーロッパ内戦の出生証明書となる最初の世界紛争は、国家間の伝統的な対決として始まる。そのため、当事者たちはこの紛争が急速に取り始めた前代未聞の意外な形態に深いトラウマを被った。彼らの反応は、貴族的、帝国主義的で、権勢が染み込んだ十九世紀ヨーロッパの典型的な文化とメンタリティーを示すもので、それまで「非文明」世界に追いやられていたはずの「野蛮が自らのところで再浮上し、外交が無力であると知らされ、戦争がもはや「ジェントルマン」の問題ではなく、破壊的暴力の噴出であることがわかって衝撃を受けたのである。[☆1]ドイツのベルギー占領は、一八七〇年の戦争以来、ドイツの軍人に根づいていた「義勇兵」への恐怖心から行なわれた。この占領は国境の村の民間人にたいする暴力の波となって襲いかかり、村落はすぐさま荒らされ、放火された。歴史家ジョン・ホーンとアラン・クラマーは、フランスとベルギーの最初の数週間の戦闘で、六四二七人の犠牲者が出たと記している。[☆2]この出来事は「ドイツの残虐行為」への反対キャンペーンを生み、これに噂と作り話が接ぎ木されたが、明白な事実の種から出たものだった。プロイセン軍の暴力は、戦争行為でそれまでは未知だった境界を越えて、それを一挙に一般市民にたいする戦争にしてしまった。それは予想外の状況に対抗する反応的措置ではなく、ドイツ軍参謀本部が決めた予防的行動だった。[☆3]検閲、個人的自由の制限、脅迫、徴発、人質、強制労働が被占領国住民の日常の定めとなった。一九一四年十一月、人口七五〇万のうち二〇〇万のベルギー人がフランス、オランダ、イギリスに避難した。そのうち六〇万人は戦争終結後にしか帰国しなかった。[☆4]翌年、東部戦線で類似した行動が繰り返され、今度は赤軍が、退却中、三〇万のリトアニア人、二五万のラトヴィア人、三五万のユダヤ人、七四三、〇〇〇人のポーランド人を強制連行したのである。[☆5]

一九一五年、フランスの調査委員会は「敵の万民法（国際法）侵犯による犯罪行為」と分類された、

☆1　一九一五年、ジークムント・フロイトが見せたのはまさにこの茫然自失で、彼は「世界を支配し、人類の指導の責を負う白人種の偉大な国（民）」が、人類を平和に進歩させることができないことが明らかになったと認めている。そしてこう結論する。戦争は「我々から最近の文化的堆積物を奪い取り、我々のうちに原人を甦らせた」（「戦争と死に関する今日的考察」）。『全集』XIII巻、PUF、一九八八年、一二八と一五四頁。

☆2　ジョン・ホーンとアラン・クラマー『ドイツの残虐行為——否定の歴史』、イェール大学出版、二〇〇一年、七四頁。

☆3　同前、四三頁。

☆4　ソフィー・シェップドリヴェール「占領、プロパガンダとベルギーの見解」、アリエル・ロースヴァルトとリチャード・スタイツ編『大戦におけるヨーロッパ文化——芸術、娯楽、プロパガンダ一九一四—一九一八年』、ケンブリッジ大学出版、一九九九年、二七〇頁、参照。

☆5　ジョン・ホーンとアラン・クラマー、前掲書、七四—八四頁。

ドイツの戦争犯罪に関する報告書を公表した。告発はベルギーの中立性侵犯をはるかに上回るものとなっている。それは化学兵器の使用、都市爆撃、略奪、婦女暴行、殺人、放火などに関係していた。ドイツ人は「不実な戦争方式」を採り、一般市民に「残酷な」扱いを科した。要するに、彼らは「ヨーロッパの公共広場法」のコードに違反し、その野蛮な性質を証明したのである。それはフランスのプロパガンダ考案者を奮い立たせ、彼らは「フン族」なみの残虐粗暴行為告発キャンペーンに狙いを定めた。ドイツ人は「世界戦争と国際法の崩壊」に関する類似の報告で応えた。彼らが非難された、いくつかの「非人道的な戦争方式」、空爆、化学兵器の使用などはまた相手にも幅広く利用されているという指摘に加えて、彼らは仏英協商勢力が中欧帝国に課しているブロック(また同じく、帝政ロシアの場合は、ユダヤ人に科されたポグロム)を必ず糾弾した。英仏両国が伝統的な戦争の規範を踏みにじっていることの証拠として、彼らは「ドイツの外交官にたいする慣用の非遵守」と、とくに「ヨーロッパ人の戦争に非文明国民を利用したこと」を挙げていた。☆6

この相互の非難は、あるひとつの文化とあるひとつの時代の証しであるが、事実をものがたり、神話を媒介する。それはまた、一貫した戦争法侵犯にたいする衝撃も示し、いくつかの点で内戦に似た全面戦争へ移行中の変化を予告していた。それは、一九一五年十月、ヘンリー・イアール・リチャーズ卿が、オックスフォード大学オールソウルズカレッジの新学期開講時に、きわめて明晰に確認したことである。「市民の殺害と市民の所有財産の破壊が一般化してつづくものとすると、将来の戦争では、各交戦国が航空団を配備し、各敵対国の住民居住地すべてが空からの爆弾で破壊され、荒廃するものと予想せねばならない。戦争法の目的はその破滅的影響を可能なかぎり、制限し、交戦国の行動を敵の軍事力の弱体化に限定する、つまりは人道の観点から非戦闘員は免除することであった。しかし、現在の戦争はこの政治的原則とまったく逆である」[☆7]。

この見地からすると、第一次世界大戦は始まりにすぎない。イアール・リチャーズが一九一五年に喚起した戦争犯罪は、第二次世界大戦で次々に起こったものと比べれば、物の数ではなかった。その真の転換点は一九三九年のポーランド侵略でも、一年後、数週間でフランス防衛軍を壊滅させた西部戦線における電撃戦《ブリッツクリーク》の電光石火の成功でもなかった。それは、一九四一年六月、ドイツ軍のソ連侵攻だった。そのときから、戦争は性質を変え、内戦として、すなわち、恐怖、憎悪、際限なき暴力だけが誰でも認めるきまりとなる戦争として行なわれ始めたのである。

一九四〇年六月二十二日、フランスと第三帝国の代表が、一九一八年十一月十一日、ドイツ軍の降伏条約が調印されたのと同じ列車内で、休戦条約に調印した。この高度に象徴的な行ないはいくつかの意味を帯びている。それはたんに、ヴェルサイユの屈辱を与えた責任者のひとりに報復するというヒトラーの意志だけでなく、「ヨーロッパの公共広場法」の最後の名残り、いわば残影でもあった。敗者フランスは文明化されたヨーロッパの国、つまりはナチズムが支配するヨーロッパに属しうる国である。たしかに属国化されたが、国土の一部に見せかけの主権は保っている。その文化は轡をはめられたが、破壊されたのではなく、そのエリートたちは対独協力の道に入るよう鼓舞されて、それを利用できる。出版社、映画館、劇場は閉められても、ただ命令に従っただけで、大使オットー・アベ

☆6　マルク・フェロ『大戦：一九一四―一九一八年』、フォリオ／ガリマール、一九九〇年、二一九頁、参照。
☆7　H・アール・リチャーズ『国際法――戦争の諸問題』、クラレンドン・プレス、一九一五年、三五頁。

ッツがパリで催したレセプションには社交界が引き寄せられた。それにたいして、東部での戦争はまったく別の形態を帯びる。ヒトラーはこれを征服・絶滅戦争と考えた。すなわち、ドイツの「生活圏」獲得、スラヴ世界の植民地化、ボリシェヴィズム撲滅、ユダヤ人絶滅である。最初から、それは大陸における以前のどんな戦争とも異なっていた。戦闘員と民間人の区別なく、植民地戦争として始まり、住民全体が奴隷とされる一方で、他の者は特別な装置、まずはゲットーと特務部隊、次いでとくに人間屠殺場として考案された収容所のガス室を使って絶滅された。ナチの世界観では、ユダヤ人とボリシェヴィズムの共生関係はきわめて強かったので、彼ら双方の絶滅が唯一にして同じ目標となった。戦争の最初の年、数十万人の赤軍の政治委員が、国防軍の進攻に随伴する特務部隊によって即座に処刑された。指示命令は最初から明確だった。つまり、ロシア兵は尊敬に値しない、彼らは「同志」ではないから殺せ、である。[☆8]一九四一年、バルバロッサ作戦のさい、国防軍が捕らえた戦争捕虜三三五万人のうち、二〇〇万人以上が処刑されるか、または彼らが付された拘禁状態のために戦争が終わるまで生き残れなかった。[☆9]

西部戦線と東部戦線の違いは、軍人と民間人の犠牲者を比較するだけで一目瞭然である。この二つの戦争劇場の死者総数は、戦闘死した兵士、爆撃死した民間人、レジスタンス勢力と占領勢力の対立の犠牲者、ユダヤ人と強制収容された政治犯などを含めて、驚くべき隔たりを示している。[☆10]フランスは六〇万人の死者を悼み、そのうち三分の二はフランス本土であるが、同じく、イタリアでも、第三帝国の側で戦死した兵士と、一九四三年以後、ドイツ軍占領下でのパルチザンと民間人の死者合わせて六〇万人である。イギリスの方は、六万人の民間人を含む四〇万人が犠牲者であり、オランダはその半分だが、半数以上がユダヤ人であった。東部での戦争の被害と比べれば、こうした数字はあまり大きくないように見える。そこでは、犠牲者は百万単位である。ソ連の二三〇〇万人は総人口の一〇パーセントで、そのうち少なくとも八〇〇万は民間人であり、ポーランドの六〇〇万人は総人口の二〇パーセントで、そのうち三五〇万はユダヤ人だった。バルカン半島でも類似の比率が確認できるが、死者二〇〇万人で、ユーゴスラヴィア人口の一〇・六パーセント、ギリシアは六・八パーセントだった。イギリスとソ連の軍隊の死亡率を比べても、印象的である。英兵は一五〇人にひとりの犠牲者だが、赤軍兵は二三人にひとりである。[☆11] それでも戦争の最終局面で、ヒトラーは東部戦線でドイツ兵の士気を著しく抑えた「厄介な」慣習に不満だった。[☆12] 降伏が兵士の生活にとって脅威とならないところでは、彼らはそれほど好戦的ではなかった。またドイツの損失は前線によって区別しなくてはならな

☆8　オメル・バルトフ「野蛮な戦争。第二次世界大戦におけるドイツの戦争行為と道徳的選択」、『ドイツの戦争とホロコースト――論争の歴史』、コーネル大学出版、二〇〇三年、八頁、参照。このテーマについては、とくにクリスティアン・シュトライト『同志にあらず――国防軍とソ連の戦争捕虜：一九四一―一九四五年』、ディーツ、一九九七年、参照。
☆9　パヴェル・ポリアン「第三帝国とソ連における戦争捕虜への暴力」、ステファーヌ・オドワン＝ルゾー、アネット・ベッケール、クリスティアン・エングラオ、アンリ・ルッソ編前掲書、一二一頁、所収。
☆10　以下の数字はフィリップ・マッソン編『第二次世界大戦辞典』第I巻、一九七九年、八七五―八七六頁。
☆11　ジョアンナ・バーク『第二次世界大戦――民衆の歴史』、オックスフォード大学出版、二〇〇一年、第八章、参照。
☆12　イアン・カーショー『ヒトラー――ネメシス（天罰）：一九三六―一九四五年』、フラマリオン、二〇〇〇年、一一一二頁、参照。

い。第三帝国の兵員死者三五〇万人のうち、一九四〇年春―一九四四年末、西部戦線の死者は一二八、〇〇〇人、全体の三・二パーセント「にしか」すぎなかった。東部戦線における異常に残酷な性格を想起しながら、ピーター・ラグルは、ドイツの都市空爆による民間人犠牲者総数約六〇万人は、レニングラードとかワルシャワのような都市単独の民間人犠牲者よりも少ないことを強調している。[☆13]

ドイツ兵は、必ず前線からの手紙でこの戦争の残酷さについて触れている。「ここでは、戦争が〝純粋なかたち〟で行なわれており、ひとの行為や心、考えには人間性のかけらも残っていないように見える。目にする姿や光景は狂乱、悪夢のようなものである」[☆14]。要するに、第二次世界大戦は主として東部戦線で行なわれ、さまざまな次元で完璧に展開されたのである。つまり、ボリシェヴィズム撲滅闘争としてのイデオロギー的次元、「生活圏」獲得のための植民地的次元、スラヴ民族の隷属化、ユダヤ人とジプシーのジェノサイドという人種的次元である。その点、第一次世界大戦とは異なり、この場合は、国際法的な意味で国家間の紛争が問題であり、犠牲者数も関係諸国すべてで相対的に同じようなものだった[☆15]。この古典的な戦争の性格を失うと、戦争ははるかに酷薄殺伐としたものになり、そのイデオロギー的・植民地的・人種絶滅的な戦争の性格がより公然と現われるのである。

この対立のさまざまな次元の不可分の結びつきは、東部戦線に関してドイツ軍内部で広まったプロパガンダによって繰り返し強められた。歴史家オメル・バルトフはこのイデオロギー戦争特有のテーマ目録を作成し――当時のナチ言語には、Weltanschauungskrieg（世界観の戦争）という語がたえず出てくる――、そうしたテーマが将校からの報告書、記録文書、命令書で展開されているが、大部分の場合、ゲッベルスの宣伝省の監督下には付されなかったとも強調している。敵の非人間化はナチの語彙の範疇により定義づけられ、各部隊に配布された報告書が示すように、その決定的な識別要素になっている。「赤の政治委員に対面したことのある者はみな、ボリシェヴィキが何に似ているかを知っている。理屈は必要ない。大部分がユダヤ人であるこういう人間を動物と紹介すると、動物を侮辱することになろう。彼らは高貴なる人類全体にたいする悪魔の憎悪の権化なのだ。こういう政治委員の面相は純血の高貴さにたいする下層人間の反抗を映す鏡である」[☆16]。第三七装甲軍団司令官の命令書によると、ボリシェヴィズムの根絶はドイツの正当なる報復である。「我々の任務は赤軍を撲滅し、国家社会主義の宿敵ボリシェヴィズムを永久に根絶することにある。我々は、(第一次)世界戦争中ボリシェヴィズムがわが軍の背を匕首で刺したこと、また彼らが戦後わが民族の被ったあらゆる不幸の責任者であることを忘れてはいない。なんびともこのことを忘れてはならぬ」[☆17]。この戦争の目的と方法は、一九四一年十一月、ドイツ軍のレニングラードとモスクワ大侵攻のさい、各部隊に伝えられた第一六軍団の司令官たちヴァルター・フォン・ライヘナウ、エーリヒ・フォン・マンシュタイン、ヘルマン・ホットなどの命令書に要約されている。戦争の本質的な目的は「ユダヤ・ボリシェヴィズム」の撲滅と、「ヨーロッパ文化圏にたいするアジア的影響の根絶」に存する。したがって、東部戦

☆13　ピーター・ラグル「戦争、死者、喪：第二次世界大戦の死者数一覧」、前掲書、三二三頁。
☆14　オメル・バルトフ『ヒトラーの軍隊——国防軍、ナチと戦争』、アシェット、一九九九年、四九頁に引用。
☆15　ピーター・ラグル「戦争、死者、喪」、前掲書、三二三頁。
☆16　オメル・バルトフ『東部戦線：一九四一—一九四五年——ドイツ軍部隊と戦争行動の野蛮化』、ベーシングストック、二〇〇一年、八三頁に引用。
☆17　同前、八四頁。

線の兵士は通常の戦争の戦闘員ではなく、「峻厳たる人種概念の持ち主で、ゲルマン人が被ったあらゆる残虐行為の復讐者」である。それゆえ、彼らは「ユダヤの下層人間にたいする厳しいが正当なる措置の必要性」を理解せねばならない。「かくして、我々は歴史的使命、すなわち、ユダヤ・アジア的脅威から全ドイツ民族を決定的に解放するという使命を果たすことができるのである[18]」。

バルトフによると、このプロパガンダは、野蛮な戦争の状況にあって、新しいヒロイズム観を生み出すことに寄与した[19]。それは、もう愛国的信念などではなく、ニヒリズムの出現をその究極のバネとするヒロイズムと言えるかもしれない。ヨーロッパをボリシェヴィズムとユダヤ人から解放することが救済者的使命とすれば、それを引き受ける兵士は英雄的戦士に変わることになる。東部戦線の具体的な状況下では、このイデオロギー的十字軍はきわめて残酷な戦いのかたちをとる。兵士は戦争を、一九一四年に倣って軍事組織間の対決とは考えない。彼らは「絶滅のモラル《フェアニヒトゥングスモテル》[20]」を説く軍隊の枠内で、戦争を野蛮で狂的な非道徳的事実として日常的に生きる。ダーウィン的に考えれば、この戦争は生存競争の様相を帯びる。実際この場合、これは文明化過程の規範に照らせば退化と言えるだろう。

戦争の伝統的規則の否認は、イデオロギー的・人種的戦争と考えられ、植民地戦争として遂行されたナチの戦争とは不可分だが、それは戦争の展開に変化をもたらし、関係者すべてに悪影響を与えた。後述するが、英国軍の空爆はドイツの都市を破壊し、一般市民を恐怖に陥れることを目的としていた。戦争の野蛮さは誰もの言語を粗暴にする。一九四一年春、ドイツ軍のロンドン空襲後、チャーチルは下院で演説して、同胞国民に高まっている復讐欲に同意する旨を伝えた。「彼らにお返ししよう（Give it them back）[21]」。インタビューでは、発言をさらに激化している。「七〇〇〇万弱のフン族の悪党どもがいるが、ある者は矯正できても、他の者は殺すしかない（killable）[☆22]。戦場では、はるかに露骨になっている。一九四三年七月、シチリア島上陸のさい、ジョージ・S・パットン将軍は第四五歩兵師団の将校にこう語りかけている。「敵と対決すれば、相手を殺すのだ。彼らを哀れむことなどない。彼らは我らの仲間大勢を殺している、彼らは死なねばならないのだ[☆23]」。彼らが降伏を願っても、構うことはない、と彼はこう明言している。「あのでき損ないの私生児、雑種どもは死ねばいいのだ！　諸君は奴らを殺さねばならぬ」。ヨーロッパの戦争でアメリカ人は、太平洋戦争での日本人にたいする人種差別的言葉遣いや行動をしなかったとしても[☆24]、戦争法は括弧に入れられ、封印されていたのである。東部戦線では、戦争の残酷化はただひたすらソ連軍に大きく影響した。防衛陣が組織される。レニ

☆18　同前、八五頁。
☆19　オメル・バルトフ、前掲『ヒトラーの軍隊』、四九頁、参照。このテーマについては、一〇四―一三八頁も参照。
☆20　ハネス・ヘール「絶滅戦争の論理。国防軍とパルチザン闘争」、ハネス・ヘールとクラウス・ナウマン編前掲書、一一五頁、所収。
☆21　ステフェン・ガレット『第二次世界大戦の倫理と空軍力――ドイツの都市への英軍の爆撃』、セイント・マーティン・プレス、一九九三年、一二頁に引用。
☆22　同前、九一頁。
☆23　ジョアンナ・バーク『殺人詳史――二十世紀の戦争行動における対面殺人』、ベーシック・ブックス、一九九九年、一七一頁に引用。
☆24　ジョン・W・ダワー『容赦なき戦争――太平洋戦争の人種と権力』、パンセオン・ブックス、一九八六年、参照。

ングラード、モスクワ、スターリングラードは陥落してはならない。国防軍に占領された領土で、スターリンはパルチザン戦争でナチの攻撃に応える決定をした。ソ連兵は降伏してはならなかった。捕虜は脱走兵と見なされていたのだ。ジューコフ将軍とスターリン自身が署名した赤軍最高司令部発布の有名な二つの命令書（一九四一年八月付の第二七〇号と一九四二年七月付の第二二七号）は、敵に捕らえられたソ連軍の将校、政治的責任者は誰であろうと、全員即刻処刑に科すべき脱走兵と名づけていた。[☆25] 一九四一年七月三日放送のラジオ演説で、スターリンは「大祖国戦争」アピールを発したが、その目的はたんに脅かされたソ連防衛だけでなく、「ドイツのファシズムの軛のもとで苦しむ全ヨーロッパ民族[☆26]」の解放に寄与することでもあった。だんだんと野蛮化する戦争のあいだ、言語が過激化する。ソ連兵向けの著作で、イリヤ・エレンブルク〔一八九一―一九六七、ソ連の作家〕はドイツ人を人間とは見なさず、その殺害を促している。「日付も距離も数えるな。ただ殺したドイツ人の数だけ数えよ。ドイツ人を殺せ、それは諸君の母の祈りなのだ。ドイツ人を殺せ、それはロシアの大地の祈りなのだ。迷うな。諦めるな。殺せ[☆27]」。

一九四四年、ソ連部隊が東プロイセンに入ると、壁は復讐を呼びかけるポスターで覆われていた。「赤軍兵よ、いまやドイツの地にいるのだ。復讐の鐘は鳴った。[☆28]」あるビラは兵士を殺し、女どもを犯せと促していた。「殺せ。ドイツでは誰も無実ではない、生きている者もまだ生まれていない者も、だ。同志スターリンの声を聞け、ドイツの獣を永久に巣穴の中で押しつぶすのだ。ドイツ女の人種的傲慢の鼻をへし折れ。正当な戦利品と考えよ。殺せ、おお、勝利せる赤軍の勇敢なる兵士よ[☆29]」。周知のことだが、ロシア人のベルリン到着は暴力の絶頂で、裁判なしの処刑、破壊された都市の略奪を伴った。いくつかの推計によると、九万人の女性が暴行されたという。[30] もちろん、何人かの歴史家がときおりやろうとしたように（弁護的にかまたは反共産主義に駆られて）、ナチの侵略戦争とソ連の解放戦争の対照表をつくることが問題ではない。[31] スターリンは防衛戦争を始めたが、やがて占領戦争に変わり、ヨーロッパの一部を支配するまでになった。しかしながら、ドイツ人を奴隷状態で服従させることとか、その物理的な絶滅が目標ではなかった。赤軍が犯した暴力と残虐行為は、しばしば、イギリスの空爆戦争とか日本にたいするアメリカの戦争のように戦争犯罪の範疇に入るもので、第二次世界大戦の残酷さの証しである。それは、きわめて強力な破壊手段を備えた近代的軍隊が、内戦と同

☆25　パヴェル・ポリアン、前掲書、一二四―一二五頁、参照。
☆26　スターリン「祖国防衛のためのソ連の偉大な戦争について」、マルクス、エンゲルス、レーニン、スターリン『パルチザン闘争』、10／18、一九七五年、一八〇頁、所収。この演説については、アイザック・ドイッチャー『スターリン』、オックスフォード大学出版、一九六五年、一二一頁、参照。
☆27　アントニー・ビーバー『ベルリン陥落』、ル・リーヴル・ド・ポーシュ、二〇〇二年、二五九頁に引用。
☆28　アルフレッド・M・ド・ザヤス『ポツダムのネメシス――アングロアメリカ人とドイツ人の追放』、ラウトリッジ&キーガン・ポール、一九七七年、六六頁に引用。
☆29　同前、六五頁。
☆30　トニー・ジャット「過去は別の国：戦後ヨーロッパの神話と記憶」、前掲書、二九四頁、参照。アントニー・ビーバーはこれを上回る数字：九五、〇〇〇～一四〇、〇〇〇を挙げている（前掲書、五六二頁）。
☆31　アンドレアス・ヒルグルーバー『二つの没落――ドイツ帝国の壊滅とヨーロッパ・ユダヤ民族の終わり』、ジードラー、一九八六年、参照。この本のいくつかの主張はドイツの歴史家論争の発端のひとつであることを想起されたい。

じ方式、感情、情熱をもって遂行した戦争の残虐野蛮性の表われである。

この紛争は憎悪の星のもとで繰り広げられた。ファシズムがその地ならしをして、ヒューマニズムの終わりを宣し、戦争を「世界の清掃」として理想化し、力と暴力の信仰を打ち立てた。ナチはそれを公然と認めた。ヨーゼフ・ゲッベルスはそれをラジオ演説の中心に置いた。一九四四年六月、彼は、ヨーロッパがこれほど大きく深い憎悪を経験したことはない、と主張した。「この数か月、ヨーロッパ民族はこの憎悪で生きてきて、この恐怖を終わらせる、そう、この恐怖の代価を払わせるという意志を育んできたのだ[☆32]」。

爆撃する

空爆戦争は戦闘行為と報復攻撃の増幅的拡大として展開され、盲目的な破壊の波となり、それを被る住民にとっては、文字通り、黙示録的な破壊となった。都市と一般市民にたいする組織的な空爆は、一九四〇年に始まり、一九四五年八月、ヒロシマとナガサキの原子爆弾で終わるが、これはペーター・スローターダイクが「核のテロ」と称した戦争の新しいパラダイムの出現を例証している[☆33]。彼はその最初の現われを、一九一五年四月二十二日、ドイツ軍がイープルでフランス・カナダ軍部隊に行なったガス攻撃に見ているが、その原則はもはや、古代の戦争以来そうであったように、敵の肉体を狙う直接攻撃ではなく、いまや人間存在の生態的条件の破壊にあった。空爆は一般市民を殺し、ヒロシマはその巨視的な例となるが、語の生物学的な意味でその自然な住環境を抹殺する。『破壊の博物誌』において、W・C・ゼーバルトは、一九四三年七月二十八日の夜間、英国空軍（RAF）が行なった「ゴモラ」作戦によるハンブルクの破壊を描いて、「核のテロ」戦争の迫真的な概要を示している。[☆34] 最初の空襲から数分後、町じゅうに火災が発生して、瞬く間に巨大な炎が燃え上がり、天にも届かんばかりであった。えぐられ、裂けた建物の正面から炎が吹き出し、嵐のような強風〔火災旋風〕に吹き煽られて燃え広がった。避難場所に隠れていた者は瓦礫のもとに埋もれ、逃げようとした者には炎が襲いかかり、松明人形のように焼かれるか、燃えたぎるアスファルトに呑み込まれた。翌朝、町は厚い煙幕に覆われて、光も通らないほどだった。操縦席のパイロットはこの炎の地獄から湧き上がる熱気を感じたというのである。

最初の空爆は第一次世界大戦で実験されているが、これは前線の隣接地帯に限られていた。一九一五年一月―一九一六年十二月、ドイツのツェッペリン飛行船が首都を含むイギリスの都市を空爆したが、犠牲者数は限られ、死者一四〇〇人有余と負傷者約一万人だった。戦争直後、国際連盟は空爆規制法を作成する法律家委員会を設置した。一九二二年十二月―一九二三年二月、ハーグで開催された

☆32　ラルフ・ロイト『ゲッベルス』、ピーパー、一九九五年、五四五頁に引用。
☆33　ペーター・スローターダイク『空震――テロの源泉にて』、ズールカンプ、二〇〇二年、参照。
☆34　W・G・ゼーバルト『破壊の博物誌』、アクト・スュッド、二〇〇四年、三七―三八頁。ニコラス・サンチェス・ドゥラ「言葉とイメージ、戦争の苦悩に関する彼らの証言の限界と範囲」、ニコラス・サンチェス・ドゥラ編『戦争』、プレ・テクストス、二〇〇六年、二〇七―二四六頁も参照。

この委員会は、都市攻撃を禁ずる一連の拘束的規則を定めた。その結論は明快である。「軍事的な性格をもたず、一般市民を恐怖させ、私有財産を破壊または損害を与え、非戦闘員を損傷することを目的とする空爆は禁ずるものとする」[35]。一九三五年、エチオピア戦争でファシスト・イタリアがこの規則に違反したにもかかわらず、大部分の政治的責任者は、両大戦期間中、それを麗々しく繰り返し主張した。一九三八年六月、ネビル・チェンバレン首相は英空軍爆撃司令部(Bomber Command)に、都市と一般市民への爆撃は「まったく国際法に反する」と明記した指示命令を通達した[36]。ところで、この規則は、第二次世界大戦が始まるとすぐに忘れられた。国家元首たちの善意にもかかわらず、その侵犯は近代的武器の性質そのものに含まれており、それは全面戦争が産業革命のもたらした状況に含まれているのと同じである。一九三〇年から、エルンスト・ユンガーはこのことを明確に理解し、「地上と空を移動する機動部隊は戦争を平地の戦場に限ることを長期間は受け入れず、大都市が技術的世界の中枢、急所として新しい軍隊にますます魅力を及ぼす[37]」と強調している。

一九三九年九月から、最初の空爆が行なわれた。ポーランドの都市を空襲し、ドイツのワルシャワ征服の地ならしをしたのである。一九四〇年五月、東部戦線の戦闘開始とともに、今度はロッテルダムの番だった。フランスの敗北後、イギリスは孤立し、他に戦闘手段がないので、ラインラント地方のドイツ工業施設への空からの攻撃を始めたが、これは地域爆撃作戦、すなわち、都市地域への焼夷弾投下作戦である。ドイツの反撃はイギリスの都市への空爆強化となる。一九四〇年秋——一九四一年春、ドイツの空襲は四万人以上の一般市民を殺害した。コベントリーの工業都市は根こそぎに破壊された。以後つづいた報復合戦は、ドイツ諸都市の多かれ少なかれ完全な破壊によって、一九四五年にやっと終わった。

カサブランカ会談で、連合国は、都市への大規模な（絨毯）爆撃によって、ドイツ市民社会全体を襲撃することを明確な目標にした軍事的戦略を決定した。[☆38] それこそ、一九四五年八月、ヒロシマとナガサキの原爆投下の惨状を前にした世界の無理解と無関心を説明する理由のひとつだった。結局、戦争中、イギリス空軍はアーサー・ハリス卿の指揮下に置かれて、三九万回のドイツ攻撃を行なったが、五六、〇〇〇人のパイロットを失った。ドイツ側は、市民の死者数五〇万人以上、重傷者数一〇万人、破壊された住宅は三〇〇万戸だった。[☆39] ハンブルクは一九四三年夏〜秋、ドレスデンは一九四五年二月

☆35 ステファン・ガレット、前掲書、二六頁、参照。

☆36 同前、二九頁。

☆37 エルンスト・ユンガー「戦争の大なるイメージ（世界戦争の顔）」、『政治的マスコミュニケーション：一九一九—一九三三年』、クレット・コッタ、二〇〇一年、六〇六頁。

☆38 リヒャルト・オベリ「全面戦争の表象としての連合国の爆撃戦略」、ロタール・ケッテンアッカー編『生贄の民族か？ 空爆戦争に関する新しい論争：一九四〇—一九四五年』、ローヴォルト、二〇〇三年、四〇頁。ダニエル・ヴォルドマン「一般市民、都市空爆の賭け（一九一四—一九四五）」、前掲『戦争の暴力』、一五一—一七四頁も参照。この事実の基礎については、ジェノサイドと全面戦争の違いに関する鮮やかな分析と矛盾しているが、エリック・マルクゼンとデイヴィッド・コプフはそこに、第二次世界大戦中の連合軍の爆撃の「ジェノサイド的」性格を見出したと思っている（『ホロコーストと戦略的爆撃——二十世紀のジェノサイドと全面戦争』、ウェストヴュー・プレス、一九九五年、二五五頁）。

☆39 イェルク・フリードリヒ『火災——空爆戦争のドイツ：一九四〇—一九四五年』、ウルシュタイン、二〇〇二年、六三頁。ステファン・ガレット、前掲書、二一一頁。

に空爆された。燃え盛る町を逃れる避難民は百万単位だった。ドイツの空爆がもたらした被害は連合軍の空爆よりもはるかに少なかったが、それは主としてナチ体制の物的手段、資金が次第に枯渇しつつあったためである。ヒトラーが戦争の流れを逆転しようとしたV1とV2ロケットは不備で、死者、負傷者含めて数千人を超えることはなかった。

この戦争は、一九二一年、軍事的戦略の著作『空の支配』で有名になったイタリア人将校ジュリオ・ドゥエットの予測を根本的に否定した。彼は次の戦争で起こる空爆の破壊的で殺人的な性格を予想したが、それが市民の騒乱を引き起こして、戦争停止を要求させ、結局は、そのような戦争のコストが国家に耐えられなくなるものと考えた点で、重大な思い違いをしていた[☆40]。一般市民は「後方の戦士」と敵の標的という新たな役割に毅然として堪えた。生き残った者が瓦礫を片づける一方で、統治者は復讐を呼びかけた。ドイツの都市の大規模爆撃は、ヒトラー神話の崩壊にもかかわらず[☆41]、市民に敵への恐怖と憎悪感情を呼び起こすことで、ナチ体制が瓦解するまでその存続の助けにさえなった。それはまた、ゲッベルスが日記で強調しているように、彼のプロパガンダの論拠にもなった。かくして、一九四三年秋、爆撃された数十万のハンブルク市民は「復讐の前衛」となったのだ[☆42]。イギリスの大衆紙は一面トップで、「ハンブルクがハンバーガーになった[☆43]」と、皮肉たっぷりに報じていた〔英語 hamburger＝ひき肉、ハンバーグステーキ（ドイツ風ステーキ）。これは、十九世紀ドイツからのアメリカ移民の多くがハンブルク Hamburg の港から出発したこと、彼ら移民ドイツ人が好んだステーキがいまのハンバーグ風だったことからだが、歴史の皮肉であろうか。なお、この港湾都市ハンブルク空襲は何十回も行なわれ、このときは最大級のもので、被害はきわめて甚大であった〕。

このようにして、枢軸国軍が占領した国を解放するという連合軍の戦争が一般市民への戦争のかたちをとるという逆説的な状況が生まれ、市民は破壊と損害を戦争の避けがたい帰結としてあきらめ、受け入れたのである。集団の記憶は、一九四四年六月、連合軍のノルマンディー上陸作戦のさいの勇壮かつ残酷な戦闘をとどめているが、これは数週間でパリ解放にいたり、西部戦線の戦争の最終局面の始まりとなる。それでも、上陸の前か上陸時の爆撃による市民の犠牲者数が、ノルマンディーの海岸の戦闘で倒れた兵士の数を超えることはなかった——パ・ド・カレー県の村ポルテルは、すでに一九四三年九月、ドイツの防衛能力を試す目的の爆撃で破壊されており、五〇〇人の市民が殺されている。☆44 しかしながら、この逆説は全面戦争の論理、もはや戦闘員と市民を区別しない戦争の論理に組み込まれていたのである。

過度の爆撃は、敵への憎悪が全面的な破壊の意志に変わるという、無規則・無際限な戦争の悪影響を明らかにした。破壊された都市の瓦礫に埋もれているのは、共有された過去、遺産、文化的伝統と

☆40 ジュリオ・ドゥエット『空の支配』、一九二一年。スヴェン・リンドクヴィスト『いまやおまえは死んだ……爆弾の世紀』、セルパンタ・プリュム、二〇〇二年、一〇四節、参照。

☆41 イアン・カーショー『ヒトラー神話——第三帝国下のイメージと現実』、フラマリオン、二〇〇六年、二五二—二五三頁、参照。

☆42 イェルク・フリードリヒ、前掲書、四八一頁に引用。

☆43 ステファン・ガレット、前掲書、一〇三頁。

☆44 クリストフ・ボデュフ『一九四四年夏——ノルマン人の犠牲』、ペラン、一九九四年、参照。ガブリエール・ランツァット「全面戦争と全面的な敵」、マルチェロ・フローレス編『歴史、真実、正義——二十世紀の犯罪』、ブルーノ・モンダドーリ、二〇〇一年、七五頁も参照。

してのヨーロッパ理念そのものである。この全面戦争の前代未聞の側面は英語表現cultural bombing（文化爆撃）によってみごとに要約されている。一九四二年三月二十九日、英国空軍（RAF）は北海沿岸の中世都市リューベックを空爆し、歴史的建造物、市役所を含む中心部の聖母教会からルネッサンスの宮殿まで破壊した。そこでヒトラーはイギリスの歴史都市の襲撃を決定し、「ベーデカー空襲」作戦を始めたが、これは標的を選択するという意味でベーデカー旅行案内書からそう呼ばれた。エクセター、バース、ヨークなどの中世都市が絨毯爆撃された。ドイツのラジオは勝ち誇って、こう告げた。「エクセターは宝石だ。我々はこれを破壊したのだ」。RAFの空襲は文化（Kultur）の象徴、過去の建築的・芸術的遺産を破壊したが、この「クルトゥーア」はナチズムをはるかに越えて、ドイツ民族主義が真の信仰を捧げるものだった。それは、「郷土防衛《ハイマートシュッツ》」という祖国防衛政策、つまり、第一次世界大戦以来、ドイツの文化政策の責任者たちによって聖化されていた政策の原則そのものの心臓部を攻撃したことになる――この政策は、一九一六年、マックス・ドヴォラックが『記念建造物保存入門』で理論化している。☆45

連合軍の文化爆撃は戦争中ずっと続行、強化され、その破壊がいかなる戦略的効果も現われないのに、ラインラント地方の重要な中心地ヴッパータールから、一九四五年三月に空爆された歴史的な小都市ヴュルツブルクまで、ほとんどいかなる都市も容赦されなかった。一九四三年三月十日の夜、ミュンヘン国立図書館は、空爆による火災のため五〇万冊、収蔵品の二三パーセントを失った。半年後、ハンブルク大学図書館は六二五、〇〇〇冊を炎の中に失った。ドイツの公共図書館の四千万冊のうち三千万は、この破壊の狂気を逃れるため地下に埋められた。書棚に残った一千万冊のうち八〇〇万冊は灰燼に帰した。[46] 爆弾はドイツ市民社会を瓦礫の下に埋め、その文化を根こそぎ一掃した。一九三三年五月、ゲッベルスが敢行した焚書運動のさいに初めて華々しく出現したニヒリズムは、かくしてヨーロッパの内戦の絶頂期にエピローグを迎えた。都市の破壊は大聖堂、記念建造物、芸術作品、図書館を巻き添えにし、多くの識者には、一種の不可避的なネメシス〔復讐の女神、因果応報〕と思われた。BBC放送のドイツ人向け演説で、トーマス・マンは生まれ故郷リューベックの破壊を嘆かざるをえなかったが、コベントリーを想起し、「すべて代償を払わねばならない」、と結論している。[47]

イギリスでは、このドイツ市民社会の全滅政策に反対した者は稀であった。それでも、ヨークやカンタベリー、チチェスターの司教たちのような教会の代表、数名の労働党議員、孤立した平和主義活動家、さらには劇作家バーナード・ショー、文献学者ギルバート・マレー、空爆を「死のカーニヴァル」[48]と称した作家ヴェラ・ブリテンなど若干の知識人などの反対者がいた。下院と上院で提示された議会質問に答えるため、英国空軍爆撃司令部の長、アーサー・ハリス卿が「爆撃の倫理（The Ethics of Bombing）」と題した演説を行なったとき、その礼拝堂付き司祭ジョン・コリンズは「倫理の爆撃（The Bombing of Ethics）」がより適切であっただろうと指摘するだけにとどめた。[49] しかし、こうした声は孤立

☆45 マイルス・グレンディニング「保存運動：中世信仰」、『王立歴史学会紀要』六／一三、二〇〇三年、三五九—三七六頁、参照。
☆46 イエルク・フリードリヒ、前掲書、五三九頁。
☆47 同前、一八二頁。
☆48 ステフェン・ガレット、前掲書、一二四頁、参照。
☆49 同前、九七頁。

したままだった。ニュルンベルク裁判で、ありうるドイツのあらゆる弁明の論拠を奪うため、アメリカ人検事テルフォード・テイラーは都市の空爆を「近代戦争の公認の一部」として呈示し、慣習法に組み入れて解釈した。[50] 換言すれば、市民の虐殺は暗黙裡に全面戦争の宿命として認められたのである。正義の戦争の払うべき代価と見なされたこうした罪に関する連合軍の沈黙が説明困難ではないとしても、ドイツの沈黙にはより複雑な理由があった。そこには、一九四五年から、カール・ヤスパースが「ドイツの罪の問題《ドイチェ・シュルトフラーゲ》」[51] と呼んだものの前兆が見られる。W・G・ゼーバルトが示唆するように、「空襲の害を被った多くの者が、この明白な狂気にたいする無力な怒りに燃えても、とてつもない猛火を……上訴しようがない最高審級の報復行為ではないとしても、正当なる劫罰とみたこと」[52] を否定すべきではない。言い換えれば、ドイツの大聖堂を呑みこむ炎が、一九三八年十一月八日、シナゴーグを燃え上がらせた水晶の夜を想起させることはありうる。また、貧困の宿なしの被災者の行列が、死の収容所に送られるため駅に向かうユダヤ人の、まったく規律正しく統率された行列、路傍の見物人たちのいかなる連帯もない行列を思い起こさせることもありうるのである。

根なし草にする

二つの世界戦争は内戦の特徴を帯びるが、それはまずこれが全面戦争として行なわれたからである。一九一五年に現われたこの語は、あらゆる西欧言語で急速に一般化し、二〇年後、ドイツの将軍エーリヒ・ルーデンドルフの同音異義名の著作によって認知された。全面戦争は定義からして古典的な境界を越えて、伝統的に軍事的領域から除かれていた市民社会の場に侵入した。そうなると、もうたんに前線だけでなく、後方でも戦うことになる。潜水艦は戦いを海中に持ち込み、空爆は都市を襲った。大陸全体が軍事作戦の舞台になった。市民は戦争に巻き込まれ、軍隊のために生産し、敵の爆弾の標的にもなった。かくして、戦争は「生存競争」に変わり、ルーデンドルフからすると、そのため、それが真の「道徳的正当化」[☆53]となる。第一次世界大戦で、経済は戦争経済に変わり、「自由放任」の自由主義的公準を再検討に付した。労働者は後方の活動的「労働民兵」となり、女性は、徴兵された男に代わって、祖国への義務の名において大挙して生産活動に入った。文化はプロパガンダに変わり、メディアは検閲に付され、写真報道や映画はユニオン・サクレ〔神聖同盟。祖国防衛のための一種の大同団結〕を守るため政府の管理下に置かれた。政府は宣伝情報事務局を創設し、イギリスの歴史家J・アーノルド・トインビーやイタリアのジョアッキーノ・ヴォルペのような知識人が「軍服」で勤務していた。一七九二年から、戦争の論理は国家総動員の論理である。「ユニオン・サクレ」は「十字軍理念の世俗化の試み」にすぎない、とジョン・ホーンは強調している。[☆54]しかし、一九一四年は戦争の「国有化

☆50　スヴェン・リンドクヴィスト、前掲書、二三九頁、参照。
☆51　カール・ヤスパース『ドイツの有罪性』、エディシオン・ド・ミニュイ、一九〇〇年。
☆52　W・G・ゼーバルト、前掲書、二五頁。
☆53　エーリヒ・ルーデンドルフ『全面戦争』、ルーデンドルフ・フェアラーク、一九三五年。ハンス・ウルリヒ・ヴェーラー「絶対主義的で全体主義的な戦争。クラウゼヴィッツからルーデンドルフまで」、『ポリティッシェ・フィアテルヤールスシュリフト』第X号、一九六九年、二二〇—二四八頁、参照。

（総国民化）」、つまりたんに王朝だけでなく国民の問題であることにおいて、また軍事が市民的領域に伝染することにおいて敷居を越えた。この意味において、全面戦争は大陸全体に内戦（市民戦争）として課される。それはこれが、同じ共同体、同じ国家に属する敵対勢力を対立させるからではなく、関係諸国すべての市民社会に深く影響するからである。それゆえ、アレクサンドル・コイレは近代戦争を、その国家にもたらす社会的・経済的・政治的・人口的大変動のため「一種の革命」と見ていたのである。

以前あった戦闘員と市民の規範的区別を壊したのは、近代的な破壊手段の性質そのものである。一九一四年、中欧帝国は経済封鎖に見舞われ、紛争末期に多数のドイツ市民の命を奪うことになるが、その数は推計により異なり、四二四、〇〇〇〜八〇〇、〇〇〇人である。[☆56] 前線に近い都市はすぐ軍事的標的になる。そして猛烈に爆撃されるか、ときには破壊される。それは、一九二四年、エルンスト・フリードリヒが小冊子『戦争には戦争だ！』[☆57] で、多くの詳細な事実で示しているとおりである。占領地域の住民はしばしば義務労働を強いられるが、他方、敵対国の国民は潜在的な「第五列（スパイ）」と見なされ、望まざる外国人として拘禁される。かくして、フランス、ベルギー、ハプスブルク帝国のガリツィアにおいて、占領軍による住民の強制移送の最初の形態を見ることになる。市民にたいする戦争は「その目標が戦場の戦争とは異なる本物の戦争である」[☆58]、とステファーヌ・オドワン＝ルゾーとアネット・ベッケールは強調している。戦争が終わると、誰も、ヨーロッパ社会がどの程度このとてつもないトラウマに揺さぶられたか、無視することはできなかった。すなわち、ひと世代が塹壕で倒れ、国民は貧困化し、国家は借金を背負い、貴族的エリートは失墜し、外交・交易関係は断たれ、政治制度は大きく揺さぶられ、既存体制は反乱運動で異議を申し立てられたのである。

衰退しつつあるオスマン帝国下で、トルコ政府が「スパイ」行為をした廉で百万人以上のアルメニア人を虐殺したのは、こうした戦争の風土においてである。長い迫害の歴史は、トルコ民族主義を急進化し、外来少数民族への敵意を絶滅の企てに変えた全面戦争の文脈において、悲劇的なエピローグを迎えた。アルメニア人は、キリスト教徒として敵ロシアの同盟者であり、ロシア皇帝軍の共同国籍の徴募兵の連帯者であることを咎められたのである。この二十世紀最初のジェノサイドの形と手段は古風だが、その実行は一般化した暴力と全面戦争がもたらした大量死への慣れという危機的文脈から生じた。[☆59] オスマン帝国内での社会的・経済的・文化的役割のため、アルメニア人は青年トルコ党が推進する民族的均質化過程の大きな障害となっていた。それは近代的民族主義の名において行なわれた

☆54 ジョン・ホーン、前掲書、一四二頁、参照。
☆55 アレクサンドル・コイレ『第五列』、アリア、一九九七年、三三頁。
☆56 ジョナサン・グローヴァー『人間性――二十世紀の道徳的歴史』、ジョナサン・ケープ、一九九九年、六五頁、参照。
☆57 エルンスト・フリードリヒ『戦争には戦争だ！』、DVA、二〇〇四年。
☆58 ステファーヌ・オドワン＝ルゾーとアネット・ベッケール『一四―一八年――戦争再見』、ガリマール、二〇〇〇年、七二頁。
☆59 ジェイ・ウィンター「戦争に隠れて。全面戦争の文脈におけるアルメニア人ジェノサイド」、ロバート・ゲラットリー、ベン・キーアナン編『ジェノサイド――歴史的見地における大量虐殺』、ケンブリッジ大学出版、二〇〇三年、一八九―二一四頁、参照。

最初のジェノサイドであり、多民族から成る旧帝国に代わって出現した西欧型の国民国家の出生証明書なのである。

同じような論理は、戦争末期、中央ヨーロッパとバルカン半島で起こった民族浄化大作戦にも働いている。これは、ハンナ・アーレントが『全体主義の起源』において示しているように、市民権や諸権利のない新しい範疇の人間を生み出した。難民と無国籍者（stateless people）である。一九一四年以前のヨーロッパの秩序が誇りにできた正当性は国民的ではなく、例外を除いて、王朝的、帝国的であった。その崩壊から立ち現われた国家の正当性は、とくに中央ヨーロッパでは、住民の宗教的・民族的・言語的・文化的坩堝に呼応するどころではなかった。国民国家モデルを軸とした新しい政治制度のなかで位置を見出せない少数民族は多かった。古い国際関係機構の分裂が戦後の危機を拡大し、内戦と革命の爆発的混淆を招いた。宗教戦争時代の先人、たとえばプロテスタントのヨーロッパに受け入れられたユグノーとちがって、二十世紀の無国籍者は孤立していた。[☆60] 一九一九年以降、中欧帝国の解体を是認する講和条約の帰結のひとつは、ほぼ一千万人の強制移動である。[☆61] 約百万のドイツ人が旧プロイセン帝国から奪われた領土（ポズナニ、ポンメラニ、高地シュレージエン）から追放されるか、内戦にさらされたバルト諸国から逃げ、二〇〇万のポーランド人が生地の外に新たにつくられた国家の境界内に移動、送還された。旧ロシア帝国の内戦は二〇〇万人以上のロシア人とウクライナ人の大移動を引き起こした。ルーマニア、チェコスロヴァキア、ユーゴスラヴィアに倣って、ハンガリーはハプスブルク帝国の解体から生まれた国から数十万の自国民を受け入れたが、他方、多数が内戦のためブダペストを離れ、その第一波はベーラ・クンの共産主義者から逃げ、第二波はホルティ元帥の抑圧を免れようとするものだった。住民の交叉した移動と強制大移動は旧オスマン帝国でもやはり重要だった。ローザンヌ条約（一九二三年）〔旧戦勝国とトルコ共和国のあいだで締結された講和条約〕はトルコに住む一〇〇万人以上の正教徒のギリシア人とギリシアに住む四〇万のトルコ人の追放を定めている。ギリシアは難民に侵入され、以後人口の四分の一を占め、アテネとテッサロニキは人口が二倍になった。ヌイイー条約（一九二三年）〔パリ郊外のヌイイーで戦勝国とブルガリアのあいだで締結された講和条約〕によって、五二、〇〇〇人がブルガリアからギリシアに移り、三万人が逆のコースをたどった。ジェノサイドの生残りの三〇万人以上のアルメニア人は戦後トルコから出た。ドイツが始めて、次にソヴィエト・ロシアが白軍移民にたいして行なったように、多数の難民が出身国から国籍を剥奪されたので、一九二一年、国際連盟は難民高等弁務官事務所を創設し、ノルウェー人フリチョフ・ナンセンを長として、無国籍者に必要な書類を交付したが、とくにロシア人とアルメニア人がその恩恵にあずかった。この大量の故国喪失者《ハイマートローゼ》に、一九三三年からはナチ・ドイツを逃れるユダヤ人が加わり、やがてオーストリアとチェコスロヴァキアのユダヤ人がつづき、その総数は、第二次世界大戦には約四五万人に達した。[☆62] 一九三九年、ほぼ同数のスペイン共和派がフランス国境を越えた。[☆63] この大変動は、国境の再編で政治的対

☆60 ハンナ・アーレント、前掲書、五六一頁。
☆61 以下のデータはマイケル・マラス『望まれざる者——二十世紀のヨーロッパ難民』（オックスフォード大学出版、一九八五年）から引用。
☆62 ハーバート・ストロース編『アメリカ合衆国におけるナチ時代のユダヤ難民』全六巻、一九八七年。
☆63 ポール・プレストン、前掲書、一〇七頁、第九章、参照。

決と内戦の結果を承認したヨーロッパの危機の所産であった。

ハンナ・アーレントにとって、無国籍者の出現、この法的な認知・保護のない個人は近代性の逆説を示すものであった。彼らは啓蒙主義の哲学が公準とした抽象的な人間性を体現し、また同時に、「アウトロー」でもあるが、それは彼らが法に反したからではなく、たんに彼らを市民として認めうるいかなる法もないからである。「法の道具としての国家から国民の道具としての国家への変化」は無国籍者がたんに祖国を失っただけでなく、新しい祖国をもつことができなくなるという、前代未聞の状況を生み出した、と彼女は述べている。「数十万の無国籍者の到来によって国民国家にもたらされた最初の重大な侵害は、保護権、かつて国際関係の領域で人権の象徴として現われた唯一の権利が破棄されたことである[☆64]」。それは、歴史の皮肉からか、エドマンド・バークのような保守派を正しいとするような状況である。一七九〇年から、彼は啓蒙哲学が説いた人間性という普遍的概念を意味のない抽象観念として批判し、これにたいして、「イギリス人の権利」、すなわち、英国貴族に代々遺産として伝わった具体的な特権を対置した[☆65]。政治的権利を奪われたので人間社会から追放された「アウトロー」として、無国籍者はしばしば収容所に拘禁された。またアーレントはこうつづけている。「政治的共同体、より正確には国家という実体に属さないで存在することを唯一の欠陥とする、この人間集団の拘禁は、一九三〇年代のヨーロッパにおいて、この「余分な」存在をナチの絶滅収容所に送るというプロセスの第一歩であった。「ガス室を稼働させる前に、ナチは問題を綿密に検討し、いかなる国もこうした人びとを引き受けるつもりがないことを発見して大満足だった。知っておかねばならないのは、完全な権利剥奪の状況が、生存権が問題にされる前に生まれたことである[☆66]」。

無国籍者の運命に関するこのアーレントの考察は、第一次世界大戦とヨーロッパの瓦解から生まれた文脈におけるユダヤ人ジェノサイドの前提を見定めている。しかしまた、歴史の舞台にこの大量の無国籍者が突然出現したことには、ヨーロッパの内戦の前兆がある。政治的共同体から追放されたアウトローとして、無国籍者は内戦における敵といくつかの特徴を共有するが、ただしそれは、戦闘員ではなく、保護のないアウトローという身分のため、彼らは先験的に犠牲者の役割を強いられるという違いを除いてである。それゆえ、彼らは、一九一四年から始まるヨーロッパの危機の象徴的存在となるのである。

もちろん、この危機の犠牲者の約半分、四八〇〇〇万中の二五〇〇〇万の犠牲者を生んだ市民にたいする戦争の性格を白日のもとにさらしたのは、第二次世界大戦である。そのうえ、一九三九―一九四八年には、少なくとも四〇〇〇万人が強制収容や恐怖政治、国境の変更のために移動している。最初の住民強制移送は、一九三九年、ソ連と第三帝国によるポーランドとバルト諸国の分割の結果起こった。二年後、ドイツのソ連攻撃は、ヒトラーが東ヨーロッパのドイツ植民地化作戦、つまり「生活圏」獲得作戦として考えたもので、これは強制収容、次いで飢餓による数百万人のスラヴ人除去を意味していた。ポーランドはただ敗れただけではない。政治的・軍事的・知的エリート層の絶滅により、民族的実体として消えねばならなかった。この戦争では、民間人犠牲者は「傍系的損害」ではなく、破滅

☆64 ハンナ・アーレント、前掲書、五七八頁。
☆65 エドマンド・バーク『フランス革命の省察』、アシェット、一九八九年、四二一―四三頁。
☆66 ハンナ・アーレント、前掲書、五九八頁。

を目的とする標的となっていた。征服した領土の再編成は民族浄化大作戦を引き起こし、スラヴ住民の強制移送と「民族上のドイツ人（Volksdeutsche）〔ナチの用語。ドイツ、オーストリア国境外、とくに東欧諸国の外国籍の、たとえばズデーテン地方のドイツ人〕の再居住化を伴った。ユダヤ人絶滅は、その固有な特殊性を伴って、スラヴ民族の餓死化による削減を想定したこの大計画の一環であった。一九四一年秋、ドイツのソ連攻勢が真っ盛りのとき、ゲーリングは、冬になれば、国防軍が征服した領土では、飢餓で二〇〇〇～三〇〇〇万のソ連市民が全滅するものと予想していた。[☆67] ソ連の捕虜のほうは、すぐには処刑されず、緩慢な絶滅センターとして機能している収容所に拘禁された。クルツィオ・マラパルテが前掲書『カプート』で、こうした作戦のひとつを挙げているが、そこでは、犠牲者が識字率、字が読めるかどうかで選別され、半文盲、半分程度でも読める者だけが生きながらえたという。[☆68]

一九一九―一九二三年の平和条約はヨーロッパの政治的地図を再編したが、一九四五年、戦勝国列強ははるかに徹底した国境区分を行ない、民族的次元で広大な領土の均質化を試みた。ヴェルサイユは多民族帝国の崩壊を認知させ、一連の国家を誕生させたが、これはその民族的性格を強く主張するが、しばしばごく弱い民族的言語的同質性しかもたなかった。ポツダムでは、勝者は住民の強制移送により民族的国境と政治的国境を一致させようとした。戦争はたんに政治的地図だけでなく、大陸の、とくに中・東欧地域で民族学的地図を徹底的に書き換えた。一九四五―一九四八年、この民族浄化大作戦は一五〇〇万のドイツ人追放となって現われる。すなわち、シュレージエン、ポンメラニ、東プロイセンの七〇〇万人。ズデーテン地方の三〇〇万人。ポーランドとソ連の二〇〇万人。ユーゴスラヴィア、ルーマニア、ハンガリーの二七〇万人である。そのため、民族的次元では、均質なポーランドの形成と東プロイセンのロシア併合が可能となった。一九四四年、ドイツ帝国領土への赤軍の流入とともに、大脱走が始まった。一九四五年、当地に赴いたアメリカ人外交官ジョージ・ケナンによると、「そこは、完全に破壊された廃墟の国の光景を呈していた。端から端まで、生あるものの印を見出すことは困難だった」[☆69]。一九三九年、ポーランドは非ポーランド人口が三分の一を占めていたが、一九四八年には九七パーセントがポーランド人になっていた。ルーマニアは、第一次世界大戦後、多民族国家になっていたが、第二次世界大戦後は、実質的な少数民族はハンガリー人しかいなかった。チェコスロヴァキアは、一九三九年には人口の二三パーセントがドイツ人だったが、一九四八年にはもうほとんどいなかった。

中央ヨーロッパ《ミッテル・オイローパ》の終焉はヨーロッパの内戦の帰結のひとつだった[☆70]。この概念はその歴史を通して多様な意味内容を媒介した。まず、第一次世界大戦中、フリードリヒ・ノイマンの出した見方によると、大陸の中心にある支配的強国としての「大ドイツ国（Grossdetschland）」という地政学的観念[☆71]。次いで、

☆67　ゲッツ・アーリ「最終解決」、『ヨーロッパ・ユダヤ人における民族選別と虐殺』、フィッシャー、一九九五年、二八五頁、参照。

☆68　クルツィオ・マラパルテ、前掲書、二〇八―二〇九頁。

☆69　マイケル・マラス、前掲書、三〇一頁に引用。アルフレッド・M・ド・ザヤス、前掲書、六〇頁も参照。

☆70　マーク・マゾワー、前掲書、二二三―二二九頁、参照。

☆71　中央ヨーロッパ概念の歴史については、ジャック・ル・リデール『中央ヨーロッパ』、PUF、一九九四年。とくに、アレクサンドラ・レーニエル＝ラヴァスティーヌ『ヨーロッパ精神――チェスワフ・ミウォシ、ヤン・パトチカ、イシュトヴァン・ビボをめぐって』、カルマン・レヴィ、二〇〇五年、参照。

政治的国境を越えて、言語と、ケーニヒスベルクからトレントに及ぶ広大な空間に存在するドイツ語系少数民族にもとづくゲルマン世界の文化的統一理念。このかたちの文化的汎ゲルマン主義は、カール・ヤスパースがハンナ・アーレントとの書簡で擁護したものだが[☆72]、別のヴァリアントがあって、不可避的に一九一八年以後の強烈なノスタルジックな含意を担っており、中央ヨーロッパを、ゲルマン民族(Volk)にもとづく一枚岩的なドイツにたいする、多民族的でコスモポリタンなハプスブルク帝国に同一化するものである。それはハプスブルク神話で、その文学的解釈者はヨーゼフ・ロートとエリアス・カネッティ、その歴史家はフランソワ・フェイトとクラウディオ・マグリスである[☆73]。この見方では、中央ヨーロッパは、ロシアとドイツのあいだの飛び地にいる民族のモザイク状に分割された、複数のアイデンティティを有する空間として描かれる。言い換えると、それはゲルマンとスラヴ、またラテン(ルーマニアとトレント)の文化と、異なった宗教(プロテスタント、カトリック、正教、ユダヤ教、周辺部にはイスラム教)の十字路である。ところで、ヨーロッパの内戦の荒廃後、このさまざまな中央ヨーロッパ概念はひとつも生き残らなかった。第一次世界大戦終結で調印された平和条約は、アイデンティティそのものが多様性からくる諸国を「国民国家化」した。一九四五年以後、中央ヨーロッパ理念はその支柱の消滅とともに翳りを迎えた。すなわち、東プロイセンのポーランドとロシアへの併合、ドイツ人少数民族の追放、ダニューブ圏の多民族的「小国家」の終焉、とくにその真の文化的絆をなすユダヤ人絶滅である。

☆72　ハンナ・アーレント、カール・ヤスパース『書簡：一九二六―一九六九年』、パイヨ、一九九五年、一四三―一四四頁。

☆73　フランソワ・フェイト『亡き帝国へのレクイエム――オーストリア・ハンガリーの破壊の歴史』、スイユ、一九九八年。クラウディオ・マグリス『ダニューブ河』、ガリマール、一九八六年。イシュトヴァン・ビボ『東ヨーロッパの小国家の悲惨』、アルバン・ミシェル、一九九三年と、ミラン・クンデラ「誘拐された西欧、または中央ヨーロッパの悲劇」、『ル・デバ』二七号、一九八三年、三―二二頁も参照。

第4章　敵を裁く

共同管理国 Debellatio

第二次世界大戦が終わると、ヨーロッパは廃墟の焼け野原だった。[☆1] 死者は数千万単位に及び、その半分以上が民間人であった。いくつかの国では、人口の損失が膨大だった。ソ連で一四パーセント、ポーランドで一八パーセント、ユーゴスラヴィアで一〇パーセント以上を失ったのである。ナチズムはユダヤ人六〇〇万、ジプシー五〇万人を虐殺した。捕虜もまた百万単位で、ソ連兵二二七万、ドイツ人一五〇万だった。爆撃、破壊、強制収容のための「難民」は二〇〇〇万人近くに達した。中央ヨーロッパでは、住民の大量移送は、いくつかの国、ドイツからポーランド、チェコスロヴァキアからハンガリーにおよぶ国々の構造とアイデンティティを根底的に修正することになる。大陸は勢力圏で分割され、いくつかの国の社会構造は著しく侵害された。少数民族に加えて、ポーランドは人口の四分の一、弁護士の五五パーセント、医師の四〇パーセント、大学教授の三分の一を失った。物的被害も甚大だった。都市の中心部は爆撃で破壊され、とくにドイツでは荒廃を極めた。道路網も、ソ連やポーランドよりもはるかに人的被害が少ない国を含めて、大きく損壊した。当時の写真、文学、映画が大陸の困窮状態を明らかにしているが、大半の住民にとって、腹いっぱい食って、家に住むことが根本的な懸念になっていた。伝染病を除いて、こうした単純なデータが三十年戦争との慣例的な比較の材料を提供してくれるのである。

一九四五年、ドイツは、一九〇七年のハーグ会議の定義でいうところの「交戦国の占領」状態には付されていなかった。換言すれば、ドイツを交戦国と認める勢力に一時的に占領された敗戦国ではないのである。無条件降伏とデーニッツ提督率いる帝国最後の政府の解散後、ドイツは主権を失い、事実上占領国四列強の手に移されてしまった。ただ単純にもはやドイツ国家は存在しなくなったのである。ソ連、アメリカ、イギリス、フランスは敗者たる敵と平和条約を結ぼうとはせずに、その未来を決めようとした。「無条件降伏後、ドイツは国際法の観点からは国家として存在しなくなった」[2]、と一九四五年、ハンス・ケルゼンは述べている。そしてこうつづける。その地位はむしろ共同管理国(debellatio)に対応するものである。[3]占領国はこの国を「併合」をしようとはせずに、一種の共同管理地(condominium)を樹立するが、それは、一八六四年、プロイセンとオーストリアがシュレスーヴィ

☆1 以下のデータの大半は、ステファーヌ・クルトワとアネット・ヴィエヴィヨルカ編『一九四五年の世界の国家』(ラ・デクヴェルト、一九九四年)からである。
☆2 ハンス・ケルゼン「ベルリン宣言にもとづくドイツの法的地位」、『アメリカ国際法ジャーナル』三号、一九四五年、五一九頁。
☆3 同前、五二〇頁。

ヒ・ホルシュタインに、一八九八年、イギリスとエジプトがスーダンに、一九〇八年、オーストリアとハンガリーがボスニア・ヘルツェゴビナに課したものに匹敵するものであった。[☆4] 初めは、連合国はドイツから少なくともひと世代、主権を取り上げることも排除してはいなかった。ローズヴェルトの側近のひとりヘンリー・モーゲンソーはドイツ人を「小規模農耕民」[☆5]に変えようとした。一九四九年冷戦の勃発後、ドイツが独立を取り戻すとしても、それは平和条約によってではなく、二つの異なった国家を誕生させるという占領国の意志によるものだったのである。

内戦の終結は勝者による新秩序の創造と裁判の実施、いわば法廷劇の開催にいたる。敗者は制度的または政治的実体としては生き残れず、勝者の条件を受け入れる。敗者は勝者によって告訴されて裁かれ、刑を宣告されて執行される。敵への訴訟が裁きの欲求を満たし、国際世論から見て道徳的に根拠があり、かつ必然的なものとして現われることは、その優れて政治的な性格をなんら奪うものではない。当事者双方の頭上を越えて課されるどころか、法はこの状況にあっては、いわば勝者の手にある道具として働き、勝利はまたこの政治裁判の象徴的インパクトの広がりによって測られる。[☆6] 敵への訴訟は勝利を固めて正当化し、道徳面で神聖化し、復讐心を抑え、情熱に駆られた制御不能の過度な暴力の波を阻止し、あるいはまた、この波がすでに押し寄せているなら、これを抑制し、押し返すことにも役立つ。政治裁判は感情を和らげ、内戦で煽られていた怒りの激情と憎悪からなる潜在的な爆発力を弱める。要するに、政治裁判は必然でありまた適切な便宜的手段なのである。

ニュルンベルク裁判は、具体的な展開としては、かなり即興的である。被告は勝者の手に落ちたナチ指導者である。ある一定の均衡を遵守するため、少数で地位も低いが、ソ連軍が捕らえた責任者も裁くのが望ましい。しかしながら、ニュルンベルク裁判の深い論理が二年以上前から浮かび上がっていた。一九四三年三月、スターリンは当初、第三帝国の責任者約一万人の裁判ぬきの処刑を提案したが、約一〇〇人のリスト作成を示唆したチャーチルの反対によって退けられた――数か月前には、彼自身がスターリンと同じような解決策を考えていたのだが。[☆7] 実際は、ソ連人自身がすぐに裁判の重要性に気づき、それが一九三六―一九三八年のモスクワの笑劇とはまったく別の次元を有することを理解した。一九四三年十二月、ウクライナ戦線のハリコフ（ハルキウ）で、彼らは、四万人の群衆の前で、

☆4 同前、五二四頁。

☆5 マイケル・R・マラス『ニュルンベルク戦争犯罪裁判：一九四五―一九四六年』、ベッドフォード・St.・マーチンズ、一九九七年、二四頁、参照。

☆6 この概念については、オットー・キルヒハイマー『政治裁判――政治的終結のための訴訟手続きの効用』、プリンストン大学出版、一九六一年。第二次世界大戦終結後の政治裁判の状況については、マルチェロ・フローレス『嫌疑の時代――冷戦の政治裁判』、イル・ムリーノ、一九九五年、第一章、参照。

☆7 テルフォード・テイラー『ニュルンベルクの検事』、スイユ、一九九五年、四二頁。アリエ・J・コチャヴィ『ニュルンベルク序曲――連合国の戦争犯罪政策と処罰の問題』、ノースカロライナ大学出版、一九九八年、七五頁、参照。

スターリングラードの戦闘後に捕らえた三人のドイツ兵とひとりのロシア人コラボを、「移動ガス室」[☆8]でソ連市民を殺害した廉で裁き、処刑していた。『プラウダ』はこの出来事を大きく取り上げて、ナチへの警告とし、また敗北のさいに彼らに起こる裁判の容赦なき性格の予告としていた。すでに戦争中、このエピソードはプロパガンダ用の映画にヒントを与えている。

ニュルンベルク国際軍事法廷（IMT）の創設にいたらしめるのは、この論理、見せしめとなる裁判の判決によって敵を罰する論理である。裁判の組織構成を中立国の法廷に委ねることはけっして考慮されなかったが、それは、この戦争中に中立であることはほとんど徳とは見なされなかったからである。したがって、IMTは、勝者が戦争中に定めていた規則にもとづいて設立された。計画が成功するには、過去の失敗を避けねばならなかった。一九一九年、ヴェルサイユ条約は戦争犯罪の廉で数百人のドイツ人責任者を国際刑事裁判所に引き出すことを予定していた。皇帝ヴィルヘルム二世から宰相ベートマン＝ホルヴェーク、未来のワイマール共和国大統領ヒンデンブルク元帥からルーデンドルフ将軍までを、である。しかし、この裁判は、ドイツ側がそのような屈辱に服することを拒み、またオランダが失墜した皇帝の引渡しを拒否したために行なわれなかった。結局は、一九二一年、ライプツィヒで見せかけの裁判が数十人の戦争犯罪人にたいして行なわれたが、多くは無罪放免となり、いくつかの有罪判決も早期釈放となる始末だった。[☆9] 一九四五年には、そのような解決策はもはや考えられず、内戦の論理が十全に働いていたのである。

一九四五年夏、ロンドンで行なわれた戦勝四か国代表の長い交渉の所産である、ニュルンベルク法廷の裁判権は、約二〇名のナチ体制、ドイツの軍と経済界の高官・責任者を出頭させて、三つの本質的領域を扱った。[10] まずは「平和に反する罪」、すなわち、国際法違反と征服戦争のための「陰謀」(「侵略戦争の方針、準備、開始、遂行」)の罪である。次は、「戦争犯罪」、すなわち、捕虜や市民にたいする非人間的扱い、軍事的理由のない、敵国の公共および私有財産の略奪や破壊などによる「戦争法と慣習の違反」である。最後に、「人道に反する罪」、すなわち、政治的、人種的、宗教的偏見にもとづいて実行された一般市民の強制収容、隷属化、虐殺の罪がくる。

ニュルンベルクで一二件の有罪判決とその他重罪刑が下されると、すぐに法的・政治的大論争が起こった。「平和に反する罪」と「人道に反する罪」の概念は戦前には存在せず、被告側弁護士は、法の基礎的原理、つまり法の非遡及性と矛盾する遡及法(ex post facto law)の適用に猛然と抗議した。すでに予審で、フランスとソ連の法律家は、「侵略戦争」を含意する「平和に反する罪」[11]にたいする困惑を表明していた。フランス人にとって、この法的原理の採択はドイツの罪全体をナチ指導者の小グループの「陰謀」に狭め、この侵略戦争中に犯された「実質的な」犯罪を後方に押しやる恐れがあった。ソ連人の反対は別な理由からきていた。この原理を採択すると、ソ連は、一九三九年、ポーラン

☆8 アリエ・J・コチャヴィ、前掲書、六六—七二頁。アルフレート・デ・ツァーヤス「ニュルンベルク裁判」、アレクサンダー・デーマント編『権力と法——歴史における大裁判』、C・H・ベック、一九九〇年、二五〇頁、参照。

☆9 ジャン・ジャック・ベケール「ライプツィヒ裁判」、アネット・ヴィエヴィヨルカ編『ニュルンベルクと東京の裁判』、コンプレックス、一九九六年、五一—六二頁、参照。

☆10 IMTの地位については、テルフォード・テイラー、前掲書の付録、六六一—六六七頁、参照。

☆11 同前、八一頁。

ドとバルト諸国を侵略した廉で、ドイツと同様に断罪されることになる。それにほぼ同時に、フランスとイギリスは「侵略戦争」となる宣戦を布告しており、それはドイツのポーランド侵略という国際法違反のため正当であったとはいえ、直接脅かされたわけでもない国に宣戦布告したことになる。一九三九年以前には、戦争を法律の範囲外で考えるいかなる条約も存在していなかったのだから、敗戦国を「平和に反する罪」で告発することは矛盾していた。たしかに、一九一九年、ヴェルサイユ会議のさい、「侵略戦争」の概念は現われていたが、しかし法の範疇には入っていなかった。戦争を引き起こした罪を問われて、ドイツは重い経済制裁で罰せられたが、刑事的制裁ではなかった。

なるほど一九二八年、ケロッグ＝ブリアン条約は国際関係において戦争を放棄しようとしたが、調印国の道徳的約束でしかなく（最終的には六三か国が署名）、「侵略戦争」の場合に取るべきいかなる具体的措置も示していなかったので、法律行為とはならなかった。この観点から、これは違反国家にたいする経済制裁を想定しているヴェルサイユ条約の論理に含まれていた。それにたいし、ニュルンベルク裁判では、IMTは被告の個人的責任にもとづく訴因で有罪判決を下した。ニュルンベルクの検事で、おそらくその主要な回想録作者であるテルフォード・テイラーは、IMTの原則は「遡及法による処罰を支える」ものであることを公然と認めていた。そしてこう言い添えている。この原則は告発を支える「政治的かつ感情的な」要素、すなわち、国際世論に示されたナチズム断罪の欲求なしには考慮されなかったであろう。[☆12] 法律家ハンス・ケルゼンによれば、「平和に反する罪」の概念は、法的意味における個人にたいする刑事処罰とちがい、戦争の開始責任が政治的断罪の対象となるそうした国家が犯した戦争犯罪を裁き、断罪するには必要ではなかった。[☆13] 逆説的に、この司法上の革新は、侵略戦争が小さな徒党の忌まわしい仕業にすぎない「陰謀」に帰せられ、ドイツの責任の繋がり全体を問題にしないという点において、断罪されるべき犯罪を弱める危険があった――この陰謀説への懸念はフランス人判事ドンヌディユ・ド・ヴァーブルが強調していたが。[☆14]

もうひとつのIMTの司法上の革新は「人道に反する罪」の概念で、異論は呼び起こさなかったが、平和にたいする「陰謀」の責任者を罰するための裁判においてはマージナルであった。一般市民にたいする大半のナチの犯罪は戦争犯罪として裁かれていた。アメリカ人にとって、「人道に反する罪」は「付帯的な」[☆15]性格でしかなかったのだ。ロバート・H・ジャクソン検事の言う「犯罪中の犯罪」は平和にたいする「陰謀」であるが、それは、そこからあらゆるナチの大罪が生じたからである。[☆16]だが「人道に反する罪」の副次的な位置は、この訴因が一般的に受容されることに寄与した。ハンス・ケルゼンのような厳格な規範主義者でさえ、この後天的に導入された刑事罰に示された例外に同意していたのである。それは、罪が犯されたとき、特定の訴因に結びつけられなかったのに、確実に現行法違反となった犯罪を罰していた。この種の犯罪にたいする個人的責任の基準の導入は、前の法制と矛盾しなかった。その責任者たちは自らの行為の犯罪性を知らないはずはなく、彼らの処罰は、たとえ

☆12　同前、六四四頁。
☆13　ハンス・ケルゼン「ニュルンベルク裁判の判決は国際法における先例となるか?」、『国際法クォータリー』、第一巻二号、一九四七年、一五七―一五八頁、参照。
☆14　マイケル・R・マラス、前掲書、二三六頁、参照。
☆15　同前、一八七頁。
☆16　同前、一二三頁。

遡及法によるとしても、当然科されるものだった。[17]換言すれば、この場合、裁判の原則が規範の形式的遵守に勝っており、「人道に反する罪」の定義は、歴史的に構成された実定法より前に潜在する一種の倫理的規範のように、自然法に訴えるように思われた。

奇妙なことに、「人道に反する罪」の概念に関するケルゼンの見解は、少なくとも短期間、カール・シュミットと共通していた。シュミットは、一九四五年八月八日に公表されたＩＭＴの地位を批判的に分析した初期の法学者のひとりだった。三週間後、ベルリンの廃墟と、二度の逮捕、最初はソ連人、次にアメリカ人による逮捕のあいだの不確かな一時的自由のなかで、帝国の元桂冠（御用）法学者（Kronjurist）は「侵略戦争」理念の歴史研究を終えていた。ケルゼンときわめて類似した考察で、彼はこの概念の適切さに疑念を呈しており、これは、終わったばかりの戦争を残酷な舞台とした「戦争犯罪」という既存法にある概念を、逆説的に弱めることになるものと見なしていた。この枠内で、彼は「人道に反する罪」を mala in se（それ自体悪）の行為と形容して考慮に入れており、さらに scelus infandum（言語に絶する罪）というラテン語表現をあてていたが、[18]これにたいして、裁判は法の非遡及性に関するあらゆる考察を越えて処罰を要求できるものとしていた。シュミットはこう書いている。「［こうした行為の］非人間性は重大かつ明白なので、これを処罰するためには、それまで実定法で定められた刑法に毎回照らすことなく、その事実と実行犯を証明するだけで十分である。ここでは、自然な状況認識、人間感情、理性、正義などのあらゆる論拠がごく基本的な段階で集中して、有罪判決を正当化し、これにたいしては、どんな形式的な意味における実定法的規範も必要ではなくなる。また、実行犯がどの程度殺意、犯意を抱いていたかは、説明を要さないのだから、これを問う必要もない」[19]。二度の逮捕、尋問、書籍の押収、教育禁止から数年たって、シュミットは「人道に反する罪」の定義について意見を変えた。たとえば、一九四九年、彼は「ジェノサイド」の概念を皮肉って、自ら「プロイセン・ドイツの公務員根絶政策[20]」の害を被った、その犠牲者であると自称した。しかし、一九四五年の彼の著作が特異な浮彫りを見せるのは、まさに彼が元ナチであったからである。この著作は、当時のドイツ世論がナチ犯罪をどう受け止めていたかを示しており、ニュルンベルクの判決が下された感情的状況の重要性に関するテルフォード・テイラーの指摘を確認させてくれるのである。

合意されていたとはいえ、新概念「人道に反する罪」は検察側からは不手際なうえに不正確に扱われた。大雑把な情報、精神的な習慣、心理的な態度、政治的な計算などのため、ジェノサイドの概念が多くの法学者にとって「英語にたいする罪[21]」と思われた時代には、ナチのジェノサイドは陰に追いやられていた〔英語にたいする罪とは、一九四三年、ポーランド人法学者ラファエル・レムキンが造った「ジェノサイド」という

☆17 同前、一六五頁。
☆18 カール・シュミット『侵略戦争の国際法的犯罪と〝法の遡及性はない〟の原則』、ドゥンカー&フムブロット、一九九四年、八一頁。
☆19 同前、二三頁。
☆20 カール・シュミット『注釈：一九四七―一九五一年の手記』、ドゥンカー&フンブロット、一九九一年、二六五頁。
☆21 アネット・ヴィエヴィヨルカ『ニュルンベルク裁判』、エディシオン・ウェスト・フランス、一九九五年、一二七頁、参照。

う新語にたいし、英国人裁判官が英語にはないバーバリズムと嘲笑、皮肉った表現。ちなみに、人道に反する罪の概念を最初に定義づけたのは、同じポーランド人法学者ヘルシュ・ラウテルパハト」。ソ連の検事は政治的な強制収容を前面に出してきた。アングロアメリカ人の方は、ナチの強制収容所と絶滅収容所をけっして区別しなかったが、それでも、裁判の開廷中、後者の存在は、しばしば記録映画のかたちの証拠を伴ったいくつかの証言の対象となった[☆22]。ユダヤ人は民族集団としてではなく、審問中に出された組織的な絶滅の証言と証拠にもかかわらず、ただ、さまざまな帰属国の国民の枠内でのみ考慮された。裁判記録では、ベウジェツ、ソビボール、トレブリンカの収容所がかろうじて言及されている。当時、政治的強制収容と人種的絶滅は区別されておらず、ニュルンベルクは今日ショアにたいする世界の沈黙と無理解を映す鏡として立ち現われる。六〇〇万のユダヤ人犠牲者数は、裁判中に流布していたが、それが広まったのは、歴史家ドナルド・ブロックシャムによると、「統計が大急ぎで無造作に行なわれ、根拠のない、似たような統計数値が、無意識にかまたは故意に、さまざまな犠牲者集団から毎回出され、しかも裁判の取材メディアが法廷のゆがみを助長、拡大するような雰囲気において[☆23]」、であった。裁判の現場報告で、当事者のひとりのフランス人判事ドンヌディユ・ド・ヴァーブルは、IMTの法規はこの新種の罪を「狭い門から」入らせたが、この人道に反する罪は「法廷が判決を下したとたん、同じ門から飛び去った[☆24]」と記している。

検察側の主要な立案者である、アメリカ人検事ロバート・H・ジャクソンは、普遍的な有効性のあるモデルとなる「未来のための」判決を望んでいた。裁判の象徴的なインパクトは大きかったが、この勝者の政治裁判はそのような範例的性格を帯びることはできなかった。その限界をハンス・ケルゼンは明確に強調して、IMTは、その前文において、設立されたばかりの国連の名において裁判を位置づけようとした意図にもかかわらず、「ドイツ帝国が無条件降伏した諸国の主権的立法権の行使」[25]に正当性があることを認めていたと指摘している。このオーストリア人法学者によると、ニュルンベルク法廷が下した判決は、これが「法の一般原則ではなく、勝者が敗戦国に専一排他的に適用できる規則」[26]として確立されたという単純な理由で、普遍的価値のある拘束的原則の地位を獲得できなかった。彼にとって、そうなると、それは「忌まわしい特例法」となり、後代にこの訴訟のイメージを色褪せさせるものになるのだった。

一九三九年のポーランド分割は、ソ連ではなく、ドイツ帝国だけの「平和に反する罪」と見なされ、ソ連のフィンランドとバルト諸国の占領にはけっして言及されなかった。カチンの森のポーランド人将校虐殺のようないくつかのソ連の戦争犯罪は、この悲劇的な事件の真実を裁判参加者全員が知って

☆22 クリスティアン・ドラージュ『映像による真実――ニュルンベルクからミロセヴィッチ裁判まで』、ドゥノエル、二〇〇六年、参照。
☆23 ドナルド・ブロックスハム『裁判におけるジェノサイド――戦争犯罪裁判とホロコーストの歴史と記憶の形成』、オックスフォード大学出版、二〇〇一年、一二四頁。
☆24 ハンナ・アーレント『エルサレムのアイヒマン』、ガリマール、一九九一年、四一五―四一六頁に引用。これはフランス人検事アンリ・ドンヌディユ・ド・ファーブルが裁判中に擁護した主張である（「ニュルンベルク裁判」、『刑法と犯罪学評論』二七号、一九四六年、四八〇―四九〇頁）。
☆25 ハンス・ケルゼン、前掲論文、一六九頁。
☆26 同前、一七〇頁。

いたにもかかわらず、ドイツ人に帰せられた。[27] 連合国がこの事件を知らないふりしたのとちがって、ソ連の検事はこの嘘を裁判記録に載せようと強硬に主張した――この検事たちのなかには一九三六―一九三八年のモスクワ裁判の主役が何人かいたが。IMTは連合国の戦争犯罪を裁く資格がないので、海戦もドイツの都市への大量爆撃も、こうした破壊行為が慣習法の「規則」に合致していることを認めた以外、ニュルンベルクでは言及されなかったのである。

「人道に反する罪」が問題の場合、顕著なのは、ユダヤ人とジプシーのジェノサイドにたいする関心の低さと、それほど重大ではない行為への告発に固執するコントラストで、それはナチの犯罪全体に照らしてのみならず、戦争中の連合国の行動と比べてもそうである。IMTはヴァルテガウ（帝国に併合されたポズナニ）のポーランド人一〇〇万人の国外追放と、ヴィシー・フランスへの一〇万人のアルザス人の追放を人道に反する罪と見なした。だが、この判決が宣告されたとき、一〇〇〇万人以上の中央ヨーロッパ人と、対独協力の罪ある民族に属する数百万のソ連市民（クリミア半島のタタール人からヴォルガ河のドイツ人、チェチェン人からイングーシ人まで）が、その居住地から強制的に追放されたことには、無頓着だった。[28]

「人道に反する罪」の概念を含むIMTの法規は、一九四五年八月八日、ヒロシマとナガサキの原爆投下とほぼ同時に公表された。ユダヤ系ドイツ人亡命者ギュンター・アンダースは、ニュルンベルク法廷が下したナチ犯罪の有罪宣告は「当初から、別な人道に反する罪の枠内で行なわれた[29]」、と書いている。一九四五年八月号の『ポリティックス』誌の論説で、ドワイト・マクドナルドは原爆を「残忍残虐行為」と形容し、その責任者を「マイダネク収容所の屠殺人どもと道徳的に同レベルに[30]」おいた。ニュルンベルクで行なわれた「勝者の法廷」について語りながら、ハンナ・アーレントは、彼らがごく限られた数のナチ犯罪人を裁くことにしたら、根本的な立場は慎重な配慮であり、「〝汝もまた〟の論理を連想させるような罪」[☆31]を考慮に入れることが問題になるという仮説さえ提示している。

したがって、ニュルンベルクは政治裁判であり、高度に劇的な演出――ハンナ・アーレントによれば「センセーショナルな見世物」[☆32]――が一般化された裁きの要求を満たすことにも、また大陸の新支配者としての勝者の地位を正当化し、さらには神聖化することにも等しく役立ったのである。歴史上のあらゆる政治裁判と同様に、判決は前もって知られており、その展開は、形式的な訴訟手続きを遵守するどころか、国際世論向けの礼拝式の様相を呈していた。勝者は善、道徳、人道の名において発言した。原告は「文明」である、とロバート・H・ジャクソンは宣した。検察が、ナチの暴力に関す

☆27　テルフォード・テイラー、前掲書、一三四頁と三二八頁。アルフレート・デ・ツァーヤス、前掲書、一六〇頁、参照。
☆28　同前、一六三―一六四頁。
☆29　ギュンター・アンダース『核の脅威――根源的考察』、C・H・ベック、一九八一年、一六八―一六九頁。
☆30　ドワイト・マクドナルド「爆弾」、『国民の責任と他の政治評論集』、ヴィクター・ゴランツ、一九五七年、一〇三頁。アーレントとマクドナルドについては、拙著『アウシュヴィッツと知識人』（拙訳、岩波書店、二〇〇二年）、第四、第八章、参照。
☆31　ハンナ・アーレント、前掲『エルサレムのアイヒマン』、四一四頁。アーレントの見解はマイケル・R・マラスと共通する（前掲書、一三二―一三三頁）。
☆32　ハンナ・アーレント、同前、一六頁。

る最初の歴史的研究の基礎となる重要な記録資料を参照できるのにたいし、弁護側には、デーニッツ提督の弁護士オットー・クランツビューラーが嘆くように、ほとんど閲覧不可能だった。[☆33] いくつかの点で、ニュルンベルクは、マックス・ウェーバーが〔イスラム教の〕カーディ裁判」と称した政治裁判の範疇に入った。この裁判のさい、『経済と社会』で、彼はこう書いている。「当事者は感情、涙、敵への侮辱によって裁判官に働きかける」が、それは事前のシナリオに従ってであり、「法廷が裁判官を指名し、被疑者の罪状に関する拘束的情報を与えていた」[☆34]のである。

勝者の神格化に加えて、ニュルンベルクは戦後の政治的秩序に基本的な再定義をもたらした。判決は個人的責任を明確にし、処罰した。それが、ドイツになお重くのしかかっていた「集団的有罪性」の観念を取り除いたが、そのことがヒトラー帝国の敗北から生まれた共同統治（condominium）を終わらせ、ドイツ国家を復活するための必要条件だったのである――結局は二つのドイツになったが。ニュルンベルク評決が下されると、勝者の同盟にひびが入りはじめ、冷戦を告げる最初の軋みが聞こえてきた。この裁判はドイツの大部分を政治・軍事的な大西洋機構に組み入れたが、反動でその東部をソ連ブロックに併合することになり、両者は、一方は反共産主義、他方は反ファシズムの名において復権した。ある意味では、ニュルンベルクの判決は、一九四六年ハイデルベルクで出版されたヤスパースの「ドイツの罪責」論が提起した問いを、古くさい時代遅れなものとして一刀両断にした。[☆35] この哲学者が定義づけたような「形而上学的有罪性」は、実存的共同体から生じ、指導者の刑事責任を越えてドイツ国民全体にのしかかるもので、もはや存在理由がなかったのだ。ニュルンベルクはドイツの罪をそそぎ、ドイツは「パリア国家[☆36]」であることをやめ、また自己をそう考えなくなった。ヤスパースの論稿は道徳哲学の主要なテクストだが、「零年」のドイツではいかなる論議も呼び起こさなかった。ナチズム崩壊後二〇年間、ドイツはむしろ「集団的無実」[☆37]感覚の裡に生きてきたのである。

粛清

戦後、ヨーロッパはただ傷の手当てにのみいそしんでいたわけではない。ヨーロッパはまた、その分裂、つまり大陸の列強を対立させていたものとともに、各国内部で生じたものにも、劇的に対決させられていたのである。ナチ・ドイツ勢力との協力関係を告発された人物とその同盟者は百万単位にのぼる。歴史家イシュトヴァン・ディークによると、それは総人口の二～三パーセントに関係する。[☆38]彼らは、一九四五年四月のムッソリーニのようにレジスタンスに処刑されたのではないが、ヒトラー

☆33 マイケル・R・マラス、前掲書、二四八頁に引用。
☆34 マックス・ウェーバー『経済と社会』、J・C・B・モール、一九五六年、第二巻、一〇三五頁、参照。
☆35 カール・ヤスパース、前掲『ドイツの有罪性』、一九九〇年、参照。
☆36 アンソン・ラビンバッハ「パリアとしてのドイツ人：カール・ヤスパースのドイツ罪責論」、『カタストロフの陰――黙示録と啓蒙のあいだのドイツ知識人』、カリフォルニア大学出版、一九九七年、一二九―一六五頁、参照。
☆37 ラルフ・ジョルダーノ『第二の罪：ドイツ人であることの重荷』、カヌール、一九九〇年、二六六頁。
☆38 イシュトヴァン・ディーク「序論」、前掲書、四頁、参照。

帝国のコラボの主要な責任者は逮捕された。ペタン元帥、ハンガリー人サラーシ、ノルウェー人キスリング、スロヴァキア人ティソ、ルーマニア人アントネスクなどは告訴され、しばしば国家反逆罪で極刑に処せられた。

ナチズムとその同盟者の崩壊後の粛清は、国や地政学的圏域により多様な性格を帯びる。法治国家が存在しないソ連では、粛清は対独協力を告発された民族全体を強制収容に追い込んだ。[☆39]兵士に最後まで戦いを強いるため、敵に捕らえられた者全員を脱走兵と見なした法令により、一九四五年以降にソ連に戻った捕虜二二七万人の大半は強制労働収容所に送られた。ソ連ブロックに組み入れられた国では、反ファシズムの粛清は人民民主主義の樹立と合致し、政治、経済のあらゆる旧エリート支配層の排除と一体化した。こうした徹底的な変化にたいする民衆の支持は、共産党の影響や、レジスタンス運動とソ連の関係により著しく異なるが、いずれにせよ、そうした変化は上から決定され、強制された措置であった。

ドイツの占領がとくに残酷であり、また民族解放戦争が対独協力政権にたいする内戦の様相を呈していたところでは、粛清は「野蛮」になり、人民法廷の創設、多くの超法規的処刑が行なわれた。ユーゴスラヴィアでは、ウスタシャ・クロアチア政権〔枢軸国側の傀儡国家クロアチア独立国を樹立。ウスタシャ（蜂起者）は一九二〇年代からの極右テロ組織〕への反動で、文字通りの虐殺事件が起こり、六万人が死んだ。[☆40]西ヨーロッパでも、粛清は大きな広がりになった。フランスでは、一九四四年の超法規的処刑により、ヴィシー体制のコラボと責任者八〇〇〇—一〇、〇〇〇人が抹殺された。[☆41]イタリアでは、一九四五年に、レジスタンスが〔ムッソリーニ樹立の〕サロ共和国の代表者たち一〇、〇〇〇—一五、〇〇〇人を処刑した。[☆42]この自然発生的で露骨な粛清の暴力は、一年半の占領下で積み重なった苦しみと恨みに見合うものだった。それは前に触れた権力の空白、すなわち、正当性を求める新政権の過ちと弱点とか、さらにはさまざまな政治体制のもとで永続化する行政府の無為無策や談合的体質に由来していた。哀れにも有名な超法規的粛清のエピソードは、一九四四年九月のローマ警察庁長官の裁判のさいに起こった監獄所長、ドナート・カレッタのリンチ事件である。首都は少し前に解放されていたが、人心は、同年三月、ドイツ人がレジスタンスのテロへの報復として三三五人の市民を処刑したアルデアティーネの墓穴の虐殺に、なお深く傷つけられていた。裁判を傍聴できなかった群衆はカレッタを本当の被告ピエトロ・カルーゾと思い込み、逃亡させまいと彼に殺到した。この殺害を阻止しようと何度か試みられたが、怒れる群衆の勢いを前にして失敗した。[☆43]一九四五年三月、アルベール・カミュは、「ヒ

☆39 ジャン＝ジャック・マリー『ソ連の強制収容された民族』、コンプレックス、一九九五年、参照。

☆40 クラウス＝ディートマル・ヘンケとハンス・ヴォラー編『ヨーロッパの政治的粛清——ファシズムと対独協力との決着』、DTV、一九九一年、参照。

☆41 ピーター・ノヴィック『フランスの粛清』、スイユ、一九九一年、三一七—三二四頁。アンリ・ルッソ「フランスの粛清。終わらざる歴史」、『ヴィシー、出来事、記憶、歴史』、ガリマール、二〇〇一年、四九七—五〇〇頁、参照。

☆42 ハンス・ヴォラー『ファシズムとの決着——イタリアの粛清』、イル・ムリーノ、一九九七年。ギド・クランツ「第二次世界大戦後のイタリアの略式裁判」、マルチェロ・フローレス編前掲書、一六二—一七〇頁、参照。

☆43 ガブリエーレ・ランツァアット『カレッタのリンチ——政治的暴力と通常の暴力』、イル・サッジャトーレ、一九九七年、参照。

トラー主義の最後まできわめて長続きする勝利」として、「これと全力で戦った人びと自身の心に残されたこの恥ずべき傷跡」を呈示している。盲目的な復讐にたいする理性の裁きを弁護して、彼は野蛮な復讐をナチの占領と対独協力の遺産であるとして、批判した。「我々にはまだそれへの憎しみが残っていた。我々にはまだ、先日ディジョンで、リンチされたコラボに一四歳の子供を飛びかからせて、その顔を潰したあの衝動が残っていた。我々にはまだ、いくつかの光景やいくつかの顔を思い出して、心を燃え上がらせるあの怒りが残っていた。死刑執行人の憎悪に、犠牲者の憎悪が応えた。死刑執行人がいなくなると、フランス人にはまだ一部が満たされないままの憎しみが残った。彼らはまだ残っている怒りでお互いに見つめ合っている。だが、我々がまず克服すべきはそれなのだ。この毒された心をいやさねばならない。そして将来、我々が敵から勝ちとるべきもっとも困難な勝利、それが委ねられているのは、憎悪の欲望を裁きの欲求に変えるこの至高の努力をはらうべき我々自身に、である[☆44]」。

いくつかの国では、合法的粛清は、世論の政治的制裁要求と遡及法的裁判の実施にたいする司法官の逡巡で生じた緊張関係の結果であった。それでもこの裁判は、やはり根本的な変容を迫られていた法的規範のたんなる遵守を越えて、これに例外的な役割を課する政治的移行期の枠内では不可避であることが明らかになった。ノルウェー、オランダ、デンマークは、十九世紀から死刑を廃止していたが、その復活を、前者二カ国は亡命政府の決定、後者は一九四五年六月一日発布の法令によって決めた[☆45]。ベルギーでは、厳密に言えば、一九四四年九月の連合軍による迅速な解放のため内戦はなく、対独協力の予審担当部は四〇万件の訴訟手続きを開始し、五七、〇〇〇人を訴追し、そのうち二九四〇人が死刑判決を受け、二四二人が処刑された。[☆46] フランスでは、粛清法廷が三一一、〇〇〇件の訴訟手続きを開始し、一二四、〇〇〇の判決を下したが、有罪判決は四四、〇〇〇件であった。死刑執行されたのは、一五〇〇～一六〇〇件だった。五万人が「公権剝奪」を課され、少なくとも二二、〇〇〇人の公務員が処罰された。[☆47] ベルギー、オランダ、ノルウェーでは、裁判所は大量の訴追案件に対処できないので、「示談交渉」を行なうことになり、たとえばオランダでは、判決待ちの二五万人のうち、一〇万人は獄中にあった。[☆48]

イタリアで顕著なのは、解放時に行なわれた自然発生的で「野蛮な」粛清の広がりと、司法機関による合法的な粛清がほとんどなかったことのコントラストだった。一九四四年五月、ボノーミ政府が設立した粛清高等事務局は、ほぼ二年間の麻痺状態ののち、一九四六年三月に解体されたが、その間はイタリア中部と北部でレジスタンスが行なった粛清を後追いで公認するだけだった。「イタリアのニュルンベルク」計画[☆49]の挫折を含むこの異常事態の原因には、もちろん、世界戦争初期には占領国で、

☆44 アルベール・カミュ「知性の擁護」、『時事──政治的著作』、ガリマール、一九九七年、九六頁。
☆45 ピーター・ノヴィック、前掲書、三二五頁、参照。
☆46 マーティン・コンウェイ「戦後のベルギーの裁判：国民感情と政治的現実」、前掲『ヨーロッパの報復政治』、一三五頁、参照。
☆47 アンリ・ルッソ「フランスの粛清」、前掲書、五四三─五四四頁、参照。
☆48 ピーター・ノヴィック、前掲書、三二八頁、参照。
☆49 ミッシェーレ・バッティーニ『記憶の罪──イタリアのニュルンベルクの失敗』、ラテルツァ、二〇〇三年、参照。

一九四三年秋からは被占領国だったというイタリア君主制特有の立場があった。一方では、枢軸国側として自国軍が犯した戦争犯罪にたいする補償義務があり、他方では、英米軍から共同交戦国の地位を得て、ドイツ占領軍とサロ共和国の犯罪にたいして裁判を要求することができた。国家の持続性の名において、またレジスタンスを次第に社会的・政治的な転覆をもたらす脅威と見なしつつあった連合国占領当局との合意のおかげで、イタリア政府はファシズムを支えた大企業に関する調査をすべて阻止し、またファシスト軍がユーゴスラヴィア、ギリシア、アルバニアで犯した犯罪の主要な責任者の引渡しを拒んだ。ファシズム体制とサロ共和国の支配エリート層は野蛮な粛清を免れていたが、一九四六年からは特赦の恩恵を受けた。彼らの大部分は旧職に復帰し、さらには、多くの場合、高級官職に就いた。体制の変化は司法、行政、官僚職の実質的な連続性の枠内で行なわれた。内務大臣ギド・バッファリーニ・ギーディ、防衛大臣アウグスト・グランツィアーニのようなサロ共和国の対独協力政権の指導者何人かと、有名な拷問者たちだけが国家反逆罪で有罪になり、他方では、イギリス人が主導したイタリア戦争犯罪委員会法廷がドイツ占領軍の主要責任者の将校、ヘルベルト・カップラー、アルベルト・ケッセルリングなどを断罪した。一九四五年四月創設の特別法廷が検証した二万件のうち、三分の一弱が有罪判決となり、九一件だけの処刑が行なわれた。☆50

特赦

一九四九年に匿名で出版された論稿で、アメリカの粛清の犠牲者だったカール・シュミットは特赦願いを表明している。彼は、当時幅広く共有されたこの要求を「内戦を人道的に終わらせるための唯一の手段」[☆51]と見ていた。次いで日記の注でこの問題を考え直し、「内戦は政治裁判の有罪判決では終わらず、特赦によってのみ終わらせることができる」[☆52]と書いている。おそらく、一般には二つによって終わると言う方がより適切であろう。まず、政治裁判の見せしめ的かつ象徴的な処罰、次いでいったん民衆の恨みが和らぎ、新権力への移行が確固とした基盤に保証され、敗者が敗北を認め、もはや害を与えることができないとなると、和解をめざした特赦によって終わる。フランスでは、合法的な粛清に何度かの特赦の波がつづき、一九四七―一九五三年に七万人のコラボの囚人数が数百人に減った。[☆53]「野蛮な」粛清が広まったあと突如起こり、いわば無力な政治裁判に取って代わった特赦の典型的な例は、やはりイタリアである。一九四六年六月、共産党の法務大臣パルミーロ・トリアッティは二二一九、四八一人の被告に自由を与える特赦令を発布し、これに減刑措置がつづき、三〇〇〇人のフ

☆50　ヴァレリア・ガリーミ「イタリアとフランスの対独協力主義と法的粛清」、フランソワ・グドジとヴァレリア・ガリーミ編、前掲『戦争の二十世紀』、三七八頁、参照。

☆51　カール・シュミット「特赦、権利の原型」、『国家、広域圏、ノモス』、ドゥンカー&フムブロット、一九九五年。

☆52　カール・シュミット、前掲『注解』、二五七頁。

☆53　アンリ・ルッソ「フランスの粛清」、前掲書、二四五頁、参照。

ァシストの重罪犯が恩恵を被った。[54] 特赦は、対独協力政策の上層部の責任者と、虐殺や「とくに残酷な虐待行為」の首謀者を除いて、政治的理由のために犯されたあらゆる罪に係わるが、ただ多くの拷問者も恩恵に浴しており、しばしば民衆の怒りを買った。法務大臣の精神としては、こうした特赦令の制限は「たんに法的、政治的のみならず、道徳的な要求、裁きの要求」を満たすことをめざしていたが、それは、「国家反逆罪」の責任者が罰せられないことは和解の助けになるどころか、恨みを激化するからである。[55] 解放後一年経つか経たないうちの、きわめて早いその広がりと性格にたいし厳しい抗議を受けたこの法的行為は、数日前、共和国を誕生させ、新しい憲法制定議会の選挙を伴ったレフェランダムにつづくものだった。イタリアは過去のページをめくり、新国家はこの寛容政策によって市民を和解させようとしたのである。

しかしながら、実際には、特赦は全面的なものだった。ほとんどすべての対独協力責任者、すなわち、国家、軍、ファシスト党の頂点から地方のファシスト行動隊のチンピラ拷問者、さらには反ユダヤ主義的迫害の立案者までの、ほぼ全員が釈放された。寛容・和解の行為として生まれた特赦は、まさに冷戦勃発前に体制復古過程の第一段階になった。再生する民主主義の徳の現われと予示されたものが、急速にその弱点のしるし、敗れたファシズムの復讐として立ち現われたのである。一九四七年、歴史家で法律家のレジスタン、カルロ・ガランテ・ガッローネは苦々しくこう確認している。「新しいイタリアの裁判官どもがすべて、ほとんどすべてを消し去り、すべてが赦しと忘却の寛大なヴェールで覆われてしまった。きわめて重大な過ちやきわめて大きな責任を含めて、すべてが、である」。[56] 一九五〇年代の初め、ファシストの全罪人どもが自由を取り戻したころ、レジスタンスが犯した暴力の訴追を目的とした新しい裁判の波が起こった。

それほど唐突でも、一刀両断的でもなかったが、西欧諸国すべてが、特赦で、または特赦なしで、ファシズムと対独協力主義の囚人ほとんどすべてを釈放し、しばしば官公庁に復帰させた。イタリアでは、一九六〇年、六四人の知事のうち六二人がファシスト体制下で高級官僚だった。[☆57] フランスでも、ヴィシー体制の多数の高級官僚が第四・第五共和制下で輝かしいキャリアを歩んだ。西ドイツでは、憲法で、ヒトラー帝国の旧官僚の復帰が想定されており、一九三五年のニュルンベルク法の起草者のひとりハンス・グロプケは、アデナウアー政府で大臣職にさえ就いた。[☆58] 当時、ショアがヨーロッパの歴史的意識に占める第二義的な位置が、粛清を終わらせ、過去の敵を復権させて、過去のページをめくりたいというこの意志を示している。時効の概念が次第にヨーロッパ諸国の法解釈に入り、罰せられないままになっていた罪を裁く遅い裁判が可能になるには、一九六〇年代を待たねばならない。

☆54　マウリッキャ・サルヴァーティ「一九四六年のイタリアの特赦と記憶喪失」、マルチェロ・フローレス編前掲書、一四一―一六一頁、参照。
☆55　一九四六年六月二十二日のトリアッティの演説。ミンモ・フランツィネリ『一九四六年六月二十二日のトリアッティの特赦――ファシストの罪にたいするスポンジショック』、モンダドーリ、二〇〇六年、三〇九―三一二頁、参照。
☆56　同前、一三六頁。
☆57　ポール・ギンスボーグ『現代イタリアの歴史――社会と政治：一九四三―一九八八年』、ペンギン・ブックス、一九九〇年、九二頁、参照。
☆58　拙著『ユダヤ人とドイツ』、ラ・デクヴェルト、一九九二年、一七九頁、参照。

一九四六年以降、法的次元で内戦を終わらせたこうした行為は長い歴史的伝統の一環であった。事例によって略式の程度、性急さの面で多少の違いはあるが、特赦はほとんどいつも対立と内戦に終止符をうった。一五九八年、ナントの勅令は、「記憶が双方で起こったあらゆることが起こらなかったかのように消え、和らぐこと」[☆59]を宣告した。一六六〇年、イギリスの王政復古で、チャールズ二世は、前王の処刑を含めて、クロムウェルの革命のあらゆる時期に及ぶ大赦法（自由にして全般的な赦し、免責と大赦（a free and general pardon, indemnity and oblivion））を発布した。[☆60] ルイ十八世も同じようにし、「法廷と市民に命令された」忘却によって、寛大に、「さまよえるフランス人に赦しを与え」[☆61]ようとした。一八六五年、アンドリュー・ジョンソン大統領は、激しく対立していた旧奴隷州の連邦復帰を目的とした「赦しと特赦宣言」によって南北戦争を終結させた。

国民的融和政策として構想・適用されたこうした特赦のパラダイムは、古代ギリシアのアテネの民主制にある。紀元前四〇三年、血まみれの三〇人僭主の寡頭政治ののち、アテネに民主制が戻ると、トラシュブロス率いる新支配層は分裂した都市国家を平和にするため特赦令の発布を決めた。この特赦は忘却という意志的契約から行なわれるが、たんに願い出るのではなく、法に刻まれていた。全市民が誓約する必要があった。すなわち、「私は不幸を思い返さない」[☆62]、と。ニコル・ロロは『分裂した都市国家』でこう強調している。「誓言によって消すべく敵意を抑えつつ、誓約は記憶を捨てることができ、また同時にそうできなくてはならない。不幸の記憶は憎しみの記憶なのだから」[☆63]。この思い出を政治的に禁止することは民主制を守るための契約であり、その違反は罰せられる。それゆえ、三〇人僭主はこの記憶の否認から除かれ、免れられない。彼らは都市国家を引き裂いた反乱の唯一の責任者であり、彼らの処罰は、兄弟殺しの戦争〔内戦〕後、共同体に統一を取り戻させることになる。したがって、思い出の政治的禁止は創始の性格を帯びる。それは和解を固め、復讐を阻止する契約である。言い換えると、政治は忘却、つまりは対立と分裂の過去を克服する意志的努力から生まれるのである。

第三共和国の初め、遅ればせの特赦が出て、パリコミューン参加者の迫害を終わらせてからほどなくして、エルネスト・ルナンは国家の創始としての契約というこの見方を自己のものとして再考した。彼にとって、忘却は「毎日の国民投票」の本質的構成要素のひとつであり、これによって、国民は過去を乗り越えて、運命共同体として現在に生きることができる。パリコミューン、すなわち、内戦を暗黙の対象とする考察をつづけながら、この文献学者は忘却讃歌に重要な派生的命題を付け加える。歴史にたいする疑念である。彼はこう書いている。「忘却、いな、歴史的過ちとさえ言えるものは、国家の建設にとって本質的な要因であり、また歴史的研究の進歩がしばしば国民性にとって危険にな

☆59　ステファーヌ・ガコン『特赦――コミューンからアルジェリア戦争まで』、スイユ、二〇〇二年、二五頁、参照。
☆60　ヘルムート・クヴァリッチュ「内戦と敵の特赦」、『デア・シュタート』、三二巻、三号、一九九二年、四一一頁、参照。
☆61　同前、四一四―四一五頁とステファーヌ・ガコン、前掲書、三一頁。
☆62　ニコル・ロロ『分裂した都市国家――アテネの記憶における忘却』、パイヨ／リヴァージュ、二〇〇五年、一四五頁、参照。
☆63　同前、一四五―一四六頁。

るのは、そのためである。実際、歴史を調査すると、あらゆる政体、それももっとも有益な結果をもたらしたものの起源にさえ暴力行為があったことが明らかになる」[☆64]。言い換えると、国家は暴力と虐殺、宗教戦争と内戦から生まれるが、しかし自己を建設するためには、忘れることを学ばなければならない。「誰にとっても、忘れることができるのはよいことである」[☆65]、とルナンは結論している。

この特赦と忘却の弁証法はしばしば戦争終結後を特徴づける。ときおりそれは、一九七五年、スペインでフランコが死去し、民主主義に移行するさいのように、遅い現われとなる。そこでもまた、政治勢力は忘却の契約書に調印する。それは、紀元前四〇三年のアテネのような公式契約ではない。隠密、暗黙の象徴的な契約だが、同じく拘束的である。もちろん、記憶のいかなる公的禁止もなく、この時代にこそ、スペインでは内戦の新しい歴史記述がかたちを取りはじめ、フランコ派のプロパガンダの常套句を越えて、亡命中の反ファシズムの歴史記述の孤立を断ち切るのである。しかし、内戦にふたたび陥る恐れと和解の意志が特赦、それも反ファシストの亡命者とフランコ派の犯罪責任者双方の特赦要求が支えとなり、集団的特赦にいたるしかなかった。歴史家イスマエル・サス・カンポスによると、突如社会的要請から生じたこの忘却契約は、フランコ主義を葬り、民主主義への移行を可能にするための手段と見なされたので、正当なものだった。スペイン社会が、しばしば若い世代に促されて、記憶の要求を表明するには、四半世紀を待たねばならない[☆66]。それは今日、歴史研究の深化を越えて、フランコ主義の犠牲者の認知キャンペーン、公的空間における共和国の記憶の場の創設、総統制度の記念碑や名残りという象徴的な次元の再検討、あるいは少なくともその再定義となって現われている。

ルナンとニコル・ロロが特赦と忘却の弁証法の分析において考慮に入れなかったのは、それが不可避的に内包する歴史的意識の浸食の役割であり、これはときとして、不正義を被ったという状態に放置されたままで、つねに公的認知を受けない犠牲者の記憶の否認という帰結を伴う。しばしば、同義語と見なされているにもかかわらず、特赦は赦しとは一致しない。後者は罪と不正義の記憶を前提とし、これらを復讐の誘惑から解放し、和らいだ記憶のなかに組み入れる。それにたいして、特赦は忘却を課し、あたかもなにも起こらなかったかのごとく、罪の痕跡を消してしまう。[67]より厳密に区別しようとするならば、付け加えるべきは、疑われた事実の犯罪的性格を廃しながら、特赦は、有罪判決を消さず、刑の適用を免れさせるにとどまる恩赦とも、また定められた猶予期間後に刑を停止する時効とも混同されてはならないことであろう。[68]特赦は和解政策としてはさしあたりきわめて有効であることは明らかだが、しかし記憶を麻痺させ、のちにそれが長く抑圧された苦しみと実行されない裁き

☆64 エルネスト・ルナン『国家とはな何か?』、ポケット、一九九二年、四一頁。
☆65 同前、四九頁。
☆66 イスマエル・サス・カンポス「まだ過ぎ去らない過去」、『ファシズムとフランコ主義』、バレンシア大学、二〇〇四年、二七七―二九一頁、参照。フランコ体制の記憶に関しては、とくにパパロマ・アギラル『スペイン内戦の記憶と忘却』、アリアンサ、一九九六年、参照。
☆67 ピーター・クラップ「特赦：赦しの倫理と忘却政策」、『ジャーマンロウ・ジャーナル』六巻一号、二〇〇五年、一九一―一九二頁。
☆68 特赦、恩赦、時効の厳密な区別については、ルイ・ジョワネ「赦しと忘却のあいだの記憶への権利」、『コミュニカシオン』四九号、一九八九年、二一四頁、参照。

への抗議の表われとなって、甦る状況も生み出すことになる。

要するに、特赦と忘却の弁証法が裁きに付される前に定着すると、この記憶はあとで、しばしば恨みに満ちて甦るだろう。傷ついた記憶から生まれた恨みは、ヨーロッパの内戦の最後の挿話である旧ユーゴスラヴィア戦争のように、憎悪となって現われるか、または新しい暴力の爆発をもたらす。記憶喪失ではない特赦の徳や、真実の働きと裁きの実施に配慮した和解の徳は、一九九〇年代に南アフリカで実験的に行なわれた。アパルトヘイトの後継者が忘却でも復讐でもない償いの裁きの政治的効用を見出したのは、二十世紀にヨーロッパで行なわれた記憶の悪用を反省しながらでもあったと考えることが、許されないというわけではないのである。

第2部　戦争文化

「一九三六年七月、私はパリにいました。私は戦争が嫌いでした。戦争でいつも私がもっとも嫌悪したのは、銃後にいる人びとの状況です。いくら努力してみても、この戦争に道義上でも参加するとは、つまり、毎日、毎時、一方の勝利、他方の敗北を願わざるをえないことだとわかると、私にとっては、パリが銃後であると思い、参戦する覚悟でバルセロナ行きの汽車に乗りました。一九三六年八月の初めのことでした。」

シモーヌ・ヴェイユ「ジョルジュ・ベルナノスへの手紙」、一九三八年

「我々はタイタニック号にのっており、誰もがやがて氷山にぶつかるだろうと思っていた。唯一不確かなのは、そのときどうなるかということだった。誰かが新しい船を提供してくれるだろうか？　政治の外にいることは不可能だった。」

エリック・ホブズボーム『わが二十世紀――おもしろい時代』

第1章　勃　発

予　兆

現代世界の歴史において、〔第一次世界〕大戦ほどヨーロッパ文化に深刻な衝撃を与えた出来事はあまりない。同時に、これほど予想外、破壊的で、トラウマの残る歴史的な大転換期も珍しい。すでにみたが、ある観察者たちは新たな戦争の可能性を考えていた。また明晰な精神の持ち主たちは、ヨーロッパ大陸炎上の仮説を唱え、一世紀前、ヨーロッパの相貌を変えたフランス革命とナポレオン戦争が引き起こした大火災を想い起こしていた。予測しなかったわけではないが、誰にも、それが全面戦争になることも、またいかにそれが旧世界を変え、たんに社会的・政治的構造のみならず、そのメンタリティー、文化、生活様式、感覚まで変化させるのか、想像できなかった。

十九世紀末、文化的ペシミズムがヨーロッパ文化に蔓延し、進歩理念が近代性ヴィジョンのために退廃として再検討されたが、これが新しい戦争の不安を呼び起こしたのではなかった。人間と自然の敵たる近代世界の破局は多くの他の要素に帰せられた。すなわち、大衆社会の到来、「群衆の時代」

とデモクラシーの時代、都市化と「危険な階級」の反乱に関連する国民の物質的かつ知的堕落、混血がもたらした人種的退化、世界人口のマルサス的成長などである。当時、さまざまな破局のシナリオが切迫したものとして示されても、ほとんど誰も全面戦争の数百万の死者など予想しなかった。あるいは、予測があまりに抽象的なので、社会進化論者や優生学者のようにその恐れを相殺して、化学兵器の発明を歓迎し、新たな戦争に、世界の人口過剰を減らし、最適者を選択する機会を見ていた。これが二人の英国人学者レジナルド・クレアー・ハートとカール・ピアソンの見解だった。一九一一年の論稿において、前者は「劣等個人と劣等国民にたいする容赦なき絶滅戦争」を願い、後者は国民の男性的能力の強化手段としての戦争に生物学的正当性を与えていた。[☆1] しかし、こういう理論が当時の科学的論争で正当なものとして現われ、次の数十年間の最悪の民族主義的・人種主義的錯乱への知的傾向を明白に示していたにもかかわらず、それが絶滅の具体的な計画として現われることはけっしてなかった。産業社会に平和と進歩のヴェクトルを見ていたコントとスペンサーのオプティミズムが優っていた。いくつかの点で豊穣なヨーロッパの想像世界も、大戦を予想できないことが明らかになった。知識人はこの盲目的な立場のイメージを反映していたのである。

破局の予兆は社会科学からではなく、ユートピア的想像力の特権的な場である文学と芸術からくる。十九世紀末、作家ハーバート・ジョージ・ウェルズはまったく予兆的なSF小説を数篇出しているが、なかでもとくに『宇宙戦争』（一八九八年）では、デカダンスの暗い未来を予告している。彼は、機械的

☆1　ダニエル・ピック『戦争機械――近代における虐殺の正当化』、イェール大学出版、一九九三年、七九―八一頁、参照。

な大量破壊兵器のテストをする火星人の軍隊によるイギリス侵略を描いている。たとえば、移動式の大砲はイープルのガス攻撃だけでなく、第二次世界大戦の原子爆弾をも予示する戦車と化学兵器の前触れであり、また最後に火星人を全滅する地球の伝染病が細菌戦争の恐怖を予告している。[☆2]

技術と近代戦争を結ぶ絆は、同年代に小説『人獣』（一八九〇年）を出したエミール・ゾラにもあり、そこで彼は、運転士のいない機関車が引っ張る列車が狂ったように盲滅法に走るさまを描いて、破局としての進歩のメタファーを素描している。創作メモで、彼はこの列車を「危険に気づかず、愛国讃歌を歌う陽気な兵隊」で一杯にしようと考え、この列車が当時の「フランスの姿[☆3]」であると付記していた。ゾラだけが技術を嫌悪していたのではなかった。ジョヴァンニ・パピーニは前衛的な作家、批評家でのちにファシズムに転向するが、彼は未来ではなく、現在の傾向を描くことをめざした写実的な文体で、近代戦争に予言的な試みを付した。これが、一九一三年、デトロイトのフォード工場で大量生産された最初の自動車が生まれた年に出版されたことを想起するのは、おそらく無駄ではあるまい。これからの時代は、人間の生命が決定的に価値を失う工業的な絶滅の時代になるから、幸福なものではないだろう、とパピーニは予測している。彼の評論は、前ファシズム的な実存主義と、非人間的で抑圧的な機械的合理性と見なされた近代性にたいするウェーバー的諦念とのかなり奇妙な混淆である。彼はこう書いている。「現代の生全体が可視、不可視を問わず必然的な虐殺組織である。生の名において反抗する者は生それ自体によって圧殺される。戦争のように、工業文明は死骸を滋養にしている。大砲の餌食〔兵士〕と機械の餌食〔工員〕。戦場の血と街路の血。野営テント下の血と工場の血。生は、背後にバラストのように、生そのものの一部を捨てることによってしか高まらないのである[☆4]」。

近代性の幻滅にたいするロマン派的反抗と技術の生気論的高揚の折衷的かつ逆説的な融合は「保守革命」の前提、または歴史家ジェフリー・ハーフの言を借用すると、両大戦間にヨーロッパに広まった「反動的近代主義」[☆5]の前提である。しかしながら、この傾向はすでに一九一四年以前に現われており、未来主義のようないくつかの前衛によって予示されていた。一九〇九年の有名なマニフェストにおいて、マリネッティは戦争を「世界の清掃」として喚起し、技術工学的な力の対決であれと願っていた。その機械とスピードへの美的信仰には、まだ一九二〇年代のエルンスト・ユンガーの評論の実存主義的な調子はなかったが、一九一四年以前のナショナリズムと、未来派がほぼ自然に加担したファシズムとのあいだに連続性を確立した好戦的な非合理主義を主張していた。結局は、未来主義はファシズムと戦間期のヨーロッパ文化の相当部分を特徴づける「政治の芸術化」を先取りしていた。したがって、未来派が一九一四年には干渉主義者であり、一年後イタリアが参戦すると、機械化部隊を創設し、「バン！　ドン！　ドーーン！（Zang Timb Tuuum）」〔大砲の発射、爆音、反響音。未来派詩人マリネッティの作品名〕[☆6]と叫んで前線にのぼったところで、なにも驚くことではないのである。

☆2　ハーバート・ジョージ・ウェルズ『宇宙戦争』、ガリマール、一九九八年、参照。
☆3　エミール・ゾラ『人獣』、ガリマール、二〇〇一年と、ダニエル・ピック、前掲書、一〇六頁、参照。
☆4　ジョヴァンニ・パピーニ「生は聖なるものではない」、『ラチェルヴァ』Ⅰ二〇号、一九一三年、二〇八頁。マリオ・イスネンギ『マリネッティからマラパルテまでの大戦伝説』、ラテルツァ、一九七〇年、九四頁に引用
☆5　ジェフリー・ハーフ『ワイマール共和国と第三帝国の反動的近代主義――技術、文化と政治』、ケンブリッジ大学出版、一九八四年、参照。

しかし、紛争初期に政治的分裂がどうあれ、その前の一〇年間、世界の認識と表現において、深い歴史的亀裂の徴候を表明したのは前衛全体だった。ブラックとピカソのキュービズムは絵画のフォルムを分解し、同じく、アーノルド・シェーンベルク、アルバン・ベルク、アントン・フォン・ヴェーベルンは古典的ハーモニーを壊し、無調音楽と十二音階技法の礎を築いた。また歴史家モドリス・エクステインズにとって、一九一三年五月のシャンゼリゼ劇場での、ストラヴィンスキー『春の祭典』初演は新時代の始まりを画する。[☆7] この作品は批評家によって「春の虐殺」と再命名されたが、伝統的な世界観を根柢的な再検討に付していた。すなわち、残酷で野蛮なプリミティヴィズムにより、文明のかたちを否定する。生気論により、合理主義から離れ、あるいはたぶんそれを超克して変える。そして音楽的慣習と社会的規範の否認により、主体性の反抗を表明するのである。ストラヴィンスキーが巻き起こしたスキャンダルは一年早く、旧秩序の崩壊を告げたにすぎない。また画家フェルナン・レジェがヴェルダンの廃墟に解体され、粉々に砕け散った現実の光景を見たところで、なんの偶然性もない。彼にとって、戦争は、すでにキュービズム絵画が前の時代に与えていた表象にたいする、現実の一種の適応として立ち現われたのである。「あらゆる絵画的幻想を許容する」この破壊の風景に魅せられて、彼は抽象芸術を捨てて、機械的な表象を再創造することになったのである。[☆8]

国粋主義的熱病

一九一四年八月、宣戦布告はヨーロッパじゅうの首都に信じがたい集団的な熱狂の波を引き起こした。民族主義的な熱波が突然、文化に襲いかかり、すべてか、ほとんどすべての人びとの心をとらえた。[☆9] パリでは、ユニオン・サクレがアクシオン・フランセーズの信奉者以上に称えられた。[☆10] 大統領レイモン・ポワンカレはアカデミー・フランセーズの会員にたいし、「ペンで」愛国的努力に資するようアピールを発した。そこで〔反ドレフュス派の〕バレスとモラスの声がドレフュスの声に混じった。ジッドからプルースト、アナトール・フランスからクローデル、デュルケームからベルクソンとペギー

☆6　レンツォ・デ・フリーチェ編『未来主義、文化と政治』、フォンダツィオーネ・ジョヴァンニ・アニェリ、一九九八年、参照。
☆7　モドリス・エクスティンズ、前掲書、一〇―一六頁、参照。
☆8　フィリップ・ダジャン『画家の沈黙――大戦にたいする芸術家』、ファイヤール、一九九六年、一七三―一八三頁、参照。
☆9　ヴォルフガング・モムゼン「第一次世界大戦とヨーロッパの危機」、ゲルハルト・ヒルシュフェルト、ゲルト・クルーマイヒ、イリーナ・レンツ編『ここではもう自らが人間とは感じられない……第一次世界大戦の経験と影響』、クラルテクスト、一九九三年、三〇―五二頁、参照。
☆10　フランスについては、クリストフ・プロシャソンとアンヌ・ラミュッサン『祖国の名において――知識人と第一次世界大戦（一九一〇―一九一九）』、ラ・デクヴェルト、一九九六年と、マーサ・ハンナ『知性の動員。大戦中のフランスの学者と作家』、ハーヴァード大学出版、一九九六年。ミシェル・ヴィノック『知識人の世紀』（スイユ、一九九七年）に若干の指示事項あり（一五頁）。

まで、誰もが戦争を解放として歓迎した。「ジャコバン派」の歴史家アルベール・マティエはそこに一七九二年の国民総動員の延長を見た。ベルギーでは、中世学者アンリ・ピレンヌがドイツの同僚カール・ランプレヒトとの友情を断った。ライン対岸では、一九一四年十月、『ベルリナー・ターゲブラット』が有名なマニフェストを発表し、ノーベル賞受賞者数名を含む世界的に著名な九三名の学者がドイツの大義を文化（Kultur）として擁護していた。署名者には、博物学者エルンスト・ヘッケル、物理学者マックス・プランク、歴史家カール・ランプレヒト、政治学者フリードリヒ・ノイマン、心理学者ヴィルヘルム・ヴントなどの名士たちがいた。歴史哲学者エルンスト・トレルチュは「言葉を銃剣に変え」[☆11]ようとした。哲学者マックス・シェーラーが「文明を再生する」[☆12]使命をドイツに帰する一方で、シュテファン・ゲオルゲは戦士の栄光を歌った。経済学者ヴェルナー・ゾンバルトはドイツ人の英雄的精神（Helden）をイギリス人の商人精神（Händler）に対置した。[☆13]トーマス・マンは、ホーエンツォレルン家の帝国を、機械的で魂のない近代文明（Zivilisation）の堕落した傾向にたいするドイツ文化（Kultur）の価値観の受け皿として理想化した。「一九一四年の思想」が一七八九年の原理原則にたいして屹立するが、後者は、精神を枯渇させ、存在のもっとも真正なる価値観、勇気、男らしさ、犠牲的精神、闘い、栄光などから人間を遠ざける「進歩」の時代の出発点であるという。有名な『非政治的人間の考察』において、トーマス・マンは啓蒙思想の諸原則にたいして、ニーチェから借用して、「嫌悪」を表明している。彼には、戦争が、久しい前から文化の領域で始まった闘いを武器によって継続したものとして現われたのである。[☆14]

オーストリアでは、ヴィトゲンシュタインからフロイトまで、あらゆる学者が国粋主義の波に押し流されていた。ロシアでは、ツァー体制の敵、たとえば、絶対自由主義者クロポトキン、社会主義者プレハーノフ、さらにはブロック、エセーニン、マヤコフスキーなどが「ゲルマンの野蛮」打倒十字軍に加わっていた。イタリアの民族主義者は、社会主義者ムッソリーニから帝国主義者エンリコ・コラディーニ、未来派詩人フィリッポ・トマゾ・マリネッティから「デカダン派」ガブリエーレ・ダヌンツィオまでが、トレントやトリエステなど外国支配下にある国土解放のため、中立の立場を捨ててハプスブルク帝国との開戦を唱えていた。[☆15]「ロマン・ロランの権威を有するいかなるイタリアの文学者も、〝戦いを越えて〟の域に入る勇気がなかった」、とノルベルト・ボッビオは書いている。[☆16]イギリ

☆11　ローランド・N・ストロンバーグ『戦争による贖い――知識人と一九一四年』、ザ・リージェント・プレス・オブ・カンザス、一九八二年、一三七頁に引用。

☆12　マックス・シェーラー『戦争の守護神とドイツの戦争』、ヴァイセン・ビュヒャー、一九一五年、六五頁。ドイツの知識人の民族主義的動員については、クルト・フラッシュ『精神的動員――ドイツ知識人と第一次世界大戦』、アレクサンダー・フェスト・フェアラーク、二〇〇〇年、参照。

☆13　ヴェルナー・ゾンバルト『商人と英雄』、ドゥンカー&フムブロット、一九一五年。大戦中のゾンバルトについては、アーサー・ミッツマン『社会学と離反――帝国ドイツの三人の社会学者』、トランザクション・ブックス、一九八七年、二五四―二六四頁、参照。

☆14　トーマス・マン『非政治的人間の考察』、グラッセ、二〇〇二年。マンと戦争については、エッカルト・ケスター「文化対文明。世界観的美的立場の探索者としての戦争評論家トーマス・マン」、ヴォルフガング・モムゼン編『文化と戦争――第一次世界大戦における知識人、芸術家と作家の役割』、オルデンブルク、一九九六年、二四九―二五八頁、参照。

☆15　マリオ・イスネンギ、前掲書、参照。

スは、クロムウェルのピューリタン革命以来消えたと思われていた政治的情熱を取り戻し、これが以後はドイツに向けられた。H・G・ウェルズ、トーマス・ハーディ、大衆作家チェスタートンなどが反独十字軍の宣伝家になった。[☆17] 国粋主義の波をうまく免れた知的世界の著名人は、ウィーンのカール・クラウス、ロンドンのバートランド・ラッセル、パリのアンリ・バルビュスとロマン・ロラン、トリノの当時まだほとんど無名だったグラムシなど、ごく稀だった。

しかし、愛国的陶酔は戦時中に枯渇した。戦争はすぐさま、一九一四年八月にヨーロッパの首都の通りに溢れた神話、列強の責任者すべてが短期戦という幻想を育んで、結局はその犠牲になった神話とはまったく異なった顔を見せたのである。この現実に直面して、大多数の知識人はナショナリズムを捨てて、人道主義的な平和主義に加担した。ワイマール共和国文化の代表的な人物のひとり、ジークフリート・クラカウアーの歩みはこの変化の典型例である。戦争初期に志願兵として入隊したあと、一九一五年、彼は『プロイシッシェ・ヤールビュッヒャー』に、その頃の知的風土を完璧に要約した「体験としての戦争」と題した記事を載せた。昂揚した調子で、彼は戦争をヴィルヘルム時代の旧弊と倦怠の帰結として歓迎し、ニーチェ的な表現で愛国主義を一種の生の躍動として描き、ドイツを魂も神も予言者もいない唯物主義的価値観から解放せしめるものとした。したがって、彼は戦争を、精神が「闘いの喜び」によって強化される「贖いの」[☆18] 経験として称揚している。若きクラカウアーにとって、戦争は社会的とか政治的な正当化は必要ではなく、実存的な欲求を満たし、神秘的、ほとんど宗教的な経験を提供してくれるのであった。しかし、一九一七年、クラカウアーはもうこの愛国的レトリックを捨てて、『ダス・ノイエ・ドイチュラント』に記事を載せ、失望感を認めた。戦争はその本性、「ヨーロッパ的人間性の段階的解体」[☆19]が繰り広げられる肉屋の光景を呈したのである。結局のところ、この視点の変化は多くの他のヨーロッパ知識人がたどった歩みの縮刷版にすぎなかったのである。

ウィーンの作家シュテファン・ツヴァイクはこの運命的な夏の陽気なデモンストレーションに立ち会っており、大戦が頂点を画する大衆の国有化のきわめて迫真的な描写を残した。「兄弟殺しの戦争」に懐疑的であったにもかかわらず、彼はそのような神秘的な共同体の出現に無関心なままではいられなかった。回想録において、彼はこの雰囲気と、二五年後、第二次世界大戦の勃発のさいの雰囲気との著しい違いを強調している。「ロマンティックな国への急ぎの小旅行、野性的で雄々しい冒険。一九一四年、民衆の想像力において戦争が描かれたのはこうした色彩であり、若者は人生でこれほど素晴らしく刺激的な経験を取り逃がすのをまさに本気で心配していた。それゆえ、彼らは軍旗の周りに慌ただしく殺到したのである。それゆえ、彼らは屠殺場に運ばれる列車内で歌いまくり、歓びの叫び

☆16　ノルベルト・ボッビオ『二十世紀のイデオロギー・プロフィール』、ガルツァンティ、一九九〇年、一二九頁。
☆17　ローランド・N・ストロンバーグ、前掲書、参照。
☆18　ジークフリート・クラカウアー「戦争の体験について」、『著作集』五―一、ズールカンプ、一九〇〇年、二一頁。
☆19　ジークフリート・クラカウアー「マックス・シェーラー。戦争と構造」、同前、二七頁。ドイツの知的潮流全体のかなり徴候的なクラカウアーの変遷については、拙著『ジークフリート・クラカウアー――放浪の知識人の歩み』、ラ・デクヴェルト、一九九四年、一八頁以下。

をあげたのである。野蛮な熱っぽい血の赤い流れが帝国じゅうの血管で波打っていた。しかし、一九三九年の世代は戦争を経験していた。彼らはもはや幻想を抱かなかった。戦争はロマンティックではなく、野蛮であることを知っていたのである」[☆20]。

したがって、幻想は短期間となる。一九一六年から、反愛国的小冊子『戦いを越えて』で、ロマン・ロランは紛争を「ヨーロッパが切断されてしまう」殺戮として告発していた[☆21]。この虐殺に反対するもっとも強烈なページは、国際社会主義運動のなかで戦争予算に反対した稀有な人物のひとりに帰せられる。すなわち、ベルリンに移住したポーランド人革命家ローザ・ルクセンブルクで、彼女は一九一四年八月のデモンストレーションを伝染病的な喜びの爆発として生きたのではなかった。それは彼女にとって、「儀式殺人の風土、キシニョフの雰囲気[☆22]」が透けて見える集団ヒステリーの波のように思われた〔キシニョフはモルドバ共和国（一九一八―四〇年、旧ルーマニア領）の首都。古くからユダヤ人共同体があり、ポグロムもあったが、一九〇三年には虐殺事件が起こった〕。戦争は「汚され、名誉を失墜し、血の海を歩く、垢まみれの」ブルジョア社会の真の顔をさらけ出した。いったん、礼儀と倫理、平和と法の外皮がはがれると、それはその本性、「アナーキーなサバト〔夜宴〕」に踊る「野獣」の本性を露呈し、「文明と人類に悪臭を放つ瘴気」を吹きつけた[☆23]。同じ怒りを示したのではないが、フランツ・カフカもまた民族主義のウィルスに免疫があった。一九一四年八月六日、彼は日記にこう記している。「愛国的行進。市長の演説……ぼくはそれを嫌な思いで見ていた。こういう行進は、戦争に付随するもっとも嫌悪すべき現象のひとつである」[☆24]。

戦場と屠殺場

一九一四—一九一八年、民衆の感情は盲目的理想化と過度の熱狂から恐怖と嫌悪へと揺れ動いた。一方で、戦争は「祖国のために死す」というモットーで表明され、一九一四年八月に頂点に達する名誉とヒロイズムの概念の勝利を画した。そして後年、歴史家エルンスト・カントロヴィッツが中世ヨーロッパにおけるその系譜を描くのは、この愛国的陶酔の日々の思い出を心に秘めながらである。他方で、第一次世界大戦は戦場の死の神話を壊し、工業技術的な虐殺と匿名の大量死の恐怖を暴いた。英雄的戦争の伝説は、その初期のころから、一九一四年十一月、ドイツ兵が国歌を歌いながら、多大の犠牲と引き換えに征服したフランドルの村ランゲマルクによって象徴されていた。[☆25]ランゲマルクの兵士は英雄の完璧な具現である。つまり、立派で理想主義的、雄々しく高潔で、勇敢で犠牲を厭わな

☆20　シュテファン・ツヴァイク『昨日の世界——あるヨーロッパ人の思い出』、ベルフォン、一九九三年、二八一頁。
☆21　ロマン・ロラン『戦いを越えて』、アルバン・ミシェル、一九七〇年。
☆22　ローザ・ルクセンブルク「社会民主主義の危機」、『全集』、ディーツ・フェアラーク、一九九〇年、五二頁。
☆23　同前、五三頁。
☆24　フランツ・カフカ『日記』、グラッセ、一九五四年、三八五頁。
☆25　ベルント・ヒューパウフ「戦闘神話と〝新人間〟の構築」、ゲルハルト・ヒルシュフェルトとイリーナ・レンツ編、前掲書、四三—八四頁と、ジョージ・L・モッセ『倒れた兵士——世界戦争の記憶の再形成』、オックスフォード大学出版、一九九〇年、七〇—七三頁、参照。

い兵士である。そのような英雄は死を恐れず、死は彼に栄誉をもたらす。ホメロス的戦士が創始した名誉のコードによれば、死は栄光に達するため支払うべき代価である。しかし、至高の犠牲を代価にして得られたこの栄光は生命そのものを超越する価値で、永遠なるものであり、殉教者に不死の地位を授ける。[☆26]その犠牲はかくして、彼を世俗と聖なるもの中間に位置づけるアウラに包まれることになる。[☆27]感謝する祖国が彼を忘れることはない。彼には記念碑を捧げ、儀式でその記憶を呼び起こすことだろう。

社会学者マックス・ウェーバーは国粋主義の波に押し流された者のひとりだが、おそらく戦場の死の神話に加担しそうにないヨーロッパの学者のひとりでもあった。一九一五年、まさにこの神話が崩れつつあるときに、彼はそれを概念化しようとした。『中間考察』において、彼はまず「パトス」と「共同体感情」を確認し、戦争がこの感情を兵士にもたらし、彼らをして「自己贈与」をなさしめ、「犠牲的行為において無条件の共同体」を実現するよう促すものとする。戦争の性格を世俗的十字軍としてとらえながら、彼はそのような感情の抗いがたい力を強調し、「それに比して、宗教は一般に、友愛の倫理にもとづく英雄共同体の場合を除いて、同等なものはなにも提供できない」としている。この戦士共同体を団結させる本質的な要素は死の神聖化にあり、これによって兵士はその存在に特有の深い意味を与えることができる。通常の自然な死は社会の連続性のうちにあり、世代間の経験の伝達を可能にするが、戦場の死は兵士の「使命」と和合するものなので、崇高な特別な意味を有する。ウェーバーによれば、「この友愛と戦場の死の驚くべき性格」は「戦いが聖なるカリスマ性と神との共同体の経験とともにある」という近代的かつ世俗的な現象を成すことになる。[☆28]

この論述は、一〇〇万人の犠牲者をもたらして終わるソ〔ン〕ムの戦いの数か月前である。英雄的な死の神話によって始まった大戦は「無名戦士」の追悼で終わった。これは、殺人行為が機械的な作戦に変わり、死が特性なき無名の集団的経験の性格を帯びる戦争の無数の犠牲者を代表する。要するに、塹壕の泥沼の中で「機械的に再生産される」死で、その「アウラ」は永久に奪われるのである。損傷し見分けがたい多数の死体から籤で選ばれた「無名戦士」は、ロジェ・カイヨワによれば「英雄的な戦争の終り」[☆29]を体現していた。彼らに捧げられた記念碑は、戦後のヨーロッパで増加する。それは十九世紀のナショナリズムが培ったロマンティックな死生観との断絶を画し、集団的なホロコーストのために個人的英雄的な犠牲概念を放棄してしまう。したがって、大戦とともにこの二つの二律背反のイメージの変動が起こる。すなわち、英雄の顔が「無名戦士」の顔に、戦場の死が屠殺場の死に取って代わられたのである。ソムの戦いの初期、イギリス兵が風笛の音に合わせて、なんの保護もなく密集隊形でラグビーボールを飛ばしながら進軍し、多数がドイツの機関銃でなぎ倒されるという、狂ったような光景は、伝統的な戦争観と全面戦争の現実のあいだに穿たれた越えがたい溝を示していた。それは社会の近代化と、貴族のエリート層が大衆的軍隊の上に立つという軍人階級にとくに根強

☆26　アントニオ・スクラーティ『戦争――西欧の伝統における国民と文化』、ドンツェーリ、二〇〇三年、五二頁、参照。
☆27　エリック・デモン『祖国のために死す?』、PUF、二〇〇一年、三〇頁、参照。
☆28　マックス・ウェーバー「中間考察」、『宗教社会学』、ガリマール、一九九六年、四二六―四二七頁。
☆29　ロジェ・カイヨワ「戦争の眩暈」、『四つの社会学論』、ペラン、一九五一年、一〇七頁。

く残る古いメンタリティーとの溝でもある。ダン・ディナーが書いているように、戦争はもはやたんに軍隊どうしの争いではなく、「人間と機械の戦争[☆30]」になった。戦場から屠殺場へ、とは、ヨーロッパで起こった文字通り人類学的な変化である。[☆31]これが、カントロヴィッツが「祖国のために死す」という観念に関する系統学的論稿の結論として明晰に確認したことである。この観念は一九一四年に勝利したようだが、そのさい、信仰、教会と王のための戦士の自己犠牲というキリスト教的信念は、国家という神秘的実体の祭壇に捧げられた兵士の犠牲にその世俗的なかたちを見出したのだ。しかしながら、全面戦争の到来とともに、国家は兵士に、その生命贈与にたいして情緒的な代償も後世の名誉も提供することなく、死ぬことを課したのである。工業技術的な絶滅という非個性的な装置の到来とともに、第二次世界大戦は死の幻想にとどめをさした。いったん、「神、王、祖国のなんであれ、人間愛を奉じるどんな観念でも剝ぎ取られると」、兵士や市民の犠牲にはもう高潔なものはなにもない、とカントロヴィッツは結論している。もはや「冷血漢の殺人[☆32]」以外のなにものでもないのである。

この変貌は、戦中、戦後に歴史家マルク・ブロックと作家フェルディナン・セリーヌが著した二つのまったく相反する見解によって例証できるだろう。前者は悲劇的で厳粛な名誉感覚に鼓舞された愛国的擁護で、後者は皮肉な卑怯・臆病弁護論を引き起こした戦争拒否である。一九一五年六月一日、パリで恢復期を経て前線に戻る直前、マルク・ブロックは戦死を案ずる近親者に手紙を書いている。「ぼくはわが愛する大義のため喜んで死ぬ。出発にさいし、自己犠牲を決めた。それがもっとも立派な目的なのだ。命が惜しくないと言えば、嘘になる。あんなにも優しくしてくれたあなたにたいしては、不当な態度かもしれない。しかし、あなたはいくつかのことが命そのものよりも大事であることを教えてくれた……ぼくは勝利を確信して死に、血を流して幸せである――そう、本当に、心底本気でそう言います」☆33。

戦後、この美辞麗句はセリーヌの嘲笑を呼び、彼は『夜の果ての旅』の主人公バルダミュをして、祖国のために死のうとする兵士の完璧なアンチテーゼにしている。精神病院に拘禁されたバルダミュは、極端な卑怯称賛を繰り広げる。

「まあ！ そいじゃ、あなたは本当に腰抜けなのね、フェルディナン！ いやらしい人、どぶ鼠みたい……」

「そうだよ、ほんとうの腰抜けさ、ローラ、ぼくは戦争を否定するんだ、それに戦争のお添え物も、なにからなにまで……そして正しいのはぼくのほうさ、なぜなら、ぼくの望みはぼくにしかわからんのだから。ぼくはもう死ぬのはごめんさ」

「でも戦争を否定したりはできないわ、フェルディナン！ 祖国が危機に瀕しているときに、戦争を否定するなんて、気違いか臆病者ぐらいよ……」

「そんなら、気違いと臆病者万歳さ！ いや気違いと臆病者生き残れだ！ たとえばだよ、ローラ、

☆30 ダン・ディナー、前掲書、四〇頁。
☆31 ジョージ・モッセ、前掲書、一六〇頁。
☆32 エルンスト・カントロヴィッツ「中世政治思想における祖国のために死す」、『祖国のために死すと他の著作』、PUF、一九八四年、一三九―一四一頁。
☆33 マルク・ブロック「別れの手紙」、『歴史、戦争、レジスタンス』、クワルト／ガリマール、二〇〇六年、一八八頁。

君は百年戦争のあいだに殺された兵隊のうちひとりでもその名前を思い出せるかい？……ないだろう、どうかね？　君は一度だってそんな気になったことはなかっただろう？　その連中は君にとっては、この文鎮のいちばん小さい粒や、君の毎朝のうんこと同じくらい無名で、興味のない、いっそう無縁な存在なのさ……」〔生田・大槻訳、中央公論社、世界の文学42、一九六四年〕☆34

屠殺場としての戦争観は、一九二〇年代の初め、チャーチルが、明晰さと力強さが印象的な講演で粗描している。彼はそこで第一次世界大戦をヨーロッパ文明に科された恐るべき傷として描いているが、そのくだりは、軍事的キャリアのある保守派政治家であり、自らがその誕生に貢献した世界の状況を考察する自由主義的帝国主義の代表のものであるだけに、なおいっそう意味深い。「我々が経てきたばかりの大戦は昔の戦争とは、敵の巨大な火器性能においてもその恐るべき破壊手段においても異なり、また他のどんな近代的戦争とも作戦遂行時の極度の残酷さによっても異なる。あらゆる時代の恐怖がそこに具体化していた。たんに軍隊の恐怖だけではなく、全住民の恐怖がそこに巻き込まれていた……休戦も停戦も軍隊どうしの対決を和らげなかった。負傷者は敵対する前線間で死に、死者は戦場の肥やしとなった。商船、中立国の船舶、病院船も沈められ、積荷もろとも沈没した。全住民を、年齢も性別もなく飢餓に追い込もうとありとあらゆる手を尽くした。都市や文化的記念建造物が砲撃で荒廃させられた。毒ガスが兵士を窒息させるか焼け焦がし、燐光の炎が死体を呑みこんだ。人間が空から炎に包まれて落下し、他の者は沈没船の渦のエアーポットに巻き込まれて窒息し、緩慢に死んだ。軍隊の規模は当該国の人口規模だけに匹敵した。ヨーロッパと、大部分のアジアとアフリカは荒廃した広大な戦場と化し、軍隊だけではなく、国民全体が呑み込まれることになった。結局のところ、拷問と人食いこそ、科学的に教養のあるキリスト教徒の文明国家は敢行しなかったが、ただそれは有効性に問題があるからというだけのことだった」[☆35]。

この描写から浮かび上がる黙示録的風景はもはや古典的な戦争、国家間の戦争ではなく、国民を呑みこむ全面戦争のものであり、軍隊が民間人を全滅させ、ただたんに敵の完全破壊というルールしかなかった。要するに、それはまさに大陸規模の内戦だったのである。

☆34 ルイ・フェルディナン・セリーヌ『夜の果ての旅』、ガリマール、一九七二年、六五―六六頁。これについては、エリック・デモン、前掲書、九七―九八頁、参照。

☆35 このチャーチルの一文（『世界の危機：一九一一―一九一八年』、マックミラン、一九四二年、一九―二〇頁）は何人かの歴史家の注意を引いた。ジョージ・リヒトハイム『二十世紀のヨーロッパ』、プレガー・パブリッシャーズ、一九七二年、一〇五―一〇六頁とハーゲン・シュルツェ『ヨーロッパの歴史における国家と国民』、スイユ、一九九六年、三〇〇頁。

第2章　暴力の想像空間

恐怖

「怯えた顔の巨女、死の妹の恐怖の女神は我らが女王であり、誰もその魔力を免れられない。銃後の者たちは、大胆なポワリュ〔大戦の兵士の別称〕など神話であると思い起こさせようと恐怖についてたっぷり愚かなことを言った」[☆1]。この兵士ジャン・マロの証言は、ジャン・ノルトン・クリュによって、大戦の記憶に関する一九二九年の驚くべき調査において、英雄的戦争など存在しなかったことの証拠として引用されている。生身の敵というよりもむしろ非個性的で機械的な脅威から生じているにもかかわらず、強烈な死の恐怖はつねに現前としてあり、誰も免れられなかった。

「その時彼は目を開いた。おそらく私の声を聞き取ったからだろうが、怯えた恐怖の表情で私を見つめた。身体は動かないが、目にはなんとしても逃げたいという激しい欲求が読み取れたので、一瞬、揺すってやるだけで、彼らには身体を引きずって何キロも逃げる力があるのではないかと思ったほどだった。身体は動かず、まったく静かで、いまは沈黙していた。喘ぎはおさまったが、目は叫び、吠えたてていた。彼らにあっては、私の眼前で、命そのものが逃げるという驚くべき努力、死を前にした残酷な恐怖に凝縮していた」[☆2]。エーリヒ・マリーア・レマルクは大戦に関する有名な自伝的小説『西部戦線異状なし』（一九二八年）で、瀕死の敵の恐怖をこう描いている。そして彼らの強迫観念とともに、暴力と死は市民生活で会得した反射神経を破壊してしまった、とつづけている。生き残るために闘っている人間にあっては、どんな連帯感も腐食しているようだった。「他人の姿が我々追いつめられた獣の目に落ちかかってきても、かろうじてお互いがわかる程度だった」。兵士は「危険な策略と魔力によって、まだ走って、殺すことができる無感覚な死者」[☆3]以外のなにものでもなかった。「肉欲に童貞があるように恐怖にも童貞があるもんだ」、とセリーヌの『夜の果ての旅』の主人公フェルディナン・バルダミュは認め、彼が志願兵として参戦した戦争は、まったく期待に反して文字通り「黙示録十字軍」[☆4]であることを理解した。『鋼鉄の嵐』（一九二〇年）において、エルンスト・ユンガーは塹壕の兵士の恐怖を「奇妙な寒さ、まったく精神的な性質の寒さ」として描いた。死の危険が兵士を震えさせ、この慄きは「鉄条網から離れて、かすかな悪寒にさらされ、歯をがちがちさせながら、敵軍との中間地帯（no man's land）に入り込むといっそう強くなる」[☆5]、と彼は書き加えている。広範な証

☆1　ジャン・ノルトン・クリュ『証言』、アリア、一九八九年、六八頁。
☆2　エーリヒ・マリーア・レマルク『西部戦線異状なし』、ル・リーヴル・ド・ポーシュ、二〇〇〇年、一六五―一六六頁。
☆3　同前、九〇頁。
☆4　ルイ・フェルディナン・セリーヌ、前掲書、一四頁。

言の文学が、大戦の兵士たちが共有した経験の主要な特徴を示している。すなわち、恐るべき圧倒的な日常的な死の感覚である。下層階級が体験した大戦に関する偉大なる作品において、アントニオ・ジベリは一九一六年のカーニヴァルの日付の、ある兵士の両親宛の手紙を引用している。彼はこの伝統的な祭りのダンスを思い出しているが、いまは死とダンスしているようだという。「ここでは、ぼくは死のそばにおり、死はたえずぼくの横を通り過ぎていく[☆6]」。

攻撃は同時に連動して行なわれた。どの塹壕でも、下士官がゼロまで秒読みをし、次いで兵士がノーマンズランドによじ登る。数時間で、敵の機関銃の砲火が彼らを何千となく殺した。塹壕外への出撃命令を待ちながら、彼らは恐るべき時を過ごし、苦悩が増し、手は震え、膝を曲げ、歯はがちがち鳴るのに、頭には血がのぼっていた。恐怖で麻痺し、外に飛び出す力のない者は軍事警察に脅され、しばしば処刑された。命令厳守を課し、反抗を未然に阻止するために必要な処罰だった。イギリス兵の証言によると、彼らは文字通り怯えていた。「ある者は咳き込み、ある者は吐き、他の者は歌うか叫んでいたが、ひどいものだった」。機械式兵器で被った恐るべき傷は、塹壕で暮らしたことのある者誰もが知っていた。工業技術的な虐殺は多数の分別不能な「死体」、すなわち、全面戦争の象徴、「無名戦士」を生み出したのである。

塹壕と戦場はひとつの世代の宿命であるが、このトラウマとして残る経験は伝達可能なものではなく、世代間をつなぐ糸を結び、継承した文化意識を強める歴史的連続性に同化されなかった。ヴァルター・ベンヤミンはこの特異な体験（Erlebnis）をして近代社会の語り手＝物語作者の衰退に関する考察の出発点としているが、この語り手とはその語りをまさに伝達可能な経験（Erfahrung）と想定する人物であり、過去から、その現在における存在の緯糸を織りなす諸要素を汲むことのできる共同体の伝統の創始者である。近代戦争の工業化された匿名の暴力死〔急死、非業の死〕は、自然死とみられた昔ながらの社会のありふれた死、生者にとって「高度に範例的な価値」をもつ死に対立する。ベンヤミンは、これについて中世絵画の画像で、「死の床が玉座に変容して、大勢の人びとが死者の家の広く開け放たれた扉を通ってこの玉座に向かって押し寄せてくる」[☆7]光景を想起して、この死の知覚公認が語り手の権威をなすと指摘している。「たんに人間の知識や知恵だけではなく、第一に彼の生きた人生、すなわち、物語が生み出される素材が伝達可能な形式を取るのはとりわけ、死にゆく者においてである。同様に、人生の終りともなると、人間の心のなかではさまざまなイメージの連なりが次々と現われるが、それは、本人が気づくことなく、出会っていた自己自身の姿の万華鏡である。すると突如として、その表情や眼差しに忘れえぬものが浮かび出て、彼に係わりあったものすべてに権威をまとわせる。それは、どんなに哀れで惨めな人間でも、死ぬとなると、周りの生きている者たちに感じさせる権威である。物語の起源にあるのは、この権威である」[☆8]。

☆5　エルンスト・ユンガー『鋼鉄の嵐の中で――戦争日記』、ル・リーヴル・ド・ポーシュ、一九七〇年、六〇頁。
☆6　アントニオ・ジベリ『戦争工場――大戦と精神世界の変貌』、ボラッティ・ボリンギエリ、一九九〇年、一九七頁に引用。
☆7　ヴァルター・ベンヤミン「物語作者――ニコラス・レスコフの作品に関する考察」、『著作集III』、ガリマール、二〇〇〇年、一二九―一三〇頁。

ベンヤミンは大戦を断絶の契機として特徴づけ、分析をつづけているが、そこでは、「物量戦」における死の身体的経験はもはや物語によって再構成されることも、叙事形式で喚起されることもなく、目撃者を自らの裡にこもらせたままであった。「まだ鉄道馬車で学校に通っていた世代がいまや、もう雲以外には、真ん中の、破壊的な爆発と緊迫感に貫かれていた力と力の場に、ちっぽけで脆い人間の身体があるだけの風景にむき出しに放り出されていた」[☆9]。

近代戦争での暴力死の経験はたんに伝達不可能だけでなく、大戦を描いた絵画を分析した美術史家たちが指摘したように、表現不可能でもある。フィリップ・ダジャンは、前線に動員された画家の、しばしば恐ろしく写実的で生々しい証言と、ほとんどいつも体験の恐ろしさを伝えていない彼らの作品との大きなギャップに留意している。彼らの絵は、工業技術、機械、鋼鉄に支配された「キュービズム的戦争」の輪郭を粗描しているか、または遠くからでは、連鎖的な虐殺の死などなにもうかがえない平和主義的メッセージが浮かび上がる廃墟の風景を描いている。かくして、「大戦は現代の歴史と絵画の断絶を画するのである」[☆10]。稀なる例外のなかに、戦争中、オットー・ディクスが塹壕の中での瀕死の兵士を描いた水彩画と何枚かの絵を挙げることができるだろう。それらは、彼が一九二〇年代末に描いた『戦争三部作』のような紋切り型の絵よりもはるかに印象深いものがある。

戦争時代の写真と映画もこの規則を免れず、この場合は参謀本部の検閲に付され、しばしば兵士によってその尊厳を守る節度と慎みの義務として内面化された。一九一五年、アルデンヌ地方〔仏北東部。マルヌの戦い後、ここで激戦があった〕でマルク・ブロックが撮った写真には、死者も負傷者も見られず、ただ塹壕生活と砲弾で穴の開いた風景だけだった[☆11]。血は戦争映画よりも無声映画のメロドラマのほうで多く流れていた。一九一九年、イタリアの批評家ピエール・アントニオ・ガリアッツォは、この映画における暴力の隠蔽はつねにメタファー、暗示、潤色された美化効果によって喚起され、けっしてその生々しい現実として呈示されることはなかった、と力説している。「我々は英雄的な兵士が塹壕から飛び出し、銃剣で攻撃するのを見た……我々はあの死体の腐臭が拡散し、いつまでもしつこく残って、まずい料理の腐ってすえたような臭いに混じって周りじゅうに染み込んでいるのを感じないのだ」[☆12]。彼はまた冷たく斬新なユーモアでこう書いている。愛国的な美辞麗句が、「みごとな二重の切断手術」ではなく、戦場の「立派な死」を称えているのと同様、映画は兵士の肉体的、心理的な苦悩の具体的な形態にはきわめて慎重だった。「我々は、スクリーンで、ただ素朴な人間が恐るべき苦悶に苛まれて、地面に掘られた巣穴とか岩穴や大砲の陰で、迫りくる死を待ちながら生きざるをえない姿を見ることは、けっしてないだろう」[☆13]。政府によってすぐさまプロパガンダの武器として利用された映画は、戦争中、軍隊と民間人の格好の逃げ場となり、人びとは上映中、日常生活の憂さ晴らしをしようとした。ジャン・ピエーロ・ブルネッタによると、映画館は人びとが「死を祓おう」[☆14]とするとこ

☆8 同前、一三〇頁。
☆9 同前、一一六頁。
☆10 フィリップ・ダジャン、前掲書、三一三頁。
☆11 アネット・ベックレールのマルク・ブロック前掲書への序文XX頁、参照。
☆12 ジャン・ピエーロ・ブルネッタ「映画と第一次世界大戦」、ジャン・ピエーロ・ブルネッタ編『世界映画の歴史』、エイナウディ、一九九九年、第一巻、二六九頁に引用。
☆13 アントニオ・ジベリ、前掲書、四八頁に引用。

ろだったのである。

第一次世界大戦後、死はもはや物語とか映画によって語りも表現もされず、自然の歴史の絶えざる流れに組み込まれてしまった。ここでも、大戦は歴史的断絶を画し、生の経験の連続性を断ち、ヨーロッパ社会の心的風景を変えた。目印がもつれ、伝統は破壊され、旧秩序は崩壊したものとして現われる。兵士にとって、戦争の暴力が特異な体験として残り、いくつかの点で伝達不可能であるとしても、それに伴う死の恐怖は戦後の世界に広がっているようだ。ここに、ジョージ・L・モッセとともに、第一次世界大戦のトラウマに付されたヨーロッパ社会の「野蛮化」の特徴のひとつがある、と言えるかもしれない。[☆15] 奇妙なことに、社会、政治闘争、言語活動における暴力の侵入に伴う感情や心理が残した痕跡を研究した著作はほとんどない。二十世紀に全面戦争、工業的な虐殺、爆撃された都市によって荒廃した世界に立ち現われた恐怖は、いまだその歴史家を見出していない。人間生活がサタン、最後の審判、宗教戦争の脅威に支配された時代、「攻囲された都市」のキリスト教徒の恐怖に関するジャン・ドゥリュモーの研究に匹敵するものはなにもない。[☆16] この欠落を補うため、ジョアンナ・バークは aesthesiologie（ギリシア語 aesthesis ＝感覚の派生語で、感覚学または感性論）に助けを求めるよう提案している。aesthesiologie とは、感覚を中和するための「麻酔」治療的なものを重視する傾向にある世俗世界における感覚と感情の認識のことをいう。したがって、この観点において、「外的世界にたいする肉体的、感情的な反応の歴史」[☆17] を描くことによって、戦後社会の文化を探らねばなるまい。それはまず、死の恐怖、より正確には、一九二〇―一九三〇年代のヨーロッパを深くむしばんだ暴力死に有効である。いくつかの点で、この分析は社会的慣行の合理化とともに、個人的衝動の自己管理にいたる文明化過程の矛盾を明らかにする。すなわち、一方で、破壊的テクノロジーと大衆的軍隊の近代的合理性、他方で、暴力によって歪められた社会的世界の隠れた感情を明らかにするのである。

この恐怖感は必ずしもはっきりとは現われない。多くの場合、それは漠然として捉えがたく、表面化しない苦悩として人心に憑く。外見上の礼節を保っている世界に潜在したままで、その歴史は、一九四一年、リュシアン・ルフェーヴルが述べたように、「緩急の差はあれ、知的活動による感情的活動の抑圧[☆18]」の歴史である。それは、敗者の犠牲を認知する民衆の記憶の象徴として、大都市の中心部のおごそかな祭壇から村の広場の小像や記念銘板まで、大陸じゅうに立てられた無数の死者追悼記念碑の隠れた面である。あらゆる国のこうした死者追悼記念碑の共通の特徴は、ラインハルト・コゼレックが適切に指摘したように、それらが「進んで死の具体的な現象を避けている[☆19]」ことにある。そし

☆14　ジャン・ピエーロ・ブルネッタ、前掲書、二七四頁。

☆15　ジョージ・L・モッセ、前掲書、参照。

☆16　ジャン・ドゥリュモー『一四―十八世紀の西欧の恐怖――攻囲された都市』、ファイヤール、一九七八年、参照。

☆17　ジョアンナ・バーク「恐怖と不安：近代史の感情に関する著作」、『ヒストリーワークショップジャーナル』五五号、二〇〇三年、一一三頁。

☆18　リュシアン・ルフェーヴル「いかにして感情生活を再構成するか？　感性と歴史」、『歴史のための闘い』、アルマン・コラン、一九九二年、二二五頁。

☆19　ラインハルト・コゼレック「死者追悼記念碑、生者のアイデンティティ確立の場」、『歴史の経験』、スイユ／ガリマール、一九九七年、一四九頁。

て道徳的価値を伝え、祖国を称え、戦士の英雄的行為を賛美している。ときには、ケーテ・コルヴィッツがベルギーのヴラドスロのドイツ人戦死者墓地のために制作した彫刻のように、息子の墓前で泣く親の姿を描いて喪を表わしている。もっと珍しいのは、イタリア南部のバリ近くの村カサマシーマの記念碑の場合で、より明確に死を喚起し、天使、翼のある悲しみの聖母さながらの天使が身をかがめて冠をかぶせようとする死体を描いている。しかし、戦士がもっとも普遍的に共有する経験である暴力死の記憶は見えないままである。英雄的戦争のエピナール版画によってたえず祓い清められ、昇華されて、いわば神聖化されているのである。きわめて反軍国主義的な映画でさえ、それをメタファーか超越的イメージによって喚起しており、たとえば、アベル・ガンスの『われ弾劾す！』（一九一九年）の最終シーンでは、無駄な犠牲の責任者たる国家を告発するため、倒れた兵士が墓から立ち上がる姿が見られるだけである。

歴史記述——とくにフィリップ・アリエスの研究——はしばしば、近代社会における死の個人化への傾向を強調している。また人間存在の不可避的かつ自然な一局面、つまり共同体生活の節目となる時期として受け入れられるのではなく、取り返せない損失として恐怖してみられ、公共の場から引き出され、個人の内的領域に追いやられて苦悩と喪の源泉となったのである。[☆20]この死の個人化の主要な結果はその隔離孤立にある。死はまず家族的次元で医療的措置を講じられ、次いで以後は町の中心部からは離れ、囲われた墓地に追いやられる。したがって、喪は個人的な慣行に変わる。ところで、大戦が十九世紀中に深化したこの傾向を切断したのは明白である。死にたいする近代の不寛容は儀式化された記念祭のかたちで公的に専有化され、これが戦いに倒れた子たちを追悼して国民的共同体を強固にする。ジョージ・L・モッセがいみじくも述べたように、この喪の集団的な慣行は「大衆の国有化」過程と、ナショナリズムが世俗世界の「市民宗教」へ変貌する過程に組み込まれる。かくして、数百万の戦死者は祖国に捧げられたホロコーストの生贄的犠牲の様相を帯びる。しかし、この死の集団的な再専有化はつねにその様式、形態、現象学の祓いを前提とする。昔の絵が死の床の瀕死者を描くように、戦争での死を表わすことはできないのである。

しかしながら、暴力の痕跡は戦後社会ではっきりと見て取れる。ワイマール時代のドイツ人画家は歪められ、野蛮化し、荒廃した世界の姿を再生している。マックス・ベックマン、ルートヴィヒ・マイトナー、オットー・ディクス、ゲオルゲ・グロッスなどは、殺人の場面、人間の屑で一杯の都市、病気で蝕まれた肉体、顔面損傷者をまぢかに想起させる街路の片隅の傷痍軍人を描いている。グロッスに関するきわめて炯眼な評論において、ギュンター・アンダースは、「静物画」という古典的絵画ジャンルを再解釈し、戦後、新しいジャンル、「殺人の静物画」を創造した彼の天分を称えている。絵画の歴史において、「静物画」は「人間の生命組織」からはずれた、生命のない冷たい物体を描いてきた。グロッスの水彩画や油彩画は恐怖に支配された風景を描いており、死はけっして自然なものではない。アンダースは、ただしそれは、この「自然な」という形容詞をホッブズ的な意味に理解する、すなわち、死を、「殺される」ことが「存在の様態のきわめて自然かつ普通のことになる」[☆21]世界

☆20　フィリップ・アリエス『死を前にした人間、2　野蛮になった死』、スイユ、一九七七年、参照。
☆21　ギュンター・アンダース「ゲオルゲ・グロッス」、『世界なき人間——芸術と文学著作集』、C・H・ベック、一九八三年、二二一頁。

に組み入れるのでない場合に、であると付け加えている。

大戦が引き起こした変化のほどを測るには、一九一四年前後にドイツで描かれた二つの有名な絵画を比較すれば十分である。一八九三年、ベルリンで、エドワルト・ムンクが描いた『病室の死』は沈黙の支配する絵である。さまざまな人物の姿勢が、病人の床の周りでその苦悶をともにする家族の悲しみと苦悩を表わしている。何人かは祈っている。この全体図から浮かび上がる感情は、十九世紀のブルジョワ家庭の典型的な品位、誠実、尊厳を背景にした、内面化された諦めと苦痛の感情である。共同体を揺るがすどころか、死はその一体感を強め、価値観を高める。☆22 一九一八―一九一九年、マックス・ベックマンが描いた絵はまったく異なっている。コントラストは顕著である。これは屋根裏部屋の殺人場面を描いている。三人の犯罪人が拷問台を想わせる机に坐った男の喉を絞めようとしている。ひとりが首に巻いた布の結びを絞めつけ、もうひとりが動けないよう押さえている。横の、男の妻は腕を吊るされ、脚を開いて、半裸で、まるで暴行されたようだ。女の子は怯えて、たぶん殺人犯の共犯である赤い服の女といっしょにこの暴力場面を見ている。床にはいろいろな事物が散乱している。ここでは、死はもうなにも自然でも穏やかなものでもない。カオスと暴力の文脈のものなのだ。この表現主義絵画は、同時期の他の作品同様、敗北と帝国の崩壊、スパルタクスの反乱の血まみれの弾圧というドイツの雰囲気を再生している。そこには、カール・リープクネヒトとローザ・ルクセンブルクの処刑のアレゴリーが見られるだろうが、彼女の死体は、夜、義勇軍の一団に殺されたあと、ベルリンの運河に投げ込まれたのだ。またそこには、一九一五年、西部戦線で一年も戦わないうちに、心神喪失、精神崩壊で動員解除された画家自身の戦争の思い出の変容も見られるかもしれない。

アレゴリックなかたちで描かれた、暴力と死にたいする恐怖と嫌悪は、説明する必要もない二十世紀のイコンである『ゲルニカ』の構成要素である。ピカソが、フランコの同盟者のドイツ空軍の爆撃によるバスク地方の小さな町の破壊に衝撃を受けて描いたこの絵は、一九三七年、パリの万国博覧会で、スペイン共和国のパビリオンで展示された。このスペイン内戦のアレゴリーにおいては、暴力死が人間、動物、事物を支配している。そしてさまざまな構成要素を超越してひとつの時代全体の核心を捉える悲劇的な聖歌の次元を獲得しているのである。

暴力死がもたらした恐怖は、大戦のころから、医学と心理学の新しい分野となり、兵士、次いで塹壕の生残りを苦しめる外傷的神経症の研究対象となった。戦争初期から、精神分析はこの問題に関心をもち、サンドール・フェレンチ、カール・アブラハム、ジークムント・フロイトなどが重要な研究をしていた。[☆23]科学用語は新語で豊かになった。つまり、外傷性ショック、戦争ヒステリー、神経衰弱、戦闘疲労、戦争神経症（shell shock）などである。心理学者アンドレ・ルリ、初期の精神分析者のひとりはこの現象をこう述べている。「多かれ少なかれ精神的な衝撃とか損傷を伴う、強度の情緒的トラウマの結果、きわめて勇敢な兵士も臆病になる。戦士の勇気を失うのだ。大砲の音を聞くと、怯え、

☆22 死を描いたムンクの絵については、アルトゥーア・E・イムホーフ『死の芸術――古今の死の芸術』、ベーラウ、一九九一年、一二三―一五九頁、参照。
☆23 精神分析的アプローチの全体的展望としては、ルイ・クロック『戦争の心的外傷』、オディール・ジャコブ、一九九九年、参照。

震えて、もはや動揺に打ち克つことも隠すこともできない[☆24]」。一九二一年、英国陸軍省が「シェル・ショック」を研究するために設けた委員会で証言したさい、将校J・F・C・フラーは、長期的に戦闘の暴力に晒された兵士は「恐怖に憑かれ」、語の伝統的な意味での肉体的恐怖よりも「精神的な恐怖」にも似た「神経症」に苛まれている、と認めている。[☆25]モスクワの精神病院長A・I・オゼレコフスキーはこの症候群の別の症状を示す証言を引用している。「戦闘後……、私は不眠症で苦しみだした。きわめて過敏になり、どんな物音にも飛び起きた。いつも射撃音を聞いているような気がした。私の神経はとくに戦闘の恐怖、血を見ること、負傷者の苦吟に苦しめられた[☆26]」。ドイツの軍隊付き心理学者F・ピックの方は、何人かの心的外傷を受けた兵士に認められる性的不能は「抑圧された死の恐怖[☆27]」の結果かもしれないと考えたが、この診断は精神分析学者カール・アブラハムのものと一致していた。[☆28]

大戦後の社会史において、フレデリック・ルソーはこの「否認された」恐怖の詳細な現象学を確立した。つまり、「弱々しい脚、力が抜ける脚、震える手、青白い顔、動悸の早まり、微小微弱なチック、怖じ気、心の空洞、頭の中の耳鳴り……[☆29]」などである。戦争神経症のさまざまな病理学を検討したのち、歴史家エリック・リードはそれらが同じ本質的な症状を呈することを確認した。つまり、「臆病、シェル・ショック、闘争心の涸渇、不安、鬱状態、恐怖、トラウマ、神経衰弱、アイデンティティの危機などすべてが、恐怖を隠れた、見えない内的状態と想定する用語である[☆30]」。一度肉体を襲うと、次に恐怖は精神に入り込み、外界の脅威から内奥部を防御しているバリヤーを壊す。病院で、心的外傷を受けた兵士は塹壕で敵の銃火から身を守っていたのと同じ姿勢をとる、つまり、胎児のように身を縮め、腹部で腕を交差する姿勢をとるのである。そして沈黙を守るか、または突然、恐怖の叫びをあげる。ある者は麻痺症状に陥り、震えが止まらなくなり、口ごもり、逃亡心に襲われる。恐怖の現象学は多種多様なのである。☆31

当時の医学と人類学界では、こうした症候すべてを、大戦という歴史的区切り以前にすでに分析されていた近代的病気に帰する傾向が広範囲に広まっていた。つまり、「ヒステリー」☆32である。戦争神経症のあらゆる症候は、十九世紀後半からサルペトリエール病院でシャルコが研究したヒステリーの

☆24 エリック・J・リード『ノーマンズランド』、一九七九年、第五章に引用。
☆25 エリック・J・リード「宿命的な記憶：工業的戦争と外傷的神経症」、『現代史ジャーナル』、一三・五、一号、二〇〇〇年、九五頁に引用。
☆26 アントニオ・ジベリ、前掲書、二九頁に引用。
☆27 同前、九六頁。
☆28 カール・アブラハム「戦争神経症の精神分析論」、『全集』、パイヨ、一九六五年、第二二巻、五七頁、参照。
☆29 フレデリック・ルソー『否認された戦争――大戦の戦士の歴史』、スイユ、一九九九年、一五七頁。
☆30 エリック・J・リード、前掲引用論文、九八頁。
☆31 ブルーナ・ビアンキ「精神錯乱、健忘症、逃亡。兵士と恐怖の病理学」、ディーエゴ・レオーニ、カミーロ・ツァドラ編『大戦――経験、記憶、イメージ』、イル・ムリーノ、一九八六年、七三―一〇四頁、参照。
☆32 フランスにおけるヒステリーの発見については、ジョルジュ・ディディ゠ユベルマン『ヒステリーの発見――シャルコとサルペトリエールの写真集』、マキュラ、一九九九年。ドイツにおけるヒステリー概念の導入と普及については、ヨアヒム・ラートカウ『神経症の時代――ビスマルクとヒトラーのあいだのドイツ』、カール・ハンザー、一九九八年、参照。

特徴と一致していたようである〔シャルコ、一八二五—一八九三。神経症学者。この病院は硝石工場跡地にルイ一四世が創設した施療院が始まりで、婦女子感化院などを経て現在は総合病院。当時は精神科専門〕。次いでこれは、「アウトサイダー〔よそ者、よけい者〕」という負のイメージで保守的な想像空間において体系化されたが、アウトサイダーは多くの場合、近代世界の「堕落」の理想形的化身であるユダヤ人とか同性愛者と同一視された。アウトサイダーは、軟弱で神経質、意気地なしで臆病、精神的に不安定、肉体的にも性格的にもひ弱で、行動よりも理屈偏重の傾向があり、シェル・ショックの犠牲者である兵士の病理学を先取りしていた。そのときから、戦争は病いの原因ではなく、前からあるたんなる堕落の徴候であり、その徳は社会を堕落の掃き溜めから解放し、健全化することであった。ジョージ・L・モッセはこの見方を要約して、「戦争は男らしさの最高のテストケースであり、シェル・ショックの犠牲者はこの試験に落第した」[☆33]と書いている。ナショナリストの指弾とは反対に、戦争の狂気はしばしば平和主義者にとって同情の対象となり、それは、アナーキズムと共産主義に惹かれた芸術的前衛のインスピレーションの源泉になるほどだった。たとえば、ジャン・アルプが戦闘を免れるため狂気を装ったように、ダダイスムの起源には「戦争の狂人」が見出せるのだ。アンドレ・ブルトンの方は、大戦中、軍事病院の医師で、心的外傷を受けた兵士の話を聞きながら、自動書記というシュルレアリスム的原理を発見したのである。[☆34]

こうした弱者や「堕落者」のステレオタイプにたいして、塹壕で培われた英雄的戦士のそれも立ち現われた。心的外傷を受けた兵士とは正反対に、彼らは戦争に男らしさと力を示す機会を見出した。『内的体験としての戦争』（一九二二年）において、エルンスト・ユンガーは戦闘をカタルシス的な原経験として描いている。「我々を鞭打ち、彫り刻み、鍛え、我々をしてあるがままの姿にするのは、戦闘なのだ。この戦争は……戦闘で我々をかたちづくったのであり、我々は生きているかぎり、戦士のままでいることだろう」[☆35]。

一九一七年、イタリア軍がきわめて危険な軍事作戦を行ない、敵を恐怖させるために設けた決死攻撃隊（Arditi）の経験は、この恐怖から憎悪への変貌を例証する。それは、当初はイデオロギー的な親近性よりも冒険精神で結びついた志願兵だった。すぐさま、彼らにニーチェ的超人の化身を見ていた詩人ガブリエーレ・ダヌンツィオに称賛されたが、彼ら志願兵は肉体的勇気と生命軽視の昂揚にもとづいた、ほとんど神秘的な戦闘信仰を共有していた。このイタリアの作家は彼らを、戦いを好み、強力な攻撃本能を実践して輝く「勇者の貴族階級」として呈示していたのだ。若さを称える賛歌は、次のように、戦闘での死を、実存的な目的として、また同時に愛国的な犠牲として推奨していた。「われは若くて強い／わが心は怯えない／われは微笑んで死と出会う／不名誉を知ることなく」[☆36]。戦後、決死攻撃隊は武器を置くことなく、市民生活に戻るのに大きな困難を感じた。だが彼らは、

☆33　ジョージ・L・モッセ「社会的病気としてのシェル・ショック」、『現代史ジャーナル』、三五巻一号、二〇〇〇年、一〇四頁。当時のヒステリー、堕落、そこから派生する政治的利用の関係については、とくにポール・ラーナー『神経症的人間：戦争、ドイツの精神医学とトラウマ政策、一八九〇―一九三〇年』、コーネル大学出版、二〇〇三年、参照。

☆34　アネット・ベッカー「前衛、病気と大戦」、『現代史ジャーナル』、三五巻一号、二〇〇〇年、七一―八四頁、参照。

☆35　エルンスト・ユンガー『内的体験としての戦争』、クリスティアン・ブルゴワ、一九九七年、三二頁。

一九二〇―一九二五年、トリノの工場占拠とファシスト体制の出現とでイタリアを揺るがした内戦の主要な役者になった。彼らの生気論的・攻撃的民族主義が起源のファシズム、つまりファシスト行動隊の様式と実践をかたどり、次いでその創始の神話のひとつになった。ファシストの民兵を「常時常在死を覚悟している戦士階級[☆37]」と見、「彼らがオーストリア軍の塹壕を襲撃したように」、組合と左翼党の本拠地を攻撃できるとする見方は、ファシストの紋切り型のレトリックのひとつになる。民族主義的戦士の特徴を体現したのち、決死攻撃隊はファシスト的「新人間」の予兆として称えられるが、それは戦闘のなかで成長した優等種のモデルで、統領《ドゥーチェ》が築こうとする新文明の酵母であった。ファシズムはボリシェヴィキの脅威神話を、大戦後ヨーロッパ社会に広まった不安と治安の悪化に接ぎ木した。そして不安／苦悶――精神分析学者が対象に集中できない総称的恐怖感と定義づけるもの――を具体的な敵、共産主義と革命にたいする恐怖に変えた[☆38]のである。

しかし、ファシズムの野心はそこで止まらなかった、それは恐怖を憎悪に変え、敵にたいし群衆を動員せねばならなかったからである。カール・シュミットによれば、これが「政治的なもの」の秘密の核心である[☆39]。のちにフランツ・ノイマンが確認するが、いったん権力に達すると、ファシズムは、プロパガンダと恐怖政治を組織的に利用してこの憎悪を「制度化」した[☆40]。かくして、全面戦争から生まれた苦悶は恐怖に混じり合い、恐るべき慄きとして、一九一七年十月の革命以後、ヨーロッパの支配階級を震撼させたのである。この恐怖は風聞、つまり、裏切り、背に短刀一撃、陰謀などで育まれ、緊張を激化し、暴力へと追いやる。この風土で、ボリシェヴィキに渡された「ドイツの黄金」とか、『シオンの長老のプロトコール』〔一九〇五年、ロシアで出版された偽文書〕に媒介されて、多数の報道機関が信用させたユダヤ人の世界支配計画のような神話はきわめて広範な反響を呼んだ。[41]こうした神話と風聞の広がりのメカニズムは、ジョルジュ・ルフェーヴルが分析した一七八九年の「大恐怖」のものに類似するが、[42]しかし今回は、そこから生じた暴力の波はもはや「貴族の陰謀」ではなく、革命に向かった。城を燃やす代わりに、ベルリン、ミュンヘン、ブダペストで赤狩りが行なわれたのである。

ところで、塹壕の生残りに憑いた恐怖はいかにして社会全体に伝えられたのだろうか？　こう問いがなされるのは、それは、兵士と市民の境界を縺れさせ、市民社会が戦場の後方にほかならなくなった全面戦争の直後、元兵士の世代を苦しめた戦争のトラウマの経験に結びつく神経症が、彼らの思い出からはみ出てヨーロッパの社会的・精神的空間に侵入した恐怖の明らかな一側面でしかないからで

☆36　エミリオ・ジェンティーレ『ファシスト的イデオロギーの起源　一九一八―一九二五年』、イル・ムリーノ、一九九六年、二六六頁、参照。
☆37　シモネッタ・ファラスキ゠ザンポネ『ファシスト・ショー――ムッソリーニのイタリアの権力の美学』、コロンビア大学出版、一九九七年、八八頁に引用。
☆38　この問題の歴史的次元については、ジョアンナ・バーク『恐怖――文化史』、ヴィレッジ、二〇〇五年、一八九―一九二頁、参照。
☆39　カール・シュミット「政治の概念」、前掲書、参照。
☆40　フランツ・ノイマン「不安と政治」、前掲書、二八四頁。
☆41　ノルマン・コーン『神話の歴史――ユダヤ人の〝陰謀〟とシオンの長老のプロトコール』、ガリマール、一九九六年、参照。
☆42　ジョルジュ・ルフェーヴル『一七八九年の大恐怖』、アルマン・コラン、一九八八年。

ある。換言すれば、この恐怖が集団的無意識に及んだのである。

チェコのドイツ語表記の作家エルンスト・ヴァイスは、『目撃者』(一九三八年)において、西部戦線でガス攻撃に遭い、「ヒステリー性盲目症」に襲われ、催眠療法を行なうユダヤ人医師に救われたオーストリア兵ヒトラーの架空の物語を語っている。この治療法の驚くべき効力がわかって、盲目になった元兵士は自己自身に盲目的な信仰を見出して、一国民全体に「催眠術をかける」ことに成功し、彼らにその狂信的で反ユダヤ的な民族主義者の意志を課した。[☆43] 戦争、シェル・ショック、狂気、ヒステリー、民族主義と反ユダヤ主義がこの小説の構成要素であり、この作品は戦争の生み出した恐怖を敵(ユダヤ人、ボリシェヴィキ、反ドイツ人)への憎悪に変えるファシズムの傾向を例証しているのである。

いまや古典的になった著作『カリガリからヒトラーまで』において、ジークフリート・クラカウアーは、一九二〇年代のドイツ映画という、「民衆の精神的傾向」がスクリーンに表現を見出す大衆文化の特権的な場で、この恐怖の痕跡を描いている。[☆44] クラカウアーはそこで、症候群全体、あるいはむしろ、彼自身の語によれば、解読すべき「目に見える象形文字」をあらわにした。美学的論争——映画はけっして集団的無意識のたんなる投影ではない——はひとまず横において、公共の喪の場、死者追悼記念できわめて厳密に検閲され、隠されたこの暴力死の恐怖が、スクリーンにどう表現を見出しているかを見ることにしよう。

数年前、カルロ・ギンズブルクはエルンスト・ルビッチの忘れられた映画『私の殺した男』に注目させたが、その恋物語は仏独和解を背景にして、戦争の恐怖に方向づけられた文脈で繰り広げられる。

舞台はパリ、休戦協定の記念日十一月十一日である。民衆のお祭り気分のなかで、ファンファーレが軍隊の分列行進の始まりを告げ、歩道には旧兵士たちがつめかけ、傷痍軍人も多数いた。木製の義足のクローズアップはひと世代に与えた戦争の荒廃を示し、このお祭り気分の外見の背後に隠れたあらゆる苦悩を暗示している。次いで、行列は病院の横を通るが、そこには歩行者に沈黙を促すパネルがあった。それからカメラは建物の広間に入るが、そこでは戦争の残骸が横たわり、その苦悩や怯えた眼差し、物言わぬ不幸が語りかける。突然、共同部屋の大時計が鳴り響くと、獣のような叫び声、前線から戻った無数の「狂人」のひとりの病人が発した恐怖の叫び声が沈黙を破った。このシーンは反戦論文以上の価値がある、とギンズブルグはいみじくも強調している。[☆45]

集団的恐怖はフリッツ・ラングの古典的映画『M』（一九三一年）の主題である。映画は児童殺人犯が跋扈する町を襲った恐怖を描いている。制御不能な精神分裂症的殺人衝動の犠牲者である彼は、逮捕後自ら告白したように、彼自身の悪行を恐れ嫌悪して見出す——この逮捕は、戦後ドイツの混乱を強調する役割倒置で、町の最下層民の犯罪者どもにより行なわれたが。クラカウアーはピーター・ローレが演じた『M』の主人公を「退行的反逆者」、つまり、社会を保護的権威としての国家社会主義的

☆43　エルンスト・ヴァイス『目撃者』、ガリマール、一九八八年。アネット・ベッカー、前掲引用論文、八三頁、参照。

☆44　ジークフリート・クラカウアー『カリガリからヒトラーまで——ドイツ映画の心理学的歴史』、フラマリオン、一九八七年、八頁。

☆45　二〇〇一年二月、フランス国立図書館でのカルロ・ギンズブルクの講演、フィリップ・ランソン、二〇〇一年二月二日付『リベラシオン』参照。

秩序に従わせしめた戦争が生み出した集団心理の象徴として呈示している。そしてこの映画は「無政府状態と権力の概念のあいだ」[☆46]をたえず揺れ動いている、と結論している。『M』と戦争のトラウマ的経験との関係は、殺人犯が餌食を求めて町をうろついている映画の最初の場面で暗示されている。壁には、ラングの映画と同じ会社ネロ・フィルムが制作したG・W・パープスト『西部戦線一九一八年』のポスターがはっきりと見て取れる。この一瞬だけぱっと見える暗示はたんなる宣伝広告以上の意味があるが、それは映画読解の鍵を与えるからである。[☆47]無実の命を殺める暴力とそれを取り巻く恐怖は戦争から生まれた。殺人犯は捕えがたく、いつも近くにいて、脅かし、同時に塹壕に隠れていた敵のように、町に隠れているのである。

ラングは、主人公が「裁判」のさい、前線で受けたトラウマを挙げて自己弁護する、殺人衝動の原因を示すために、映画の冒頭に戦争場面をおこうと考えた。だが結局は、殺人犯の肖像に弁護的な色調を与えるのを恐れて、この明白な殺人衝動の準拠となるものを諦めた。[☆48]しかしながら、映画全体が戦後ドイツの典型的な不安と恐怖の雰囲気に満ちていた。殺人犯追及への住民の動員は、戦争時代の「総動員」（エルンスト・ユンガーの同名評論は一九三〇年出版）を考えさせるが、他方、犯罪集団の総元締めは、その服装スタイルでも声でも、ゲッベルスを想起させるのである。

暴力死と恐怖はラングの最初のアメリカ映画『激怒』（一九三七年）でもなお中心にあり、映画は、スペンサー・トレーシー演ずる誠実な市民が無実の罪の嫌疑で投獄されている、平和な小都市ストランドでのリンチ事件を描いている。逮捕の噂が流れ始めると、群衆が集まり、無実の者が閉じ込められている監獄に火をつけることを決める。エリアス・カネッティが『群衆と権力』で分析した「群れ

（meute）〔この仏語の第一義は猟犬の群れ〕」の文字通り映画的例証である、このヒステリックな群衆は制御不能で殺人的になる。この映画が伝えるメッセージは『M』における暗黙裡の診断を深める。つまり、文明化過程は不可逆なものではない。暴力の掟が支配する、厳密にホッブズ的な意味で、原始的自然状態への後退はつねにありうる。ロッテ・アイスナーが語るラングの言によると、『M』が「我々誰もが殺人犯になりうる」[☆49]ことを示すとすれば、『激怒』は必要不可欠な系を付け加えている。つまり、我々の誰もが殺されることがありうる。大戦は『激怒』の目に見えない背景をなしているが、他方、アメリカ合衆国南部の黒人のリンチや、一九三三年、ドイツの焚書はおそらくこれに着想を与えた出来事であろう。一九三七年に出たこの映画のほうは、一年後の水晶の夜のポグロムを予告しているのである。

一九二〇・一九三〇年代の写真にも、戦争の暴力に係わる死がなかったわけではない。図版入り新聞雑誌のルポルタージュ記事がその証拠であり、とくにスペイン内戦中、後世向けに撮られた映像には、一九三七年、ロバート・キャパが一瞬捉えた倒れる共和国民兵のように、時代を画するまさに聖画像的なものがある――この写真は、たぶん多少潤色されているかもしれないが。この死はまた、『戦争には戦争だ！』（一九二四年）の著者エルンスト・フリードリヒのような不屈の反軍国主義者が第

☆46 ジークフリート・クラカウアー、前掲書、二四九頁。
☆47 アントン・ケース『M』、英国映画研究所出版、二〇〇〇年、四二頁、参照。
☆48 同前、四四―四六頁。
☆49 ロッテ・アイスナー『フリッツ・ラング』、カイエ・デュ・シネマ、一九八四年、一三六頁に引用。

一次世界大戦に捧げた写真集とか、また写真集『世界戦争の相貌』（一九三〇年）の序文を書いた平和主義と抽象的ヒューマニズムの断固たる批判者の、民族主義的作家エルンスト・ユンガーのものにも明らかである。[☆50] しかし、死の恐怖はこうしたものや類似の作品には、本当には「描かれて」いない。それは、暗示されたり間接的に示されたりで、写真映像が伝える価値観に集中した図像的読解にとっては、必ずしも読み取れるものではない。それでも、その遍在性はやはり図像解釈的読解には明白で、「アウラ」を取り去り、その文脈で読み解かれた映像の記号に集中すれば、その「内在的な意味[☆51]」が明らかになる。

したがって、「証拠のパラダイム[☆52]」を助けにしてその痕跡を見定めねばならない。そのようなアプローチは、一九二七年、クラカウアーが彼流に先取りしており、彼は写真記録をたんに美術品ではなく、とくに現実の「特徴的指紋」として分析するよう暗示しているが[☆53]、これは意外な事実を蔵している。たとえば、アメリカの歴史家スーザン・バック・モースは有名な一連のヒトラーの写真像を当時の恐怖の視覚的な証拠として解釈している。それは、一九二七年、総統《ヒューラー》の個人的写真家ハインリヒ・ホフマンが撮った一連の絵葉書で、ナチ・ドイツにあまねく普及していた。ナチズムが説いた政治の芸術〔耽美主義〕化の象徴的表現である、これらの写真は演説中のヒトラーを示している。彼の顔は神がかり的な力に憑かれたようで、黒地にくっきりと浮かび上がっている。その情緒過多ぶりが見て取れるが、写真の下の説明文でメッセージは理解できる。彼の身振り手振りの豊かさ、腕を天に伸ばし、手はときには開き、ときには胸に当て、眼差しは一点を見つめ、目をかっと開き、演説で興奮した口は開いたままの姿は、ゆるぎなき力、民族主義的狂信を表わし、ドイツの生命力を捉え、救済の行動に向けることをめざす贖罪への渇望を示している。それは、ナチのプロパガンダが総統のカリスマ的イメージに与えるアウラであり、そこに民衆の千年王国の期待が投影されることを願っているのである。この世俗的イコンは、一九三〇年代、ナチの総統崇拝が依拠していたあらゆる要素を含むが、いまでは全体主義の悪魔的なイメージを、その象徴主義とネガティブな「幻惑」力とともに表わしている。[☆54]

しかしながら、象徴的次元を取り除くと、こうした映像も過去の別の顔を再現する記録になる。我々は、これらの写真がナチの集会ではなく、ミュンヘンのホフマンのスタジオで撮影されたことを知っている。[☆55] またいくつかの証言により、ヒトラーが、オペラ歌手パウル・デフリーントの助言に従

☆50　エルンスト・フリードリヒ、前掲書。エルンスト・ユンガー「戦争の偉大なる姿」、前掲書、六〇五―六一二頁、参照。

☆51　図像解釈学の概念については、エルヴィーン・パノフスキ『図像解釈学論』、ガリマール、一九六七年、一六―一七頁、参照。歴史におけるその用法については、ピーター・バーク『目撃者――歴史的証拠としての映像の使用』、コーネル大学出版、二〇〇一年、一二頁、参照。

☆52　カルロ・ギンズブルク「証拠のパラダイムの痕跡、根源」、『神話、象徴、痕跡――形態学と歴史』、フラマリオン、一九八九年、参照。

☆53　ミリアム・ハンセン「分散的パースペクティヴ：映画と大衆文化におけるクラカウアーの初期著作」、『ニュージャーマン批評』五四号、一九九一年、五五頁、参照。

☆54　スーザン・ソンタグ「幻惑的ファシズム」、『土星の徴しのもとに』、ヴィンテージ・ブックス、一九七六年、七三―一〇五頁。

☆55　エリック・ミショ『永遠の芸術――国家社会主義のイメージと時代』、ガリマール、一九九六年、七二頁。

い、鏡の前でポーズを取りながら、身振り手振りや表情を入念に研究していたことも知っている。[☆56] それゆえ、スーザン・バック・モースはこれらの写真の伝統的な解釈をくつがえして、そこに「表現豊かな」効果ではなく、「反射的な」効果を見るように示唆しており、それによってヒトラーは自分自身のイメージを群衆に反映させ、神がかり的変貌や象徴を介して感動を引き起こす代わりに、群衆のうちにその真の感情を再生するという。[☆57] もっとも、こういう解釈は当時の何人かの観察者によっても認められており、たとえば、批評家コンラート・ハイデンは、一九三六年、これらの写真の人為的性格を告発して、「ヒトラーという素材の客観的なスナップショット[☆58]」を見るだけにするよう提案している。この角度から見ると、すなわち、人為的な「アウラ」を取り去ってみると、このヒトラーの写真は力も攻撃性も示すのではなく、ただ「畏怖」感を与えるだけである。それは、十九世紀の学者、たとえば、一八六二年、『人間の表情のメカニズム』論の作者で、「情念の電気生理学的分析」を行なったG・B・デュシェンヌから、一〇年後、このフランスの同僚の著作に載った多くの写真を用いているこの感情を研究したダーウィンまでの学者たちがつくりあげた、恐怖症候群の類型学と完全に一致している。[☆59] ダーウィンはこう説明している。恐れが強い恐怖の域を越えるまで高まると、鼻孔は膨らみ、唇が震え、目は恐怖の対象に固定され、筋肉が硬直し、腕は脅威を指し示すかのように伸びて、手は身を守るしぐさでひとりでに顔に向けられる。[☆60] 我々がヒトラーの外貌と歴史（物語）を知っているので、不可避的にその写真図像の見方を方向づける紋切り型の要素を捨象すると、また言い換えると、その図像学的次元を捨象し、写真が醸し出す歴史的な表象を忘れてひとりの男しか見ないとすれば、それは恐怖の表われかまたは、ヒステリックな個人が狂気の発作にとらわれただけのもののように思われる。

　こうしたイメージはまた戦争神経症に関する文学で描かれたいくつかの現象を想起させる。さらにまた、当時の同じ意味を負わされた別のイメージも想起させるが、それは、ピーター・ローレが『M』で彼にとり憑いた殺人のデーモンを喚起するように、社会を襲った同じような恐怖のしるしである。このように解釈すると、これらのイメージは、ニュルンベルクの法廷で示されて、語の厳密な史実性（真実性）という意味で、つまり、「実際にあったとおりの」過去の源泉となる、写真や映画と同じ資格の「証拠」ではないとしても、やはり歴史的資料なのである。いずれにせよ、これらの記録資料はひとつの時代の本質をあらわにする。スーザン・バック・モースは、一九三〇年代から彼女と同じ直観をもっていた芸術家を想起していたのであろう。たとえば、ドイツ人共産主義者のグラフィックデザイナー、ジョン・ハートフィールドが週刊誌『アルバイター・イルストリールテ・ツァイ

☆56　同前、七二頁。
☆57　スーザン・バック・モース「美学と反美学：ヴァルター・ベンヤミンの複製技術時代の芸術作品」、『オクトーバー』六二号、一九九二年、三九頁。
☆58　ルドルフ・ヘルツ『ホフマンとヒトラー——総統——神話の媒介としての写真』、クリンクハルト&ビーアマン、一九九四年、一〇二頁に引用。
☆59　最近のアメリカ版、参照。G・B・デュシェンヌ『人間の表情のメカニズム』、ケンブリッジ大学出版、一九九〇年。
☆60　チャールズ・ダーウィン『人間と動物の感情表現』、オックスフォード大学出版、二〇〇二年、二九一頁。スーザン・バック・モース、前掲論文、三九頁とジョアンナ・バーク、前掲書、一一一—一九頁、参照。

トゥング』にナチのプロパガンダの脱神話化のために載せた合成写真は同じ原則にもとづいていた――ギュンター・アンダースはこれを「反モンタージュ」[61]と呼ぶのを好んだが。一九三三年九月、帝国議事堂放火事件の裁判を報じた新聞の特別号で、彼は「第三帝国の死刑執行人」ゲーリングを描いている。猪首のずんぐりした顔が燃え上がる帝国議事堂を背景に図の全面を占めている。手には斧を持ち、軍服は血に染まっている。口を大きくあけ、目は充血し、眼差しは憎悪の興奮で睨んでいるが、この図から顔だけ取ってみると、恐怖の表情のように見えるかもしれない。恐怖と暴力は、ナチのプロパガンダと正反対の、新しい図像学的次元を担ったこの合成写真を構成する要素なのである。

ここでもまた、ヴァルター・ベンヤミンの『新しい天使』に言及せねばならない。たしかに、恐怖は、このユダヤ系ドイツ人哲学者が一九四〇年のテーゼで歴史のアレゴリーとしたクレーの絵では、はっきりとは現われない。だが、第九のテーゼの記述には現われている。嵐で天国から遠ざけられ、翼をたたむこともできず、眼下の地上に堆積した歴史の廃墟を寄せ集めて繋ぎ合わせることもできず、この天使は眼差しを過去に向け、顔は怯えている。その姿は、これまで見てきた、大戦の心的外傷を受けた兵士から表現主義絵画やワイマール時代の映画の人物までの連なりの姿と変わらない。「その目は大きく見開かれ、口はあき、翼は拡げられている。歴史の天使はこのような姿をしているにちがいない」[62]。彼は、進歩と呼ばれてはいるが、果てしなき破局の連鎖にすぎない瓦礫の風景をじっと見つめている。その恐怖は、ファシズムが容赦なき歩みを止められなければ（「敵が勝利し、死者さえも安全でなければ」[63]）、記憶の権利にいたるまですべてを失いかねない過去の闘争の敗者のものである。それゆえ、恐怖は歴史の読解に密接に結びつく感情であるが、それは恐怖が「危機の瞬間において不意に歴史的主体に立ち現われてくる過去のイメージ」と不可分だからである。敗者の敵との感情移入の可能性を遠ざけるこの恐怖は、「過去が権利を行使するかすかなメシア的力」の派生的現象[☆64]、すなわち、歴史の破局的流れの革命的中断への期待なのである。

ビヒモス

一九五五年、作家ヘルマン・ブロッホを論じた評論で、ハンナ・アーレントは大戦を経た知的世代、とくにドイツの世代の心を捉えたものの中心に「死の経験」をおいている。この世代はこのテーマに、ホッブズの時代以来、これが失った「哲学的尊厳」を取り戻させた、と彼女は述べている。戦後の哲学者は「暴力死の恐怖」が支配した戦争の経験に想を得て、「不可避の死[☆65]」を前にした人間の苦悩を考えた。この一般的な考察を越えてみると、大戦が生み出した死との新しい関係はさまざまなかたちで変化することがわかる。つまり、ロランやレマルクのヒューマニズム的平和主義から未来派の機械

☆61 ギュンター・アンダース「ジョン・ハートフィールドについて」、前掲書、一七九頁。
☆62 ヴァルター・ベンヤミン「歴史の概念について」、前掲書、四三四頁。
☆63 同前、四三一頁。
☆64 同前、四二九頁。
☆65 ハンナ・アーレント「ヘルマン・ブロッホ　一八八六―一九五一年」、「政治的生活」、ガリマール、一九七四年、一五八―一五九頁。

的な暴力の美的昂揚まで、またファシストの死の蔑視から戦争を国家再生のための犠牲として称揚するユンガーの虚無主義的神学まで、多様にあるのである。死にたいする実存主義的アプローチはそのきわめて深淵な表われをハイデガーに見出すが、彼は、戦争に刻印された歴史的区切りに照らしてその主著『存在と時間』（一九二九年）を再読すると、興味がなくはない作者である。そこでは、死の恐怖は、「死にいたる存在は本質的に不安である」[☆66]という表現で要約されている章で主題化されている。ハイデガーは注意して、死を生命の周期の完了として、つまりは生理学的な自然現象として指示しているのではなく、またこの不安を、死を前にした偶発的な反応として解釈すべきではないことを明確にしている。『存在と時間』において、死は永遠なる実存的条件、たえず人間を支配し、圧倒する可能性として定義づけられている。そのように「死に対峙する存在」となるのは、世界に「投企された」存在の自然な様態なのである。存在論的条件としてのこの死の可能性に結びつく不安は、ハイデガーにとって、存在のもっとも真正なるかたちである、「本来性」の頂点を成すのである。[☆67]

一九三三年、フライブルク大学学長に任命されると、ハイデガーは実存主義に政治的次元を与えようとして、真正なる存在の模範として、一九二三年、ルール地方のフランス占領軍にテロを仕掛けた咎で義勇軍に処刑され、大義の殉教者としてナチに毎年称えられるレオ・シュラーゲターを取り上げた。フライブルクでの追悼演説で、ハイデガーはシュラーゲターを命を犠牲にした国民的英雄と紹介し、それは、「彼が断固たる意志と明晰なる心をもって、もっとも厳しくもっとも偉大なる死で死ぬという運命から逃げなかったからである」[☆68]とした。彼の犠牲は無駄ではなく、ドイツ再生の戦いにその意味を見出した。以後、真実性はもはやたんに存在論的条件としての死の理解にだけでなく、とくに内戦時の政治的参加の帰結の受容にあることになった。

　ハイデガーをはるかに越えて、死の恐怖は両大戦間の政治哲学を支配し、とくにホッブズの再読を引き起こした。周知のごとく、十七世紀の英国人哲学者にとって、自然状態は「万人の万人にたいする闘争」、つまり、人間間の平等という第一条件から生じる無政府状態と暴力が勝利する永遠なる戦争状態である。それにたいし、国家は絶対的権威であり、秩序を課し、保護と引き換えに、すなわち、服従と平和を交換にその至上の意志に臣民を従わせることができる。死の恐怖は『リヴァイアサン』の一種の導線で、「自然権」（闘いの平等性）と「自然法」（理性的な結合）の定義に潜在している。[☆69]ホッブズ読解において、カール・シュミットは彼をして自由主義――その契約理論――の先駆者とするものをすべて無視し、その政治観を暴力死の恐怖への答えとして前面にもってくる。ホッブズ的なパースペクティヴを覆して、彼はもはや暴力を政治以前の自然状態と同一視せず、逆にそれを政治的なものの本質そのものとする。彼はホッブズの中心的テーマ、保護と服従をふたたび取り上げるが、これが彼の手になると、全面戦争時代の国家のパラダイムとなる。彼から見ると、『リヴァイアサン』

☆66　マルティン・ハイデガー『存在と時間』、ガリマール、一九八六年、三二一頁。
☆67　同前。
☆68　マルティン・ハイデガー「一九三三年五月二十六日金曜日、アルベルト・レオ・シュラーゲター追悼演説」、『政治的著作集：一九三三―一九六六年』、ガリマール、一九九五年、一一五頁。リューディガー・ザフランスキー『伝記　ハイデガーとその時代』、グラッセ、一九九六年、二五六頁、参照。
☆69　トマス・ホッブズ、前掲書。恐怖に関する哲学的考察の歴史としては、コーリー・ロビン『恐怖――ある政治思想の歴史』、オックスフォード大学出版、二〇〇四年、三〇―五〇頁、参照。

の作者のこの現代性は、クロムウェル革命のイギリスと二十世紀のヨーロッパとの本質的な親近性からくるものである。シュミットによると、ホッブズはその国家観を「内戦の重大時に」、つまり、人間が規範的な幻想を捨て去ったときにつくりあげたとなる。[☆70]そしてこう付け加えている。それゆえ、「万人の万人にたいする戦争」理念を「不安な混乱した想像力の異常な産物」とも、また生まれつつある市場経済から生じる競争精神の記述とも見なすべきではなく――後者の見方はフェルディナント・テニエス〔一八五五―一九三六年、ドイツの社会学者〕、より新しくはC・B・マクファーソン〔一九一一―一九八七年、カナダの政治学者〕のもの――、むしろ「固有に政治的な思想体系」[☆71]の基礎と見なすべきである。実存主義的な調子で、彼は、ホッブズの思想は「具体的な人間集団」が別の「具体的な人間集団」[☆72]と暴力的に対決する内戦のさなかに生まれたのだ、と強調している。この基礎に立脚して、彼は彼自身の政治的なものの定義を、つねに物理的な死の可能性を前提とする友と敵の対立の領域として呈示している。彼にとって、戦争は政治の「目的」ではなく、そこにその存在論的条件という政治的実存主義の深い核があるのである。

このホッブズ読解は、本質的な点で、若きレオ・シュトラウスが共有するものである。一九三二年、保守的自由主義の旗手のひとりになる前に、彼は『社会科学と社会政策に関する資料集』でシュミットの『政治的なものの概念』に批判的な注釈を加えている。シュトラウスはホッブズの自然状態を政治的な場に移すシュミットの傾向を完璧に把握し、この転移の目的を示している。「ホッブズが、非自由主義的世界で、自由主義の基礎を築いているのにたいし、シュミットは、自由主義世界で自由主義批判を企てている[☆73]」。このアプローチの仕方が彼には時代状況にまったく適したものに思われ、政治の本質的な務めは対立を「隠す」のではなく、終わらせることにあるとする。そしてこう書いている。「政治的なものの確立とは、自然状態の肯定である。シュミットは自然状態の肯定をホッブズ的な自然状態の否定に対置している。自然状態はただたんに戦争状態なのである」[☆74]。

数年後、アメリカに亡命したシュトラウスは最初の著作『ホッブズの政治哲学』（一九三六年）を出した。そこで彼は中断していたシュミットとの対話のテーマをふたたび取り上げ、死の恐怖がホッブズのあらゆる政治理論の軸をなしていると主張している。この英国人哲学者は「生命の維持ではなく、「死の恐怖」という表現を用いているが、その語義的選択を考察しながら、シュトラウスは彼が不可避的に「暴力死」に準拠していると推論している。彼の理性的な国家建設の基にあるのは殺されることへの恐怖である。ホッブズの全哲学は道徳的な公準にもとづいている。すなわち、「第一にして最大の悪、究極至高の悪、人間の生の唯一にして絶対的な尺度であり、現実世界のあらゆる認識の始ま

☆70　カール・シュミット「政治的なものの概念」、前掲書、九四頁。
☆71　同前、一一〇頁。
☆72　同前、一一二頁。
☆73　レオ・シュトラウス『カール・シュミットの「政治的なものの概念」注釈』、ハインリヒ・マイヤー『カール・シュミット、レオ・シュトラウスと政治的なものの概念』、ジュリアール、一九九〇年、一四一頁、所収。この対話については、ジョン・マッコーミック「恐怖、テクノロジー、国家。カール・シュミット、レオ・シュトラウス、ワイマールとナチ・ドイツ時代のホッブズの復活」、『政治理論』二二巻四号、一九九四年、六一九—六五二頁も参照。
☆74　レオ・シュトラウス、前掲書、一五五頁。

りである死を、彼は最初から暴力死としてしか認識していない」[75]。のちにシュトラウスは、この恐怖、敵対的世界のなかでのこの基本的な自己保存の欲求が、『リヴァイアサン』の作者のあらゆる政治哲学の人間学的基盤となっており、彼にあっては、それが「目的（telos）の代り」をしている、と書いている[76]。

一九三八年、今度はシュミットがホッブズに関する著作を出している[77]。このときは、ホッブズの国家と内戦という二つのアレゴリーである、リヴァイアサンとビヒモスの対置にアクセントが置かれていた。換言すれば、いまや暴力死の概念がはっきりと政治的なかたち、内戦という形態で現われてきている。『リヴァイアサン』では、国家は擬人的なかたち、つまり、「死すべき神」、人為的肉体、生きた、すなわち、人間的な構造のかたちをとり、内戦は病人に同化されている[78]。『ビヒモス』はすでに高齢のホッブズがイギリスの内戦に当てた著作だが、内戦は、その社会的・政治的な原因にはいっさい触れずに、無教養で粗暴な下層民の反乱行為に狭められている。その原因は不服従にあり、ホッブズはすぐさま、反乱が拡大して権力を倒すようになる前に、鎮圧行動がそれを終わらせるだろうと、付け加えている[79]。聖書のヨブ記の二つの怪獣、陸の主と海の主ビヒモスとリヴァイアサンを、ホッブズはそれほど文献学的厳密さでは扱っていない[80]。彼にとって、それは無政府状態と秩序、不服従と至高の権威、内戦と国家のたんなる政治的メタファーである。「万人の万人にたいする闘争」は内戦、無政府状態、共産主義に対応する。自由主義の方は、国家と市民社会を分けて、闘争を「和らげる」ことをめざすが、ただ唯一の結果として混沌への回帰を助長し、国家を弱め、その多元性とともに闘いの平等性を正当化することになる。その代り、国家は「狼」を「市民」に変え、物理的存在を確保し、彼らをその権力に従わせる。そのおかげで、「平穏、安全、秩序」が支配する。そしてシュミットはこう結論づける。ワイマール共和国では、民主主義は危険なビヒモスとして作用したが、他方、ナチズムは一九三三年以後、リヴァイアサンを再現した。「近代国家と近代警察は同時に生まれ、この治安国家のもっとも本質的な制度は警察である[☆81]」、とも付け加えている。このファシスト的読解において、自由主義批判は強い反ユダヤ主義的な含意を帯びる。国家の「中和化」装置としての自由主義の系譜を粗描しながら、シュミットはスピノザの『神学・政治論』の自由主義的伝統の始まりを確

☆75 レオ・シュトラウス『トマス・ホッブズの政治哲学』、ブラン、一九九一年、四五頁。
☆76 レオ・シュトラウス『自然権と歴史』、フラマリオン、一九八六年、一六五頁。
☆77 カール・シュミット『トマス・ホッブズの状態理論におけるリヴァイアサン』、スイユ、二〇〇二年。
☆78 トマス・ホッブズ、前掲書、四八五頁。
☆79 トマス・ホッブズ『トマス・ホッブズあるいは長期議会』、ヴラン、一九九〇年、一九四頁と、アーノルド・A・ロゴー『トマス・ホッブズ』、PUF、一九九〇年、二五八頁。ホッブズの内戦概念については、ニノン・グランジュ「自然状態：内戦の鏡とモデル」、『アステリオン』二号、二〇〇四年、一五七―一七八頁、参照。
☆80 パトリシア・スプリングボード「ホッブズの聖書の怪獣：リヴァイアサンとビヒモス」、『政治理論』二三巻二号、一九九五年、三五三―三五七頁と、ポレット・カリーヴ「ビヒモスとリヴァイアサン」、『カーン大学政治哲学誌』三号、一九八三年、一一―四八頁、参照。リヴァイアサンのさまざまなメタファー像についてはとくに、ホルスト・ブレーデカンプ『トマス・ホッブズの視覚的戦略――近代国家の原型リヴァイアサン。作品の図版と肖像』、人間科学館出版、二〇〇三年、参照。
☆81 カール・シュミット、前掲書、九三頁。

定し、その頂点をフリードリヒ・J・シュタール〔ドイツの法学者、政治家。一八〇二―一八六一〕の立憲主義に位置づけている。彼から見ると、このユダヤ起源の法的実証主義は、「生命力に溢れるリヴァイアサンを引き裂く」という、ワイマール共和国で明確になった唯一の結果にいたったのだろう。[☆82]
第二次世界大戦のさなか、ビヒモスの比喩的イメージは反対の意味で用いられ、しかも、シュミットの教え子のひとりで、亡命中のフランクフルト学派の政治学者フランツ・ノイマンとの、暗黙裡の論争のかたちにおいてであった。一九四二年、ノイマンは『ビヒモス』を著わすが、このきわめて重要な作品では、聖書中の怪獣が国家社会主義の権力組織を描くために喚起されている。中央集権化された一枚岩的な絶対的権力、従順な臣民の国に君臨する一種の全能のリヴァイアサンという、一般的な第三帝国観にたいして、ノイマンは近代的なビヒモスの相貌でヒトラー・ドイツを素描する。もちろん、人種主義的、帝国主義的な全体主義国家が問題だが、この国家は克服できない内部矛盾に蝕まれていた。矛盾は国家という本質的な道具なしではすまされないカリスマ的権力から派生し、国家は暴力の独占という特権を利用するが、またその拘束、つまり、純粋なカリスマ的支配と、相容れない「合理的な」官僚機構群との共存という拘束も被る。ノイマンにとって、ヒトラーは絶対的な独裁者というより調停者のように思われた。ヒトラー体制の「多頭制」構造は軍部、経済エリート層、ナチ党、国家官僚間の対立を反映していたのだ。彼らすべてが体制を利用した。ただし、彼らすべてが自らの目的を追求しつつも、法、経済、軍、官僚機構も人種主義的な支配計画のための道具としか見なさないカリスマ的権力と、結局は矛盾しそうな利害は守ることを除いてである。戦争中、こうした矛盾から、「非国家、カオス、無法と無政府状態の支配」というナチのビヒモスが出現したのである。[☆83]

このノイマンの診断は、芸術的な想像力によって先取りされていた。一九三三年、ジョン・ハートフィールドは象徴主義的画家のフランツ・フォン・シュトゥックの有名な絵『戦争』（一八九四年）を再現してみせたが、そこでは、若い戦士が槍を肩にして、死体の山の中をゆっくりと進んでいる。彼の後ろでは、ヒトラーが鞭で指図していた。英雄的な戦争とは偽りである。この死の風景のなかで、ビヒモスはもはや憐れみをそそるくたびれた駄馬にすぎない。一九三九年、ドイツの画家マグヌス・ツェラーは『ヒトラーの国家』を制作するが、これはビヒモスが奴隷の群れに引かれた荷車に鎮座する、巨大な恐ろしい神の姿をしている。リヴァイアサンのホッブズのアレゴリーのように、群衆はもはや君主のイメージを形成するのではない。君主は以後、臣民を抑圧し、圧殺する醜悪な物神、ビヒモスでしかないことになる。

シュミット、シュトラウス、ノイマンがリヴァイアサンとビヒモスを近代性の二つの表象とみたのは、間違いではなかった。その二律背反は共存の妨げにはならない。両大戦間の時代、ヨーロッパじゅうで国家が強化され、全体主義に飛躍するまでになった。第一次世界大戦末期、多くのリヴァイアサンが出現し、さまざまな国家的状況のなかで、しばしば血まみれの反革命と独裁制の設立を代価にして秩序を回復したが、それでも大陸が前よりもはるかに破壊的な新しい戦争に向けて漂流するのを阻止できなかった。要するに、一九一四―一九四五年のヨーロッパは巨大なビヒモス、カオスと内戦

☆82　同前、一三一頁。
☆83　フランツ・ノイマン『ビヒモス――国家社会主義の理論と実践』、パイヨ、一九八七年、九頁。

の時代の相貌を帯びるのである。その人類学的刻印は、死がホッブズ的な意味、つまり、殺されることの永遠なる可能性を取り戻した時代に、暴力と恐怖が人間精神に侵入したことだった。

青年男子

ヨーロッパの内戦の参加者は大部分が若者であり、彼らがつくりあげた時代のイメージは〝性(genre)〟の区分によって強く印づけられている。だから二つの局面、年齢と性別をしばし考えてみるべきであろう。舞台の前面に若者が大挙して出てくることはまず人口変動に関係がある。世界人口は十九世紀初頭には一〇億人だったが、一九三〇年にはほぼ二倍になった。[☆84] ヨーロッパでは、いくつかの国で人口が著しく増加した。一八八〇―一九一四年、ドイツは四五〇〇万から六八〇〇万人、ロシア帝国は九八〇〇万から一億六一〇〇万人、イタリアは多数の移民の出国にもかかわらず、二八五〇万から三六〇〇万人、ハプスブルク・オーストリアは三七六〇万から五一〇〇万人になった。[☆85] 若者は歴史的主体として登場し、変化への欲求、行動の必要、活力、しばしば伝統否認さえ主張した。彼らはそれ自体価値として称揚され、時代遅れの擦り切れた王朝的秩序にこり固まったヨーロッパ社会を変革できる救いの力として理想化された。[☆86] 一九一四年、ぴかぴかの軍服と帝王に象徴されたこの秩序が崩壊すると、その輪郭を描かねばならない未来、若者が建設を運命づけられた未来への地平が開かれたのである。

両大戦間、新しい若者の社会学的ヴィジョンが表われ始める。一九二八年、カール・マンハイムは「世代」概念を考え出すが、これは社会科学の年代記に時代を画する。彼にとって、世代は人口の自然な更新が生み出した年齢層に帰せられるものではない。彼の定義によると、世代とは特定のアイデンティティを有する集団であり、同じ社会的・文化的空間のなかで、新しい問題性と新しい政治的分化がその周りに浮かび上がる創始の出来事によって特徴づけられる。その構成員は同じ経験を共有し、社会的帰属、文化、政治的選択に応じて集団、つまり、「世代単位」に分化する。[☆87]

ヨーロッパの内戦の主役はまず大戦の塹壕から生まれた「前線世代」、フランス側の命名で言えば「炎の世代」に属する。エリ・アーレヴィ〔一八七〇―一九三七、フランスの歴史家〕宛の一九三六年の手紙で、マルセル・モース〔一八七二―一九五〇、フランスの文化人類学者〕は戦争から生まれた「活動的な小集団」の顕著な特徴への注意を喚起しているが、これはとくにロシアのボリシェヴィキとドイツのナチで、どちらも青年男子で構成され、「秘密セクト」として組織化されて、行動主義と暴力への情熱を培っていた。[☆88] この見解は揺るぎなき「価値論的中立性」を示すものではないが、ヨーロッパの政治的文脈の

☆84 マルチェロ・フローレス『世界の世紀――二十世紀の歴史』、イル・ムリーノ、二〇〇二年、二九頁、参照。
☆85 エリック・J・ホブズボーム『帝国の時代：一八七五―一九一四年』、プリュリエル―アシェット、一九九七年、参照。
☆86 ジョージ・L・モッセ、前掲書、六三頁。
☆87 カール・マンハイム『世代の問題』、ナータン、一九九〇年。このテーマについては、ニア・ペリヴォラロプル「マンハイムにおける社会―歴史的時間と世代」、『人間と社会』一一一―一一二号、一九九四年、二三―三四頁、参照。

重要な局面を捉えていた。

一九一七年十月、ロシアで権力を獲得したボリシェヴィキ党は若い活動家から成り、内戦でいっそう若返っていた。その創始者でカリスマ的指導者のレーニンは四七歳で、ソヴィエト政府の指揮をとっていた。もっとも人気ある革命派リーダー、トロツキーは四〇歳にも満たず、ジノヴィエフは三五歳、カメーネフは三四歳、スヴェルドロフは三二歳、ブハーリンは二九歳で、トロツキー指揮下の赤軍の二人の主だった司令官フロウンツェ、トゥカチェフスキーはそれぞれ二九歳、二一歳だった。一九一九年、ボリシェヴィキの活動家の五〇パーセントは三〇歳以下で、四〇歳以上はわずか一〇パーセントだった。[☆89]ソヴィエト新体制が家父長的で「ブルジョワ的な」古い家を解体しようとする熱情はおそらく、生き残りの闘い、社会の全面的な変革を代価にしてのみ生き残れる闘いにおいて、すべてをひっくり返そうとするこの活動家集団の構成からきていたのだろう。内戦中の党のスローガンのひとつ「親世代の資本主義的専制を倒せ!」[☆90]が、この精神状態をよく表わしているのである。

同じような指摘は一九一九年からヨーロッパに生まれた共産党にも当てはまる。ブダペストの労働者評議会共和国の長ベーラ・クンは、公教育人民副委員ジェルジ・ルカーチ同様、一八八五年に生まれ、共産党書記長マーチャーシュ・ラーコシは一八九二年に生まれている。イタリアでは、共産党書記長アマデオ・ボルディーガは、一九二一年、リヴォルノで社会党の分裂を指揮したとき三二歳にすぎなかった。アントニオ・グラムシとパルミーロ・トリアッティは、一九二六年、非合法下で党を指揮するが、それぞれ一八九一年と一八九三年に生まれている。ドイツでは、スパルタクス革命は、レーニンと同年齢のカール・リープクネヒトとローザ・ルクセンブルクが指揮するが、一九一九年一月の、彼らの暗殺後、ドイツ共産党（KPD）の主導権を握ったのははるかに若く、パウル・レーヴィが一八九三年、ルート・フィッシャーが一八九五年、アルカディ・マスロフは一八九一年生まれである。またバイエルン労働者評議会共和国のリーダーについても同じことが言え、オイゲン・レヴィーネは一八八一年、劇作家エルンスト・トラーは一八九三年生まれである。さらに、一九三〇年代、KPDの主要な指導者エルンスト・テールマンは一八九六年に生まれている。一九二六年、KPDの常任委員の八〇パーセントは四〇歳以下である。党幹部の半数と活動家の七〇パーセントはヴィルヘルム帝国の崩壊後に政治と出会っている。スパルタクス同盟員だった者は、戦前SPDに加入した者は別にして、以後少数派になった。☆91 ワイマール共和国下では、KPDは若い労働者の党、次いで一九三〇年の経済危機からは若い失業者の党、これに少数だがまったく注目すべき若い知識人の中核メンバー、一八八六年生まれのカール・コルシュやヴェルナー・ショーレムのような者が加わるのである。

ファシスト運動は若者の政治的急進化を分極化させる別の大きな流れを形成する。それはまた、彼らの「革命的」レトリックと同様、彼らの世界を再生しようとする意志、一九一四年以前の民族主義や保守的イデオロギーとはもはやたいして関係のない、新しい秩序を構築する意志を説明するもので

☆88 エリ・アーレヴィ『専制の時代』、テル－ガリマール、一九九〇年、二三〇―二三一頁。「前線世代」についての最良の研究は、ロバート・ウォール『一九一四年の世代』、ハーヴァード大学出版、一九七九年。
☆89 ピエール・ブルエ『ボリシェヴィキ党――ソ連共産党の歴史』、エディシオン・ド・ミニュイ、一九七一年、一三一頁。
☆90 シェーラ・フィッツパトリック、前掲書、八六頁、参照。
☆91 エリック・ホブズボーム『革命派』、ウェイデルフェルド&ニコルソン、一九七四年、第六章、参照。

ある。ナチズムの創始者たちは、ヒトラー（一八八九）からヘルマン・ゲーリング（一八九三）、アルフレート・ローゼンベルク（一八九三）からヨーゼフ・ゲッベルス（一八九七）まで全員が「前線世代に属する。一八九四年に生まれて、ルールのフランス占領軍と戦い、一九二三年に死んだレオ・シュラーゲターは、その犠牲者で運動の象徴であった。一九三〇年から、NSDAP（国家社会主義ドイツ労働者党）は若すぎて参戦しなかった新世代の到来とともに大きくなるが、この世代は敗北と経済危機の苦しみと、ワイマール共和国初期の内戦の風土によって深刻な影響を受けていた。ドイツが大量失業とSPD主導の大連立の麻痺のため、ふたたび陥った経済的・政治的危機が、こうした若者を社会的、政治的、また「世代的な」反抗に追いやると、彼らは国家的な贖い、千年王国、社会の人種的再編というナチ神話に捌け口を見出した。一九二〇年代半ばから、学生団体はNSDAPに管轄されていた。一九三三年に権力に到達すると、ナチズムは当時「失われた世代」と称されたこの若者小集団の支持を獲得したが、デートレフ・ポイケルトはこれを強い無力感に襲われ、しばしばニヒリズムの誘惑に染まった「余分な世代[☆92]」と呼び直した。ナチ指導者は、ハインリヒ・ヒムラーとハンス・フランク（一九〇〇）からラインハルト・ハイドリヒ（一九〇四）、アルベルト・シュペーア（一九〇五）からアードルフ・アイヒマン（一九〇六）まで何人かはそこに属していた。ナチ運動の世代的な次元を強調しながら、ゲッツ・アーリはヒトラー体制を「青年独裁制」として分析して、じつを言えば、これは独裁制ではなく、青年運動が自然の理想化、共同体精神、冒険欲を伴って延長したものとして現われたのである、としている。[☆93]

だが、その根が若い世代に根ざしていることを明確に示し、文字通り青年神話をつくりあげたのは、やはりイタリアのファシズムである。国家再生をめざすファシスト革命は、塹壕で形成され、勇気と闘争精神を誇示して死に挑みながら大人になった貴族的階級の営為として立ち現われる。イタリアのファシズムでは、青年神話は、少なくともその始まりにおいては、純粋に人種概念を軸とした世界観、ましてや言うまでもないが、共産主義イデオロギーの中心にある階級概念をもたないので、それだけよりいっそう強い。一九一四年、この運動の指導者ムッソリーニは三一歳で、社会党を離れて、介入主義的民族主義に賛同し、一九二二年、政府の長に指名されたときは三九歳だった。戦後、ファシズムは革命的組合主義から未来主義までの民族主義的な流れの異質なマグマを凝固させるにいたるが、その中核はアキル・ストラーチェ（一八八九）、ロベルト・ファーリナチ（一八九二）、ディーノ・グランディやジュゼッペ・ボッターイ（一八九五）などの「前線世代」出身の活動家によって形成された。二〇年間、ファシスト体制は、各メンバーにその支配勢力を成すという幻想を与えることをめざしている、幅広いスポーツや学生団体の組織網を通して、青年神話を維持しようとした。ファシストの図像[☆94]

☆92　デートレフ・ポイケルト、前掲書、二六―三〇頁、二三四―二三五頁。ミヒャエル・カーター「一九三三年以前の国家社会主義運動における発展的要素としての世代対立」、『歴史と社会』一一巻、一九八五年、二二九―二三四頁と、マーク・ローズマン編『紛争における世代――ドイツの若者の反抗と世代形成：一七七〇―一九六八年』（ケンブリッジ大学出版、一九九五年）所収のいくつかの論稿も参照。

☆93　ゲッツ・アーリ『ヒトラーの国民国家――略奪、人種戦争と国家社会主義』、フィッシャー、二〇〇五年、一四頁。

☆94　ブルーノ・ヴァンローイユ「世代の反抗としてのイタリア・ファシズムの興亡」、『現代史ジャーナル』二二巻三号、一九八七年、四〇一頁、参照。

学はつねに若者（バリッラ少年団（Balilla）〔ファシスト体制下の訓練組織〕）を前面に出し、その生の歓びは日常生活のリズムを区切る小唄、たとえば「青春、青春、春の美……」によって称えられている。一九四三年、トリアッティは、「ファシスト指導者の大半は前の戦争中は若者だった」と書き、次いで彼らは「社会革命と国民生活の変革への希望を抱いて」ファシズムに賛同した、とつづけている。しかし彼らの幻想は泡と消え、他の者はブルジョワ化するか、官僚に変わった。そのうえ、一九三〇年代半ばから、新世代の形成を助長したのは、体制の官僚化と指導層の相対的な老化だった。この新世代はプロパガンダにはそれほど染まらず、それどころか公然と批判的になり、その内部では、抑圧によって解体され、亡命によって空洞化した反ファシズム組織が再編されて、一九四三年以降はレジスタンスの温床になった世代である。「いま一度、我々は歴史家が世代の転換期と呼ぶあの転換期のひとつに達した[95]」、とトリアッティは結論づけている。

この世代はヨーロッパの内戦を終わらせるが、その紛争のさい、民族主義的、ファシズム的、好戦的な想像世界のあらゆる要素が決定的に壊れてばらばらになる。これは一九一八年以後にかたちをなすが、ファシスト党の書記長ジュゼッペ・ボッターイの日記にはこう記されている。「私にとっては、戦争をすることと大人になることは同じことだった。また戦争をするのに、我々には権力意志も、大げさな決断も、規範をひっくり返すことも必要なかった。思春期は避けられなかった。戦争が我々の思春期だったのだ[96]」。このファシスト世代のエートス〔気風、風潮、精神〕は、一九二〇年代半ばにエルンスト・ユンガーが全体主義的レトリックを要約するような昂揚した調子でこう主張しているものである。「いまあるような姿の人間や時代をつくったのは戦争である。まだけっして我々に似た人種が、自らで争いに決着をつけ、時代の支配者であると宣言するために世界の闘技場に入ってきたことは、一度もなかった。それは、けっしてまだひと世代が、この戦争が生の光を浴びてそうであったのと同じように、壮大かつ暗黒の大門から再出現することはなかったからである」[☆97]。

ところで、一九三九―一九四五年に大人になった者はそのような神話の花咲くころではなく、その危機と崩壊を生きたのである。ひと世代が身を捧げた塹壕から立ち現われた「新しい世界」は崩れつつあった。過去のページをめくり、新しい世界を建設しようという欲求は別の方向に向かう。レジスタンスは、若さを理想化、神話化し、幻想を育んだ体制をもはや信じなくなった若者の運動である。ヨーロッパにおけるナチ支配にたいして、ナショナリズムはその解放の次元、つまり抑圧された祖国の解放を再発見し、しばしば普遍主義的な価値観にもとづく政治的参加とつながる。要するに、ヨーロッパの内戦を始めた者、すなわち、一九一四年の世代の想像世界は、内戦を終わらせた世代、すなわち、一九四五年の世代のものとは著しく異なるのである。

☆95 パルミーロ・トリアッティ「ファシスト党の新旧世代」、『著作集』、エディトーリ・リウニーティ、V・二巻、一九七九年、二四四頁。ブルーノ・ヴァンローイユ、前掲論文四一三〇頁に引用。
☆96 ジュゼッペ・ボッターイ『日記：一九三五―一九四四年』、リッツォーリ、一九八二年、二一七頁。
☆97 エルンスト・ユンガー、前掲書、三二頁。

女性的アレゴリー

第一次世界大戦が新世代を舞台の前面に押し出したことを確認するだけでは、十分ではない。それをさまざまな相貌で体現するヒーローは、まず兵士、次に民族主義的または革命的活動家、最後にふたたび兵士、民兵とかレジスタンは、誇り高くその性を誇示する。つまり、男性である。ジョージ・L・モッセは、大戦から生まれた男性的性格モデルはもっと古い伝統からきていると指摘している。十八世紀末から、ヴィンケルマン〔一七一七―一七六八。ドイツの美術史家〕は古代ギリシア芸術に準拠してそのコードを定めた。すなわち、肉体の調和、勇気、精神的純粋さに一体化された一種の肉体的、美的、道徳的理想である。十九世紀末頃、ドイツの青年運動、いわゆる「ワンダーフォーゲル(Wandervogel 渡り鳥)」はそれらを発展させて新しい内容で満たし、それは「男子結社(Männerbund)」という男の友愛神話によってみごとに要約されている。一九一四年以降、この美的、道徳的理想はその民族主義的性格を著しく強め、兵士のイメージに一体化する。戦争はこの男性的原型の実現の場となり、これは攻撃的な雄々しさに変わる。男性的性格は力、勇気、雄々しさ、精力、行動欲、神経の強靭さ、また道徳的公正、寛容さ、美、高邁なる精神、理想主義などの同義語になる。このように粗描された男性的理想は不可避的に、絶対的で不可逆な二律背反として、「堕落」のあらゆる徴候、つまり、弱さ、卑劣さ、不道徳性、醜さ、残虐性などに対立する。☆98 前述したように、こうした忌まわしい軽蔑すべき特徴はユダヤ人とホモセクシュアルの「アウトサイダー」に集中する。女のような相貌、奔放な性欲、肉体的活動を犠牲にした神経過剰と知性偏重は「規格外」の個人の特徴であり、こういう輩は国体を軟弱にし、仮借なき衰退を強いるものとなる。塹壕で形成された新人間は彼らを軽蔑し、忌み嫌う。彼らには、新人間が建設しようとする世界にはもはや席がない。ユンガーが描く「労働者」は鋼鉄の筋肉と神経をもつが、それは、戦争で自然との結合を実現しながら、自然力の神秘的な魅惑を取り戻すために「文明」の打算的な匿名の冷たさを捨て去った技術に似せてである。『鋼鉄の嵐の中で』の作者にとって、闘いは原初の自然に回帰する男の経験であるが、他方、ロベール・ブラジヤック、ピエール・ドリュ・ラ・ロシェル、エズラ・パウンド、ユリウス・エヴォラ〔一八九八―一九七四。イタリアの哲学者、画家〕などにとっては、それは寄生状態とブルジョワ的堕落の終りを告げるものである。

そのもっとも急進的な表われであるドイツ民族主義においては、この考え方は極端なかたちの女性蔑視にいたる。クラウス・テーヴェライトが『男性幻想』で強調したように、「女性への愛と祖国愛は矛盾する」[☆99]。その証明のために彼があげる引用のアンソロジーは雄弁である。ユンガーからエルンスト・フォン・ザーロモンまで、誰もが、戦闘の歓びは愛戯よりもはるかに崇高であることを一瞬たりとも疑わない。一九一九年の『義勇軍』に言及しながら、ザーロモンはたとえば、「フロトフ大尉

☆98　ジョージ・L・モッセ『人間像――近代的な男性的性格の創出』、エディシオン・アブヴィル、一九九七年、第四章、参照。
☆99　クラウス・テーヴェルライト『男性幻想』、ピーパー、二〇〇〇年、四〇頁。

はその候補生たちを愛していたし、生徒たちも彼を愛していた」、と書いている。回想録において、フライヘール・フォン・シュタインエッカーは赤軍と戦うためにバルチック海に出発する決意をこう説明している。「ボリシェヴィキどもとの戦いに身を投ずるため、妻子を見捨てることは厭わない」[100]。この戦いには、いかなる女性も与えることができない快楽が隠されているようだ、とテーヴェライトは注釈している。

前述したように、ユンガーにとって、大戦は「急激な官能の噴出」から成り、その暴力は「両性間の関係を修正する、過激な男性崇拝」[101]をもたらした。彼は、兵士は大戦を「毎夜毎夜、狂おしいエロスの星のもとで」[102]官能的経験として生きた、と付け加えている。敵との対決は「恍惚」、すなわち、オルガスムスの源泉であり、「なんの遠慮も限界もなく、自然の力だけに比較できる狂騒である。そのとき、人間は轟きわたる嵐、荒れ狂う海、雷鳴と同じである」[103]。

女性蔑視と、破壊手段としての技術のエロス化はマリネッティの未来主義小説『鋼鉄の閨房』の構成要素であり、彼はそこで、大戦中、後部に「針」のように据えられた機関銃付きの装甲車A74による冒険談を語っている。彼は、未来派の機械賛美に称えられた美的、官能的快楽の源泉である装甲車との愛情関係を育んでいる。町に入って戦闘することは「激しいセックス」[104]になる。この作品を読めば、民族主義的闘士が「愛する」ことは疑いようがない。つまり、その民族、祖国、故郷の大地、軍服、仲間、戦闘、戦士共同体、武器、装甲車などを愛する。要するに、愛の対象リストは豊かで多様であるが、だがそこには、けっして女性はいない。[105]彼女たちは兵士の男性社会からは全面的に排除されているのである。

全面戦争は、戦争が繰り広げられる前線と後方の市民社会の伝統的な区分を問い直すことになる。市民社会は、物質的または象徴的な軍需生産の場としても、敵の武器の標的としても、次第に戦争に巻き込まれる。女性は大挙して生産に加わって徴兵された男に代わるか、彼女たち自身が補助員か看護婦として参戦もする。しかし、戦争のプロパガンダや集団的イメージにおいて性の厳密な区分を明確にする必要を生むのは、まさにこの軍事的努力への多大な関与である。第一次世界大戦と第二次世界大戦のポスターが伝える女性のイメージには著しい連続性がある。女性は完全に後方に追いやられるが、男が武器の使用を独占するのと同じように、後方の戦線を支配している。母性と生殖を体現する女性の肉体はときには国家の、ときには犠牲者の象徴となる。☆106 子供を抱いて、女は前線に向かう夫を見つめ、たとえば英国婦人がgo! と言ったり、☆107 国債を買うよう促したり、戦士を助けるよう呼びかけたりするが、それは一九四二年のソ連のポスターで、息子を抱いた母親がナチの銃剣に脅かされる姿と同じである。戦士がつねに男で、攻撃者が多くは粗暴な輩、さらには残忍な野獣の顔つきをして

☆100 同前、三九頁。
☆101 エルンスト・ユンガー、前掲書、六八頁。
☆102 同前、七二頁。
☆103 同前、九五頁。
☆104 フィリッポ・トマゾ・マリネッティ『鋼鉄の閨房——体験小説』、セーラ・エ・リーヴァ、一九八五年、二三頁。これについては、ティモシー・キャンベル「無限の遠隔：マリネッティ、ボンテンペーリと近代イタリアの視覚文化の出現」、『MLN』一二〇号、二〇〇五年、一一六—一二一頁、参照。
☆105 クラウス・テーヴェルライト、前掲書、七〇頁。

いるのにたいし、犠牲者は対称的に無防備な子供か女性である。兵士の代母である彼女たちは、戦う国民への道徳的支援を保証する。しばしば、ポスターや絵葉書は彼女たちを負傷兵を看病し、励ます看護婦として描き出している。第一次世界大戦のポスターは、救いの翼を備えた白衣の天使のような看護婦を描いている。同時期のアメリカのポスター、たとえば「世界でもっとも偉大なる母」と題したポスターは、担架に横たわる負傷兵を子供のように抱えた看護婦を表わしている。[☆108] またそれほど劇的ではないが、イタリアの絵入り雑誌の表紙は、優しい笑みを浮かべて、居並ぶ赤ん坊たちに胸を差し出す豊満な母親を示しているが、この赤子たちは彼女の乳を飲んで、祖国に奉仕する小さな兵士になるというのである。[☆109]

歴史的大事件のような場合、女性は十九世紀から受け継いだ国民的比喩を体現している。一九四四年、フランスでは、解放は三色旗をまとった晴れやかな女の相貌を帯びている。しかし、アレゴリーは、祖国の幸福なときも悲劇も称えるのだから、必ずしも喜ばしいだけではない。女性の肉体は国体を象徴するが、その暴行は攻撃され傷ついた国民のメタファーになる。一九一七年のポスターはゴリラが大股で歩き進み、口を開け、飢えて威嚇するような姿を描いている。プロイセンの兜をかぶり、兜にはそのモットー「軍国主義」が記されている。右手はドイツの別の標語「文化（Kultur）」が刻まれた剣をかざし、左手は、胸をはだけて怯え、罪深い抱擁を逃れようともがく若い娘を抱えている。[☆110]しかしながら、このイメージは一九一四―一九四五年に大きく修正される。そのメッセージを変えるのは、内戦の論理そのものである。第二次世界大戦中、女性の肉体はもうたんに侵犯された祖国を象徴するだけではない。それはまた裏切り、敵との共謀、対独協力罪の象徴でもある。一九四四年と一九四五年に、新しい表象が犯された女という古い表象に並ぶ。「横たわったコラボ女」である。犯された聖域から、その肉体は罪の源泉と国民の恥に変じて、その処罰は不可避的に道徳的糾弾と同時に肉体的屈辱を科すことになる。すなわち、民衆的見世物としてのコラボ女の剃髪である。☆111

ファシズムは伝統的な性別区分を継承し、その男性的美学と、種を増殖する多産な母親、「家庭の天使」としての女性のイメージによって、この区分を頂点にまで高めた。共産主義は初期にはこの紋切り型を壊したように見える。女性の解放とブルジョワ的家庭の解体を宣言し、男女平等を布告し、堕胎を合法化した。アレクサンドラ・コロンタイ〔一八七二―一九五二、ロシアの女性革命家〕は自由な愛を理

☆106 スーザン・R・グレイゼル『戦争における女性のアイデンティティ――第一次世界大戦中の英仏のジェンダー、母性と政治』、ノースカロライナ大学出版、一九九九年、一一頁。ジョアンナ・バーク、前掲書、三三八―三三九頁。犠牲者の女性化については、マリアン・ヒルシュ「ホロコースト以後芸術のナチの写真。記憶化の表現形式としての性」、オマー・バートヴ、アティーナ・グロスマン、メアリー・ノーラン編『戦争犯罪――二十世紀における罪と否認』、ザ・ニュー・プレス、二〇〇〇年、一〇三頁、参照。

☆107 これらのポスターは、ピーター・パレット、ベス・アーウィン・ルイス、ポール・パレット編『説得力あるイメージ――フーバー研究所文書館からの戦争と革命のポスター』、プリンストン大学出版、一九九二年、五二頁、参照。

☆108 同前、六〇頁。スーザン・R・グレイゼル、前掲書、五一―五三頁も参照。

☆109 アントニオ・ジベリ『幼い市民――大戦からサロ共和国までの児童と国民』、エイナウディ、二〇〇五年、一五八頁、参照。

☆110 ピーター・パレットその他編、前掲書に再録されたポスター、二四頁。

☆111 アラン・ブロッサ、前掲書、参照。

論化し、自らの運命を自ら決める自立した新しい女性の出現を告げている。女性は多数赤軍に加わり(闘士七四、〇〇〇人、犠牲者二〇〇〇〇人)、一九二〇年代の絵は、ペトログラード防衛のさい、彼女たちが男性に伍して軍隊行進する姿を描いている。だがそれは結局、束の間の括弧つきの出来事にすぎなかった。一種の重苦しい宿命的な歴史的惰性によって、性区分がふたたび共産主義文化に課されたのである。エリック・ホッブズボームは二十世紀の革命的図像における女性の地位の低下を強調さえしている。十九世紀と二十世紀のあいだ、革命主体の民衆的イメージは男性的性格を強めた。ドラクロワの『民衆を導く自由の女神』は共産主義美学の頑丈なプロレタリアに席を譲っている。[112] 一九二〇年代から各国語で出されたコミンテルンの雑誌の表紙は、世界を閉ざしている資本主義の抑圧の鎖を巨大なハンマーで断ち切る、腕と上半身裸の、筋骨隆々たる鍛冶屋を描いている。革命も戦争も性区分を前提とするのである。現代史家ブリジット・ステュデールはこう書いている。「いくつかの共産党、とくにドイツ共産党の闘士、さらに準軍隊一派のエートスは共産主義的アイデンティティの誇示と様式化の形態の男性化をもたらした[113]」。弱く抑圧された女性は革命運動の救済的介入によって救われる。歴史的主体として現われることはめったにない。「ブルジョワ的」フェミニズムが説く両性具有的なモデルからは遠くかけ離れて、女性の肉体の共産主義的表象は結局、厳密にプロレタリア的文脈で描き直されてはいるが、家庭に追いやられた母親という紋切り型の女性モデルを再生産しているだけである。

要するに、戦争中、代母や看護婦として、女性は男性プロレタリアをその世界変革の企てにおいて補助せねばならないのだ。ミヒャエル・ロールヴァッサーとジョージ・L・モッセはカール・グリューンベルクの小説『炎に包まれたルール』に注意を喚起しているが、これは一九二九年、ＫＰＤのコレクション「一マルクの赤色小説シリーズ」で出版されたもので、この力と男性的性格のプロレタリア信仰を象徴的に伝えている。一種の負の原型として示されたエレガントだが、浮気な堕落したブルジョワ女性の横に、健全で建設的な価値観でこり固まったプロレタリア女性が現われ、夫たちのストを支え、次のようなスローガンで勝利に導くというのである。「あなたの強力な手で指揮すれば、すべての歯車は動かなくなる」[☆114]。一九二〇年のポスターは共産主義文化を支配した歴史の「性差的」ヴィジョンをみごとに要約している。後景には工場と建設現場が広がっている。絵の前面には、鉄床を力強く打つ筋骨隆々たる鍛冶屋がまたもや登場している。横には女がいて、二つの大きな鋏《やっとこ》で、加工される白熱の金属片を挟み支えている[☆115]。アレゴリーは明白である。歴史の目的は社会主義であるが、それを建設する任務は男性プロレタリアにある。女性はその助手でしかなく、補助役にとどまるのである。

☆112　エリック・ホブズボーム「男と女：左翼におけるイメージ」、『非凡なる人民』、アバカス、一九九八年、一三〇頁。ジョージ・L・モッセ『ナショナリズムと性――近代ヨーロッパにおける中流階級の道徳性と性的規範』、ウィスコンシン大学出版、一九八二年、第五章。

☆113　ブリジット・ステュデール「新しい女性」、ミシェル・ドレフュスとブルーノ・グロッポ編、前掲書、三七九頁。

☆114　ジョージ・L・モッセ、前掲『人間のイメージ』、一三三頁に引用。

☆115　このポスターは、ヴィクトリア・ボンネル『権力の図像学――レーニンとスターリン下のソ連のポスター』、カリフォルニア大学出版、一九九七年、四七頁に再録、分析されている。

一九一七年のロシアのように、ヨーロッパの内戦の表象を支配した性区分は、一九三六年のスペインでは厳しい試練に晒される。ジョージ・オーウェルは、「反乱」の数か月後、バルセロナの街路を描いてそれを確認しているが、そこでは、行動、社交形態、服装コードさえもが突然変異したのである。この状況下で、新しい人物像が現われる。「女市民兵」であるが、これは軍服着用、武器携帯、勇気、戦闘参加のような伝統的な男性的性格をわがものとしている。彼女たちはフランコ派のプロパガンダが強力に広めた「家庭の天使」というカトリック的女性観をくつがえしてしまった。しかし、共和派のポスターで幅広く描かれたこの人物像をめぐって形成された神話にもかかわらず、女市民兵は例外にとどまる。女性は市民の抵抗運動を主導するが、次第に戦線から消えるのである。一九三七年からは、共和派陣営内でも、厳密な性区分がいきわたり、伝統的なスローガン「男は前線、女は後方」[116]が戻ってくる。共和派のプロパガンダは女性を泣き虫の母親、苦悩する犠牲者に変えてしまった。燃えるような演説で、女闘士（Pasionaria）ドロレス・イバルニ〔一八九五―一九八九、スペイン共産党指導者、政治家〕は全世界に「我らが母や妻の苦しい叫び」[117]を聞いてほしいとアピールを発している。戦争の想像世界はついには、一九三六年、志願女性兵大隊を組織した極左政党ＰＯＵＭ〔マルクス主義統一労働者党〕にまで及んだ。一枚の写真は、戦争を男の仕事とする見方を支持する横断幕を掲げて行進するこの女闘士たちを写している。「哀れな男の妻よりも英雄の未亡人である方がまし！」[118]。

武装した女性は、生産者や看護婦、代母という伝統的な図像に並んで、第二次世界大戦のレジスタンスの写真やソ連のポスターにふたたび現われる。それは、一九一四―一九四五年代の想像世界を通底する緊張関係を例証するが、ただしそのコードをひっくり返したのではない。歴史家クラウディオ・パヴォーネは、フランスではレジスタンスが女性に「義勇兵やパルチザンの代母」役をあてがうが、イタリアでは、彼女たちを「自由の戦士の補佐」役として集めて組織化した、と指摘している。トリノでは、解放の日、ガリバルディ旅団司令部（共産党）は女性戦士が「売女」[☆119]呼ばわりされるのを恐れて、男性兵士に伍した行列行進をさせなかった。

ソ連においてもファシスト体制下でもこの時代を特徴づける「新人間」神話を置き換えねばならないのは、この文脈においてであろう。社会主義の新人間、労働英雄スタハノフと、ファシストの新人間、彫刻家アルノ・ブレーカーが彫り刻んだアーリア人競技者像とに共通点があるとすれば、まさに男性という性なのである。

☆116　メアリー・ナッシュ『共和派——内戦の共和派女性』、タウルス、一九九九年、九八頁、参照。
☆117　同前、一〇三頁。
☆118　同前、イラスト一五。
☆119　クラウディオ・パヴォーネ、前掲書、四四四—四四五頁、参照。

第3章　戦争批判

闘うミューズ

一九一九年、ポール・ヴァレリーは文明の「死すべき」性格について診断を下したが、その調子はシュペングラーを想起させずにはおかないものだった。「ヨーロッパの髄を走った」「尋常ならざる戦慄」について瞑想しながら、彼は文化を襲った黙示録的印象を述べている。しかし、彼の論説は始まったばかりの時代の「風潮（Stimmung）」を思い起こすだけでなく、知識人が対峙させられるジレンマも示していた。彼は、新しいハムレットのようにヘルシングボリ〔エルシノア城〕のテラスにいて、バーゼルからケルン、ソムからアルザスまで広がった、「無数の亡霊」の住む巨大な廃墟の風景を眺めているような気がした。二つの国境のように、「秩序と無秩序」がこの傷ついた大陸の空間を区切っていた。ひとつの疑念がこの近代のハムレットに憑いた。「ヨーロッパの知識人たる、この私はどうなるのだろうか?」[☆1]。両大戦間の文化史はこの苦しい問いに答えるさまざまな試み、いかんともしがたく矛盾した試みに要約される。十九世紀末と大戦のあいだ、ヨーロッパ文化は美的転換期を迎えたが、それは音楽（ラヴェル、ドビュッシー、シェーンベルク、ベルク）、文学（プルースト、マン、カフカ、コンラッド、ジョイス）、絵画（ブラック、ピカソ、カンディンスキー、クレー）、建築（グロピウス）などにおいて感じ取られる。[☆2] それゆえ、一九一八年以後、旧世界の芸術と文学に影響を及ぼすのは政治的転換期である。

ジョージ・オーウェルの晩年の評論のひとつ『作家とリヴァイアサン』（一九四八年）は、両大戦間のヨーロッパにおける知識人と政治の関係に当てられている。自伝的要素の色濃い考察を基にして、彼は政治が文化にほとんど抗いがたく侵入する現象を強調している。「政治の時代」に沈潜すると、作家は、たとえはっきりと名指しはせず、文学的比喩を用いたとしても、もはや「戦争、ファシズム、強制収容所、警棒、原子爆弾」のようなテーマからは逃れられない。世界を引き裂く紛争を免れて、美的価値観に閉じこもることはもうできない。オーウェルはこう付け加えている。「いまでは、かつてジョイスやヘンリー・ジェイムズがしたように、絶対的に文学に専念することはできないだろう」[☆3]。

一九三八年、メキシコで、アンドレ・ブルトン、画家ディエーゴ・リベーラ、レオン・トロツキーが表明したマニフェスト「独立革命芸術のために」には、次のような一節がある。「現代の芸術の至高の責務は意識的かつ積極的に革命の準備に参加することである」[☆4]。すでに二年前、同じ宣言が、ヴ

☆1　ポール・ヴァレリー「精神の危機」、『著作集I』、プレイアッド版、一九五七年、九九三頁。
☆2　ジョージ・リヒトハイム、前掲書、八二―九五頁、参照。
☆3　ジョージ・オーウェル「作家とリヴァイアサン」、『評論集』IV、ペンギン・ブックス、一九八六年、四〇九頁。

アルター・ベンヤミンによってなされている。フランスに亡命していたこのドイツの批評家は、芸術と文化の政治化、つまりは芸術家と知識人の政治参加を、ファシズムが実行した政治の芸術化〔耽美主義化〕に対置していた。「〝芸術は行なわれよ、たとえ世界は滅びようとも〟〔「正義は行なわれよ、たとえ世界は滅びようとも（Fiat ars, pereat mundus）」というラテン語成句のもじり〕とファシズムは言い、技術によって変化した感覚的知覚に芸術的満足感を与えることを、マリネッティが表明しているように、戦争に期待する。これは明らかに〝芸術のための芸術〟の完成である。人類はかつてホメロスにおいてはオリュンポスの神々によって見物されるものであったが、いまや自分自身によって見物されるものとなった。人類の自己疎外の進行は、人類が自分自身の全滅を第一級の美的享楽として体験するほどになっている。これがファシズムの進めている政治の耽美主義化の実情である。このファシズムにたいしてコミュニズムは、芸術の政治化をもって答えるのだ」〔浅井・久保訳『ベンヤミン・コレクション1』〕[☆5]。換言すれば、知識人は、アナクロニックで無用な、時代の外で生きる「文学者」でありたくなければ、現実の瑣事雑事に係わらざるをえず、それなりに「活動家」にならざるをえないのである。

「知識人」という概念はドレフュス事件で西欧の用語集に決定的に入り、二十世紀の歴史全体にきわめて深い痕跡を残したあの政治と文化の相互干渉を象徴している。もちろん、この人物像は啓蒙の世紀の哲学者から、多くの男女の文学者が参加した一八四八年の革命まで、その先祖には事欠かない。しかし、この現象が新しい次元を帯びて、両大戦間にヨーロッパと西欧文化の主要な局面をなすまでになるのは、世紀の転換期からである。『知識人の裏切り』において、ジュリアン・バンダはこの社会参加の文学者像を把握しようとして、正義や理性のような普遍的な価値の公平無私な擁護に献身する人物像を描いた。[☆6]ところで、仔細に見ると、知識人の政治への参入は必ずしもそうした価値観にもとづいているのではなかった。すでにドレフュス事件が知識人論争になっていた。モーリス・バレス対エミール・ゾラ、エドゥアール・ドゥリュモン対ベルナール・ラザールなどの対立である。換言すると、ナショナリズム対普遍主義、反ユダヤ主義対平等、軍国主義対共和国である。一九二〇年と一九三〇年代のあいだ、こうした対立が加速する。民主主義擁護のために奮起する知識人の横に、これを倒そうとする別な知識人がいた。ヨーロッパ社会の野蛮化とともに、戦争は知的領域を敵対する流れに分極化した。啓蒙主義と反啓蒙主義の亀裂はドレフュス事件がそれを概観させるが、以後はよりラディカルで、黙示録的でさえある次元を帯び、とりわけ敗戦国ではそうであった。それは革命と反革命、ボリシェヴィズムとファシズムの対決に重なる。いまや舞台の前面には、新世代が登場し、彼らにとって力や暴力の行使はもはや道徳的ジレンマとはならず、一種の人類学的法則として歴史の流れに自然に組み込まれるのである。[☆7]この「炎の世代」はしばしば年長の知識人群に着想を求めるが、のちになると戦争によって急進化し、自らがその予言者、イデオローグであった頽廃神話を国家再生

☆4　アンドレ・ブルトン、ディエーゴ・リベーラ、レオン・トロツキー「独立革命芸術のために」、トロツキー『文学と革命』、10／18、一九七七年、四九七頁。
☆5　ヴァルター・ベンヤミン、前掲書、一一三頁。
☆6　ジュリアン・バンダ『知識人の裏切り』、グラッセ、一九七五年。
☆7　ジョージ・L・モッセ「詩人と政治的権力の行使：ガブリエーレ・ダヌンツィオ」、『大衆と男——民族主義とファシズムの現実認識』、ホワード・ファーティグ、一九八〇年、第四章。ダヌンツィオについては、レンツォ・デ・フェリーチェ『政治的ダヌンツィオ（一九一八—一九二八）』、ラテルツァ、一九七八年も参照。

のための戦争へのアピールに変形した。イタリアの「兵隊詩人」ガブリエーレ・ダヌンツィオは典型例である。彼が以前に行なった民主主義罵倒──「選ばれたる獣」──は、戦時中、狂的で破壊的な民族主義的行動主義に変わり、新しい政治様式の発見の印を捺されて、ムッソリーニに著しく影響を及ぼすことになる。腕を差し伸ばしたローマ式敬礼、黒シャツ、民族主義的集会のさいの戦闘の叫び(eia, eia, eia, alalà！〔alalàとは万歳、勝った！という古代ギリシアの勝どきの声でファシストが復活した〕)、ウィーンへの宣伝ビラ投下のような大胆な行動を考えだしたのは、ダヌンツィオである。一九一九年、彼が束の間の共和国の宣言を発するフィウメ占領の軍事的冒険は、芸術と生、美学〔美的感覚・美意識〕と政治、自然のロマンティックな昂揚、技術の非理性的な理想化が不可分となる知識人、また一貫して民族主義的政治参加が行動となって現われる知識人の範例を示している。それゆえ、ジョージ・L・モッセは、ダヌンツィオの譬えに、イタリアのファシズムが取り上げて発展させる新しい政治的典礼の構成要素を見出すのである。

ドイツは、大戦が終わると、頽廃神話が国家再生の暴力信仰に変わったもうひとつの国である。この変化を培った作家のうち、もっともよく読まれたのはエルンスト・ユンガーであった。戦後の著作で、彼は戦闘を陶酔感と雄々しさからなる「内的経験」として称揚している。次いで、一九三二年、新時代の到来、「労働者」時代の到来を告げているが、これは彼が全体主義的独裁、人種の坩堝、技術、権力意志を示すメタファーである。[☆8] 一九一八年、オスヴァルト・シュペングラーは西洋の没落を宣し、[☆9] 文明は自然の生命体と共有する生の循環期が終わると死すべき定めにあるとしたが、ワイマール共和国下では、民族主義の再生力を発見した。そしてニーチェ的な頽廃のパトスを捨てて、社会的進化論から借用した種の闘争観念を採択する。彼は西洋文明を脅かす二つの「革命」、つまり「階級闘争と民族闘争」[☆10]について考察し、ヨーロッパを救うことのできる力を示している。一九三三年、彼はこう書いている。ドイツ人は、「他の民族がもうたんなる防衛以上に対抗するにはあまりに年取り、頑なであるのにたいして、世界史の運命を生き、かたちづくり、決定するだけまだ十分若いのだ」[☆11]。

両大戦間期、かなり広範囲のヨーロッパ文化は一七八九年の伝統に反する価値観に与する。民族主義、反ユダヤ主義、「保守革命」、反民主主義的選良主義、ファシズムなどが、イタリア、フランス、ドイツ、また英国のような自由主義の伝統的な中心地において、きわめて多くの知識人を強く惹きつけた[☆12]。一九三〇年代のフランスでは、モラスやドリュ・ラ・ロシェルはマルローやジッドと同様に影響力があり、他方、ワイマール共和国下では、エルンスト・ユンガーの人気がエーリヒ・マーリア・レマルクと競い合い、オスヴァルト・シュペングラーがヴァルター・ベンヤミンやエルンスト・ブロッホよりもはるかによく読まれていたのである。

一九二〇年代の初め、トーマス・マンは『魔の山』でこの対立のアレゴリーを粗描した。一方に、

☆8　エルンスト・ユンガー『労働者』、クリスティアン・ブルゴワ、一九八九年。
☆9　オスヴァルト・シュペングラー、前掲書、一九四八年。
☆10　オスヴァルト・シュペングラー『決断の年——ドイツと世界史的発展』、J・C・ベック、一九三三年、一四七頁。
☆11　同前、XII頁。
☆12　アラステア・ハミルトン『ファシズムの訴え——知識人とファシズム研究：一九一九—一九四五年』、マクミラン、一九七一年、参照。

進歩にこり固まった民主主義的で合理主義的な知識人、他方に、近代に反抗するロマンティックで黙示録的な虚無主義者。この小説の二人の主人公セッテンブリーニとナフタはしばしば作者の二つの分身と解釈されており、実際、マンは、第一次世界大戦後、「保守革命」のマニフェスト『非政治的人間の考察』を出し、さらにはアメリカに亡命中、BBCで国家社会主義の犯罪告発のラジオ演説をして、ドイツの民主主義的良心を体現したとされている。他の者はそこに、トーマス・マンが、セッテンブリーニのヒューマニズム的実証主義を彷彿とさせる兄のハインリヒと交わした対話の変形を見ている。後年、このロマネスクな対立は、作家によって第一次世界大戦前夜の、スイス・アルプスの中心に移され、一九二九年、ダボスで行なわれた有名な哲学論争の前兆として喚起されている。これはドイツ啓蒙思想の最後の代表エルンスト・カッシーラーを『存在と時間』の若き作者マルティン・ハイデガーと対置させるが、後者は新しいかたちの政治的存在論の創始者で、数年後、ナチ体制に加入することになる。[☆13] この両大戦間のヨーロッパのインテリゲンチャの譬え話は、この哲学的、政治的な二つの極で繰り広げられるが、たしかに正反対とはいえ、必ずしも干渉がないわけではない。何人かの批評家は、虚無主義者ナフタの肖像は、若きジェルジ・ルカーチがトーマス・マンに想を与えたという仮説さえ立てているが、この『魂と形式』(一九一一年)の作者は共産主義に惹かれて、一九一九年、ベーラ・クン率いる、束の間のハンガリー・ソヴィエト共和国の公教育副人民委員にまでなるのである。[☆14] ロマンティストとして、ナフタは一種の双頭のヤヌスで、ひとつは保守主義、もうひとつは革命派の顔である。この内的矛盾は、何人かの知識人、しばしばユダヤ人で反ファシストだが、戦後の政治哲学の変革に無視すべからざる役割を運命づけられた知識人を想起させるが、彼らはその途上で、保守主義思想の人物や流れに遭遇し、対話を交わし、批判もし、借用もしている。たんにハンナ・アーレントとハンス・ヨナスだけでなく、ヘルベルト・マルクーゼやギュンター・アンダースのようなマルクス主義者もハイデガーの弟子だったのだ。[☆15] 一九三〇年代、ナフタが選択せねばならなかったことは事実である。彼の「文明」否認は、あるときは国家社会主義のチュートン民族神話に逃げ込み、血と大地の狂的信仰を受け入れるまでになり、あるときはファシズムが体現する近代性の相貌の根源的な批判を楯に取るのである。

この歴史的状況において、共産主義とファシズムが解決をもたらしうる唯一のものとして立ち現われる。トロツキーの『テロリズムと共産主義』（一九二〇）とユンガーの『労働者』（一九三二）、さらにはグラムシの『獄中ノート』（一九二九—一九三五）とシュミットの『政治的なものの概念』（一九三二）には著しい対称がある。たしかに政治的な親近性や内容の同質性が問題なのではない。トロツキーとグラムシは労働者階級の解放、ユンガーとシュミットは「議論」の時代の終りと全体国家の到来を理論化している。前者は革命、後者は反革命を準備する。彼らに対称があるのは、彼らが容赦なく対決したている。

☆13　リュディガー・サフランスキー、前掲書、一九七—二〇二頁、参照。

☆14　この仮説はジュディス・マルクス『ジェルジ・ルカーチとトーマス・マン——文学の社会学研究』（マサチューセッツ大学出版、一九八七年、五三頁以下）の第二部の中心にある。ロマンティシズムの多様な顔については、ミシェル・レヴィとロベール・セール『反抗とメランコリー』、パイヨ、一九九二年、参照。

☆15　ハイデガーの左翼的なユダヤ人との師弟関係は、しばしば一面的だが、リチャード・ウォーリン『ハイデガーの子供たち——ハンナ・アーレント、カール・レーヴィット、ハンス・ヨナス、ヘルベルト・マルクーゼ』（プリンストン大学出版、二〇〇一年）で分析されている。

内戦の土壌にともに根ざしていたことからくる。一九一七年以後、労働者階級の自己解放の理論家は赤軍の長となり、ソヴィエト権力の防衛を至上命令と認め、プロレタリアート独裁を軍事化された共産党権力と一体化さえする。グラムシの方は、西欧の革命を、語の軍事的な意味において、戦略と考え、そこでは「陣地戦」(市民社会での政治的な主導権の獲得)が「移動戦」(反乱)に先行するとしたが、それは、大戦では、塹壕によって前線を事前に強化することなしには、攻撃しなかったのと同じである。☆16 ユンガーは「労働者」の横顔を戦争の経験で培われた新しい人間の現われとして描写したが、☆17 シュミットは「全体国家」の出現を戦争の不可避的結果として描いた。☆18 台頭する革命的主体、つまり社会の再組織化可能な力としてのプロレタリアートの創造的存在論は、トロツキーとグラムシにあっては、軍事的対決としての革命観に表われるが、ユンガーとシュミットにとっては、戦争国家の徳は自由主義の時代遅れとなった徳に取って代わった。マルクス主義者は、力と強制の問題にもっぱら思考を集中するために、改良主義も革命の自然発生性も考慮しなかった。革命的図像において、社会主義はもはや、一九〇一年、ペリッツァ・ダ・ヴォルペードがその絵『第四身分』で描いたような労働者民衆の自信にあふれた平和行進としては描かれない。☆19 以後、それは、アレクサンドル・デネイカの『ペトログラード防衛』(一九二七年)とかスペイン内戦中の共和派の宣伝写真にあるような、規律ある武装労働者隊によって体現される。革命と反革命、共産主義とファシズムは熾烈な戦いで対決するが、武装せる世紀、つまりは平和、自由主義、議会主義、進歩の時代を終わらせた戦争の世紀に属するという意識を共有している。両者は政治を武装闘争、国家を戦争の道具と考える。彼らには、自由主義的民主主義は過ぎ去った時代の思い出同然なのだ。一九二〇年、レーニンは「背教者カウツキー」[20]の改良的・議会的社会主義に激怒する。数年後、シュミットは、「決定する」君主を求める時代の「議論する階級」[21]の古風な現われである自由主義の死を告げる。社会民主主義へのボリシェヴィキの批判と自由主義へのファシストの批判は、過去との不可逆な区切りという同じ意識を共有している。彼らの価値観は根本的に対立するが、しかし両者は新社会を戦争と革命が生み出したと考えているのである。

合法性と正当性

法治国家と議会主義の深刻な危機に直面して、戦後の革命と反革命の当事者たちは、もはや「合法

☆16　アントニオ・グラムシ『獄中ノート』、エイナウディ、一九七五年、III巻、一五六六―一五六七頁、参照。これについては、ペリー・アンダーソン『グラムシについて』、マスプロ、一九七八年、参照。
☆17　エルンスト・ユンガー、前掲書、参照。
☆18　カール・シュミット、前掲書、五七―六三頁。
☆19　ミケーレ・ナニ「人民の奥底から。ペリッツア、第四身分と社会主義」、ミケーレ・ナニ、リリアーナ・エレナ、マルコ・スカヴィーノ『文化と政治のあいだのペリッツア・ダ・ヴォルペードの第四身分』、インスティトゥート・アルヴェミニ、二〇〇二年、一三―五四頁。
☆20　レーニン『プロレタリア革命と背教者カウツキー』、エディシオン・ソシアル、一九七一年。
☆21　一九二二年、カール・シュミットは独裁制の現代性を強調し、そこに「議論の反対」を見ている（前掲『政治神学』、七一頁）。

的支配」に権力の近代的なかたちを見るウェーバー流の診断を信じない。それゆえ、カール・シュミットがレーニンとルカーチを合法性と正当性の対立の先駆者としても、驚くことではなく、彼自身が一九三二年、ワイマール共和国の黄昏時にその主要な理論家となる。[☆22] 彼は、一九二〇年に出た二つのテクストに準拠しているが、そこで二人のマルクス主義者はロシアの十月革命以後、中央ヨーロッパを揺るがした革命の波の総括をしている。前者は『共産主義の左翼小児病』だが、これはコミンテルン内の極左勢力向けの小冊子で、レーニンは、具体的な状況によって、闘争形態を合法と非合法、議会と反乱蜂起で使い分ける必要を擁護している。[☆23] 後者は、ベーラ・クンの労働者評議会共和国が圧殺されたあと、避難していたウィーンで、ハンガリーの哲学者が書いた「合法性と非合法性」と題した論稿で、のちに『歴史と階級意識』(一九二三年)に収録されたものである。このテクストで、ルカーチは、合法性に適応して、そこから出ず、政治闘争を議会主義と同一化する「便宜主義」と、非合法活動を理想化し、原則として合法的枠内でのあらゆる行動を否認する「ロマン主義」という対称的な暗礁にたいして警告している。この二つの態度は誤っている、と彼は考えるが、それは、合法性とか非合法性の選択は純粋に戦略的なもので、共産主義運動が行動すべき具体的な状況から生じるからである。革命は新たな正当性をもたらし、これが実際に根づくために、古い国家機構をその法的制度とともに断ち切らねばならない。[☆24] この合法性と非合法性の弁証法の前提は、階級やその対立を越えた実体的存在としての国家にたいする、自由主義的な国家観の批判である。一九一七年十二月、ボリシェヴィキが憲法制定議会の解体を決めたのはそのような確信にもとづいてであり、彼らにとって、この議会は歴史的に廃れた合法性、つまりは彼らが左翼社会革命党とともに多数派を形成している、ソヴィエト権力の正当性と矛盾する合法性の象徴なのである。かくして、一九一九年のカール・カウツキー向けの小冊子で、レーニンは「革命の利害が憲法制定議会の形式的権利に優先すること」[25]をまったく「自然なこと」だと見なしたのである。

シュミットの方は、法治国家はもはや内戦の時代には対応せず、次第に「全体国家」に取って代わられるものと考えた。一九三二年、ワイマール共和国の危機の絶頂時、彼は「合法性と正当性」と題した論稿を発表し、そこでこの二つの概念のあいだに穿たれて、以後越えがたくなった矛盾を分析している。[26]彼にとって、合法性には内実がなく、さまざまな議会の多数派に適応した中立的な手続きにすぎず、十九世紀の自由主義に完璧な表われを見出すのである。その深い本質は権力の法的合理化過程にあり、ウェーバーは明晰にもその究極の到達点、すなわち、近代的官僚国家像を見出したのである。権力はだんだんと非人称的になるが、それは権力の体現者が法を執行するにとどまり、その虜になってしまうからである。しかし、大戦とともにヨーロッパで、より特殊には一九三〇年以降のドイツで始まるような社会的、政治的な危機の時代には、自由主義は無力であることがわかった。そのよ

☆22 レーニンとルカーチへの準拠は、カール・シュミット「合法性の問題」、『一九二四―一九五四年の憲法に関する論集――憲法学のための資料集』、ドゥンカー&フムブロット、一九五八年、四五〇頁、参照。またカール・シュミット『注釈：一九四七―一九五一年の手記』、五〇頁も参照。

☆23 レーニン『共産主義の左翼小児病』、エディシオン・ソシアル、一九七九年、三六―三七頁。

☆24 ジェルジ・ルカーチ『歴史と階級意識』、エディシオン・ド・ミニュイ、一九六〇年、三〇八頁。

☆25 レーニン、前掲『プロレタリア革命と背教者カウツキー』、一四八頁。

☆26 カール・シュミット『合法性と正当性』、ドゥンカー&フムブロット、一九九八年。

うな時代には、権力はもはや規範の適用だけに限られず、拘束的な「決定」を要求するが、これは必然的に最高権威からくるものである。彼から見ると、まさにそこにその「正当性」が存するのだ。それは権力を個人化し、古い支配形式（絶対主義）を近代の同等物（カリスマ的支配）を通して復権することになる。換言すれば、法の「エートス」を行動の「パトス」で置き換えることになるのである。

この論法はシュミット流の共和国大統領観に想を与える。すなわち、「憲法の番人」で、その精神を守るために、法形式に優先する権力の正当性の名において憲法の規範を停止する権利を占有するのである。一九三二年、彼は武力行使に同意し、これによってヒンデンブルク大統領は社会民主党率いるプロイセン政府を解散させ、宰相フランツ・フォン・パーペンの権威に服させる（シュミットは彼の顧問のひとりだったが）。同じ精神で、彼は大統領が憲法四八条に則り、法を停止し、体制破壊的な党、KPDとNSDAPを禁じ、独裁制を布くことを願っている。国家を破壊するために合法性を用いようとする勢力にたいして、国家は純粋に法的な手段で自衛することはできない。国家は制度の合法性を無視し、権限行使できる最高権威に全権を付与せねばならない。それが、一九二八年から、シュミットの「決定主義」とケルゼンの「規範主義」を対立させた論争の意味である[☆27]。言うまでもないことだが、この権威主義的解決法がワイマール共和国を「救う」のではなく、民主主義を解体し、君主的独裁制に取って代わることをめざしており、この独裁制は大統領によって、必要ならば国民投票による承認によって課されるのである[☆28]。それがシュミットの命題の深い意味であることは、一九三三年、ヒトラーの権力到達直後に彼がナチズムに加入したことに照らせば、明白であると思われる。

レーニンとシュミットの命題の反民主主義的な性格には、左翼の内部に注意深い批判が見出される。

義勇軍に殺害される少し前に書かれた最後の論稿で、ローザ・ルクセンブルクはボリシェヴィキに、「プロレタリアートが権力を掌握した場合の歴史的任務はブルジョワ民主主義を社会主義的民主主義に変えることであり、民主主義そのものを廃することではない」[☆29]と指摘している。オットー・キルヒハイマーは若き左翼の政治学者で、のちにアメリカに亡命して輝かしい大学人の道を歩むが、一九三三年、師であったシュミットの主張に批判的論文を供する。彼は、たとえ国家の最高権威が民主的選挙で選ばれても、その「国民投票的、一枚岩的な正当性」が議会に取って代わるようになれば、それはもはや「民主的」とは形容されないとし、それは、選挙民の自由、平等と多様性、参加と議論の権利がなければ民主主義はないからである、と明言している。[☆30]

戦後の騒然とした風土が知的な領域を分極化し、革命家と保守派の逆説的な人物像を生み出し、両極間の思想家たちが驚くべき対話を始めるが、これは不可避的に失敗に帰するものであった。つねに

☆27　ダン・ディナーとミヒャエル・ストライス編『ハンス・ケルゼンとカール・シュミット——並置』、ブライヒャー・フェアラーク、一九九九年、参照。

☆28　オリヴィエ・ボー『ワイマール共和国の最後の日々——ナチズムの到来にたいするカール・シュミット』、デカルト&シー、一九九七年。ゴパル・バラクリシュナン『敵——カール・シュミットの知的肖像』、ヴァーソ、二〇〇〇年、一二と一三章、参照。

☆29　ローザ・ルクセンブルク「ロシアの悲劇」、『著作集II』、一九六九年、八八頁。

☆30　オットー・キルヒハイマー「カール・シュミットの合法性と正当性に関する考察」、フランツ・ノイマン、オットー・キルヒハイマー『包囲下の法の規則』、カリフォルニア大学出版、一九九六年、六四—九八頁、参照。

「赤いファシズム」や「褐色のボリシェヴィキ」の徴候を探ろうとする、全体主義の自由主義的批評家が主張するように、「対立するものの一致」が問題なのではない。両極端は互いに触れ合うことはない。ワイマール共和国の「国家共産主義」の理論家エルンスト・ニーキシュのような、若干の孤立した逆説的な人物が探求した、右翼と左翼の革命が合致する道は袋小路であることがわかった。[31] 当時、ある者たちがそれを支配的な傾向と見なしていたことは本当である。クルツィオ・マラパルテの『クー・デタの技術』がヨーロッパじゅうに大きな反響を引き起こしたが、そこで彼は、陰謀者(catilinaires)〔ローマの共和制転覆の大陰謀をたくらんだ政治家カティリナに因む〕、すなわち、ファシストと共産主義者[32]が支配する時代の到来を理論化し、この両者が力で権力を奪う同じ意志と議会主義の方法にたいする同じ不信感で結ばれているとした。しかし彼のみごとな散文は現実の表面に残ったまま浮いており、「クー・デタの近代的技術の主要な創造者のひとり」トロツキーを、「右翼の陰謀家」、ファシスト、「国家崇拝者[33]」に近づけるという彼の試みは、その小冊子を自由主義の危機の時代の反乱教科書、たんなる「〔ファシストと共産主義者という〕曖昧さの教科書[34]」以上のものにした。

　この曖昧さは、一九二三年、フランスのルール占領後ドイツを揺るがした民族主義の波が押し寄せたさい、短期間つづいた。ベルリンのコミンテルン密使カール・ラデックはヴェルサイユ条約をこの国を植民地の地位に服させる試みとして分析し、そこでは結局は、革命闘争が「国民を前面に押し出す[35]」ことになるとした。この診断にもとづいて、彼は、ドイツの社会主義的解放戦争の名において、若き極右活動家を追悼することをめざした「シュラーゲター路線」をつくりあげた。共産主義インターナショナル執行委員会議のさい、彼はこう主張している。「このドイツ民族主義の犠牲者の運命は沈黙に付されてはならず、おざなりの言葉で敬されてもならない。彼は我々とドイツ民族に教えるべき多くを有するからである」[36]。労働者階級がすでに共産主義の大義に心動かされていることを確信して、ラデックは民族主義に引きつけられたプチブル貧困層を獲得するための道を探った。民族主義はシュラーゲターを「死者の巡礼」にしたが、共産主義は「人類全体のためのより良い未来の巡礼」[37]とした。それが共産党とナチの接触、何度かの共通の集会、小冊子さえ出したことの説明になるが、その小冊子では、ナチが共産主義者の有利な方に傾いていたイニシアティヴを断ち切るまでは、ラデッ

☆31 「国家共産主義」とロシア革命に引きつけられたドイツ民族主義的右派勢力については、ルイ・デュプ編『ワイマール共和国のドイツの保守革命』、キメ、一九九二年、三六一―三七六頁。エルンスト・オットー・シューデコプフ『右翼の左派系――ワイマール共和国の国家革命少数派と共産主義』、コールハンマー、一九六〇年。シュテファン・ブロイアー『保守革命の解剖学』、人文科学館出版、一九九六年。多少文脈と異なるが、文献学的観点の厳密な分析に関しては、ジャン゠ピエール・ファーイ『全体主義的言語』、エルマン、一九七二年、七九頁、参照。

☆32 クルツィオ・マラパルテ「クー・デタの技術」、『選集』、モンダドーリ、一九九七年、一三二頁。

☆33 同前、一三二、一三九、一九八頁。

☆34 ソニア・ブラトマン「クー・デタの技術：曖昧さの教科書」、『クロニック・イタリエンヌ』四号、一九九五年。マラパルテについては、ルイジ・マルテリーニ「政治評論家マラパルテ：ヨーロッパ革命」、ジャンニ・グラーナ編『ヨーロッパの作家マラパルテ』、マルツォラーティ、一九九一年、九五頁以下。トロツキーはマラパルテに『ロシア革命史』の結論部分で答えた（第II巻、六七二―六七三頁）。

☆35 ピエール・ブルエ、前掲『ドイツの革命』、六九〇頁、参照。

☆36 同前、六九二頁。

☆37 同前、六九三頁。

クとパウル・フレーリヒの署名が、エルンスト・レーヴェントロ伯爵とメラー・ファン・デン・ブルックの署名に並ぶのである。[☆38]

この束の間の挿話は左翼と右翼の革命派の対話の不可能性を示すが、同時に破局的状況での極端な解決に向かう強い衝迫を示していた。過去を断ち切るという意志は民族主義派がソヴィエトの経験とその革命的言語にたいして払っていた注意の説明になる。ムッソリーニとヒトラーは合法的に権力に到達し、それぞれが、一九二二年十月、国王ヴィットリーオ・エマヌエーレ三世によってイタリア政府の長に、一九三三年一月、ヒンデンブルク大統領によってドイツ宰相に任命された。政治体制の変化はその後、イタリアでは数年経ってから、ドイツではより凝縮してトラウマの強いかたちで生起した。しかしながら、ファシズムとナチズムはこの転換期を真の革命と考えていた。ムッソリーニにとっては、権力獲得は「反乱行為、革命[☆39]」であった。ファシスト体制はローマ進軍〔ムッソリーニのクー・デタのこと〕伝説を新しい時代を開く武装蜂起として維持した。またフランス革命に倣って、新暦を導入しようとした。一九二二年十月二十九日は「ファシスト時代」元年を画し、体制崩壊まで国の祭典として称えられる出来事になった。[☆40] 一九三二年には、「ファシスト革命」の第二の誕生年が盛大に祝されたのである。

ドイツ民族主義は同じ言語方式を採用する。一九二五年、エルンスト・ユンガーは、民族主義者を「反動派」とする誤解を消すため、『シュタントオルテ』紙に数本の記事を書いた。塹壕を出たあと、彼らは国内戦線で、「彼ら自身の不倶戴天の敵[☆41]」として立ち現われたスパルタクス団員や共産主義革命派に対抗して戦わねばならなかった、と彼は認めている。しかしこの共産主義反対が民族主義者を反動派にしたのではない。保守的文化のいくつかの流派から等しく評価された古い伝統に与しながらも、彼らは、政治闘争が「別の手段による戦争の継続[☆42]」を意味するという文脈で、「革命的方法[☆43]」を採る必要を認めていた。ユンガーはこう結論づけている。「我々にとって重要なのは国家形態の革命ではなく、混沌のなかで大地から湧き出る新しいかたちを創造できる精神の革命である[☆44]」。換言すれば、この革命は戦争がもたらした深い変化の完了形にすぎない。一九三三年十一月、帝国文化院の創立演説で、宣伝相ヨーゼフ・ゲッベルスはヒトラーの権力到達を「全体革命」と称した。彼にとって、「ドイツ国民を唯一の民族《フォルク》につくりあげ」始める「下からの革命」が問題なのである。あらゆる真の革命のように、この革命は「我々の文化生活と精神的創造の根源的な変化[☆45]」を希求するのである。

デリオ・カンティモーリ、この一九三〇年代にファシズムから共産主義に移ったという、学者・知

☆38　同前、六九四頁。
☆39　ベニート・ムッソリーニ『著作と演説集』、ホエプリ、一九三九年、第四巻、二九三頁。シモネッタ・ファラスキ＝ザンポネ、前掲書、二頁も参照。
☆40　エミリオ・ジェンティーレ『権標（古代ローマ）信仰――ファシスト・イタリアの政治の神聖化』、ラテルツァ、一九九三年、九〇―九八頁、参照。
☆41　エルンスト・ユンガー、前掲『政治的マスコミュニケーション』、一一六頁。
☆42　エルンスト・ユンガー、同前、一一九―一二五頁。
☆43　エルンスト・ユンガー、同前、六四頁。
☆44　同前、一八頁。
☆45　ヨーゼフ・ゲッベルス「新しい使命にたいするドイツ文化。ベルリン帝国文化院創立演説」、『講演録：一九三二―一九四五年』、ビントラッハ、一九九一年、一三二―一三三頁。

識人である特異な人物は、ファシズムの「革命的」性格を強調した。一九三一年、彼は「ファシズム、革命、ヨーロッパの非反動」と題した論稿を発表し、そこでそのような表現の意味を明確にするよう配慮した。彼にとって、それは、「旧」世界、古いヨーロッパを征服し、再建するために競争に入った共産主義と同じ資格で「新しい」運動なのである。彼はこう主張している。ムッソリーニはプリモ・デ・リヴェラ式の独裁者、すなわち、権威主義的、保守的な軍人ではなく、復興と国家統一運動の事業を完成した「偉大な国民革命の指導者」である。しかしながら、彼の反逆的性格はジャコバン的伝統とはたいして関係がなく、後者はむしろマルクス主義と共産主義にその後継者を見出した。ファシズムと共産主義の革命は相反するものである。それゆえ、彼にとって、ファシズムは「極端な革命と極端な反動によって表明された要求の弁証法的綜合」[46]として現われる。同じ系譜において、ムッソリーニはファシズムを一種の「革命に反する革命」として定義づけた。

ジョージ・L・モッセ、エミリオ・ジェンティーレ、ツェーヴ・シュテルンヘルのような歴史家にとって、ファシズムは同時に革命、イデオロギー、世界観、文化である。革命とは、新しい社会を建設しようとしたから。イデオロギーとは、マルクス主義を排したあと、保守主義にも自由主義にも反対し、代替の道を求める見地から民族主義を再定義したから。世界観とは、政治的企てを歴史のヴィジョンに組み入れ、「新しい人間」を創造し、神意による国民の宿命として立ち現われたから。そして文化とは、集団的想像世界を変革し、生活様式を変え、私的生活と公的生活のあらゆる区分を廃止しようとしたから。たしかにこれは「右翼革命」[47]で、中流階層を社会的原動力とし、その野望は国家、国民とか人種を軸にした新しい文明の建設であった。[48]換言すれば、同時に反自由主義的で反マルクス主義的、「精神的」で「共同体的」な革命である。[49] ただ、同じくイデオロギー、世界観、文化を有する共産主義革命とは正反対に位置する。所有形態を根柢的に変えた共産主義革命と違って、ファシズムはつねに権力組織に経済・行政・軍部などの旧エリート層を組み込んだ。ファシスト体制の誕生はつねに権威主義と保守主義とある程度の「相互浸透」を前提とする。いかなるファシズム運動も、伝統的なエリート層の、ときには熱狂的、ときには冷めてはいても、その支持なくしては権力に到達しえなかった。[50] 要するに、ファシズム「革命」を語る場合、ファシズム自体のレトリックや美学を支持したくなければ、つねに括弧つきで語らねばならないだろう。フィリップ・ビュランがファシズムを「革命家なき革命」[51] と定義づけるとき、彼は正鵠を射ていた。ファシズムと共産主義が形成しようと

☆46 デリオ・カンティモーリ「ファシズム、革命、ヨーロッパの非反動」、『現代の政治と歴史——著作集一九一七―一九四二年』、エイナウディ、一九九一年、一一七―一一八頁。このテクストについては、ジョヴァンニ・ミッコーリ『デリオ・カンティモーリ——新しい歴史記述批判研究』、エイナウディ、一九七〇年、三〇頁、参照。

☆47 エミリオ・ジェンティーレ『ファシズムとは何か？ 歴史と解釈』、一五二頁。

☆48 ジョージ・L・モッセ「ファシズムの一般理論に向けて」、『フランス革命』、スイユ、二〇〇三年、一九一七四頁。ツェーヴ・シュテルンヘル「序論。ファシズムの概念」、ツェーヴ・シュテルンヘル、マリオ・スナイダー、マイア・アシェリ『ファシズム・イデオロギーの誕生』、ガリマール、一九九四年、二三―二四頁、所収。

☆49 ツェーヴ・シュテルンヘル『右も左もない——フランスのファシズム・イデオロギー』、スイユ、一九八三年、二七二―二七四頁。

☆50 ロバート・O・パクストーン『行動するファシズム』、スイユ、二〇〇四年、二四六―二四七頁。

した「新人間」は同一ではないが、当時荒廃したヨーロッパに広がった変化願望は、象徴的にローマとモスクワを両極とする磁場の指針に応じたかたちで現われるのである。

「危険な関係」――シュミットとベンヤミン

両極が触れ合うことはないが、その対立は同じ事由、つまり、ヨーロッパの危機、政治秩序の決定的崩壊、未来のために根本的な解決を見出す必要から発している。憲法主義と討議の時代は、「虚無主義」を唯一認識可能な特徴とする破壊の波にさらわれて、過ぎ去ったとみられた。これが、ヴァルター・ベンヤミンとカール・シュミットの、あらかじめ妥協された「対話」が生まれる状況である。ナフタはもはや政治的選択を逃れられない。『魔の山』の主人公は彼の裡にベルリンのユダヤ人批評家とラインラントのカトリックの法学者のいくつかの特徴を併せもっているようだ。トーマス・マンは彼を、革命的にして反動的な黙示録的哲学者、カトリックに改宗してイエズス会の教育を受けた正統派ユダヤ人、ロマン主義的で反宗教改革称賛者の社会主義者、進歩の一刀両断者、破局の予言者として描き、彼にとっては、革命と保守は「あらゆる世俗的秩序の解体と、理想的かつ共産主義的な神の王国モデルに従った社会の再組織化」[☆52]に遭遇点を見出すとした。

シュミットと接触するイニシアティヴをとったのはベンヤミンで、一九三〇年十二月、彼に手紙を出して、ドイツ・バロック悲劇に関する著作を送ると告げている。このカトリックの反動的な法哲学者にたいする彼の関心は驚くべきものではなく、この知識人は、ルートヴィヒ・クラーゲスからシュテファン・ゲオルゲやマルセル・ジュアンドーまでの右翼思想につねに多大の注意を払っていたのである。ゲルショム・ショーレムは、大戦末期、ミュンヘンで未来のナチ哲学者ハンス・ハイゼにたいする共通の友情を想起しているが、彼によると、ベンヤミンは「きわめて反動的な作者にまで革命の唸り声がすることを認めており」、彼が「反動的理論と革命的実践との奇妙な干渉」と呼んだものにたいしてきわめて敏感な反応を示していた。☆53 やがてアドルノの妻となるグレーテル・カルプルス宛の一九三四年六月付の手紙で、ベンヤミンはその生と思想が「極端な位置で揺れ動き」、友人たちからは「危険な関係」☆54 と見なされたこの矛盾した観点の並列によって具体化したと告白している。

シュミット宛の手紙で、彼はこう明言している。彼の『悲劇』に関する本は、ラインラントの法学者の著作、とくに『政治神学』（一九二二年）と『独裁』（一九二一年）に多くを負うており、彼自身の美術史研究はシュミットの「国家哲学」に潜在する公準を確認したにすぎない。☆55 シュミットは返事を出さ

☆51　フィリップ・ビュラン「ファシズム：革命家なき革命」、『デバ』三八号、一九八六年、一六四―一七六頁。

☆52　トーマス・マン『魔の山』、ファイヤール、一九六一年、六三四頁。

☆53　ゲルショム・ショーレム「ヴァルター・ベンヤミン」、『帰依とユートピア』、カルマン・レヴィ、一九七八年、一三四頁。ハンス・ハイゼとの友情については、ゲルショム・ショーレム『ヴァルター・ベンヤミン――友情の歴史』、カルマン・レヴィ、一九八一年、九九頁、参照。

☆54　ヴァルター・ベンヤミン『書簡集』、ズールカンプ、一九九八年、第四巻四四一頁、参照。ズザンネ・ハイル『危険な関係――ヴァルター・ベンヤミンとカール・シュミット』、メッツラー、一九九六年も参照。これは二人の哲学者の関係を詳細に再構成している。

なかったが、手元に取っておき、ずっとあとで、シェイクスピア論で言及し、このベンヤミンの『ドイツ悲劇の根源』からの引用を散りばめている。[☆56] この二人の互いにかくも異なった作者の親近性は何にあったのか？　この手紙はアドルノとショーレムがベンヤミンとの書簡集の初版には収録しないと決めていたため、長いあいだ隠されたままだったが、その最初の注釈者のひとり、ヤーコプ・タウベスがそこに「ワイマール共和国のもっとも有望な星座のひとつ」[☆57] を突き止めたと思ったという、この親近性はどこにあるのか？　この「危険な関係」を探ってみよう。

一九二〇年代初期の著作で、シュミットは独裁を「例外状態」を伴う無秩序な体制として理論化した。法治国家の停止は個人的自由の制限といくつかの基本的権利の再検討を伴って、国家を保全し法を回復するため、あるいは近代的独裁の構成権力が問題の場合は、新しい法秩序を確立するための一時的措置であった。[☆58]『政治神学』において、例外状態は「決断」権限に結びつき、彼にとって、そこに主権の究極的基礎が根づいていた。その著作の冒頭表現によると、「例外状態を決断する者が主権者である」[☆59]。伝統的な独裁者が法に拘束され、一時的な代理権力しかもたないのと違って、シュミットが定義づけた主権者は自律的な拘束なき絶対的権力を有する。主権概念の系譜を描きながら、彼はその起源を絶対主義に見出し、それを主権者によって神に代わる政治神学の世俗化の最初の表われとした。この過程の第一歩はボダンによって踏み出されたが、シュミットによると、神学から主権の近代的概念への移行を果たしたのはホッブズで、国家を律法家にして力の保持者、ウェーバー流に言えば「支配」と「権力」で臣民に服従と従順を要求するリヴァイアサンとして理論化したのである。

教会はその正当性を既成の規則よりも信者の信仰に根拠をおき、その活動はたんなる法の適用よりも全能の神の教えから想を得るが、これに倣って、シュミットが描いた最高権力は、自らの裡にそれ自体の正当性の源を有するので、いかなる至上の権威にも服さない。生まれつつあるワイマール共和国、さらには一九三〇年、その終焉を迎える状況において、この取り消せない至上の決断称賛は独裁へのアピールとして鳴り響き、彼は憲法四八条を適用してその設置を要求した。彼にとって、それは、議会主義の合法性に閉じ込められ、内部抗争に引き裂かれて安定した行政権力を生み出せない、無能力の定めにある民主主義の麻痺状態を克服できる唯一の権力なのである。したがって、決断は自由主義的伝統の二つの構成要素である規範と公共討論に反するが、この伝統は当時ケルゼンと同一視されており、のちにシュミットが反ユダヤ主義的含意の色濃い著作で、スピノザからメンデルスゾーンやシュタールまで、ユダヤ人の根を強調する伝統である。[☆60]この議会主義にたいする決断のアピールは特殊な反自由主義的伝統のなかにあるが、それは反革命のカトリックの哲学者ジョゼフ・ド・メストル

☆55　ヴァルター・ベンヤミン、同前、第三巻五五八頁。
☆56　カール・シュミット『ハムレットあるいはヘカベ――演劇への時代の投影』、クレット・コッタ、一九八五年、参照。
☆57　ヤーコプ・タウベス『分岐した一致として――カール・シュミットについて』、パイヨ&リヴァージュ、二〇〇三年、五一頁。
☆58　カール・シュミット、前掲『独裁』、一三五―一五四頁。
☆59　カール・シュミット、前掲『政治神学』、一五頁。
☆60　シュミットの反ユダヤ主義については、とくにラファエル・グロス『カール・シュミットとユダヤ人』、ズールカンプ、二〇〇〇年、参照。

やドノソ・コルテスの伝統であり、彼らは一七八九年と一八四八年に提起された基本的な二者択一を理解していた。すなわち、カトリック教か無神論か、絶対主義か社会主義か、である。[61]自由主義はもはや別の決定的な選択を要求する時代の要請には合わなくなった。すなわち、革命か反革命か、社会主義か全体国家か、である。すでにみたが、一九二〇年代の著作で、シュミットは未来の国家社会主義への加入の理論的前提となるものを措定していたのである。

『ドイツ悲劇の根源』（一九二五年）で、ベンヤミンは、克服しがたいジレンマに引き裂かれたメランコリックな君主のイメージを伴う、バロック的アレゴリーの誕生を危機の時代の美的反映と解釈していた。ルネサンスが学問と芸術に有利な状況で、調和ある理想に支配された文化と芸術の豊穣な時代であったのにたいして、バロック時代は危機に支配されていた。その主人公たちは、まるで「大瀑布」[62]にでも落とされるかのごとく、切迫した破局感情に憑かれていた。彼らを動揺させる内なる嵐は、ジレンマを克服しがたいものにする戦争の時代に起因する。『ドイツ悲劇の根源』の主人公は、ホッブズのリヴァイアサンに倣って、「歴史の流れを亡霊のごとく手に捉える」[63]君主だが、その悲劇はもはや空無と化した主権を体現していることから生じる。君主として、彼は「最高行政権」の保持者で、「例外状態」を公布できるが、彼が巻き込まれた状況は、彼にはもはやそのような決断をする能力がないことを示している。[64]

ベンヤミンはシュミットからいくつかのカテゴリー（主権、決断、例外状態）を借用しているが、そのパースペクティヴをひっくり返している。実際、彼はバロック時代の肖像を描くが、その中心にはもはやホッブズの全能のリヴァイアサンは鎮座せず、ハムレットのようにジレンマに囚われて、結局は行動に逡巡する一群の悲劇的人物像が占めている。残酷な運命により、彼らは愛される君主ではなく、暴君か殉教者役を余儀なくされていた。シュミットにとって、不確実性と受動的議論のアンチテーゼである、例外状態は主権者の拘束的な最終決断から生じるが、それにたいしてベンヤミンにとっては、それは絶えざる危機状態を意味するようだ。ジョルジョ・アガンベンは正当にも、主権と例外を結びつける復興の「奇跡」としての決断概念と「破局」としての例外状態の概念の亀裂に留意している。☆65 しかしながら、付言しておくべきは、この亀裂は、ベンヤミンがこの破局をユダヤ教のメシアニズムの視点で解釈し、贖罪の黙示録的性格を付与すると、越えがたいまでに深まる。彼はこう書いている。バロック的世界観にあっては、「現世のものはすべて変形しながら廃墟の野に落下する」。だがこの落下はまた「復活のアレゴリー」☆66 も表わしている。死のバロック的変形によって、地獄は弁証法的に「聖なる世界」に変貌する。落下は贖罪の前提を内にはらみ、ローエンシュタインの詩によれば、「髑髏」に「天使」☆67 の相貌を与えることになる。

ここでは、シュミットの決断主義にはベンヤミンのメシアニズムが呼応する。『暴力批判論』（一九

☆61 カール・シュミット、前掲『政治神学』、六二―七五頁、参照。
☆62 ヴァルター・ベンヤミン『ドイツ悲劇の根源』、フラマリオン、一九八五年、六六頁。
☆63 同前、六五頁。
☆64 同前。
☆65 同前、七一頁。
☆66 同前、二五一頁。
☆67 同前。

二一年）において、ベンヤミンはソレル、このマルクス主義とファシズムの途中に位置する、もうひとりの境界的人物から想を得て、秩序と法を回復する暴力ではなく、どんな外的拘束にも還元できない「法を破壊する」「神的」暴力を理論化している[☆68]。彼はこの「無制限な」、つまりは無秩序な暴力に「人間のなかでもっとも純粋な暴力のもっとも高度な現われの……革命的[☆69]」次元を見出した。それは神学的にして政治的な二重の相貌を呈する。神学的とは、歴史の舞台に侵入し、贖罪の黙示録としてその連続性を断ち切るから。また政治的とは、ブルジョワ秩序を破壊して、新しいプロレタリアの秩序を創造するソレルの「ゼネスト」に類似した革命的性質のためである。おそらくは同時期に書かれた論稿で、もっとも難解でもっとも謎めいたテクストのひとつである「神学的・政治的断章」において、彼はこの神的かつ革命的な暴力に「虚無主義[☆70]」の相貌を与えている。

ベンヤミンの理論はシュミットの理論の対極にある。カトリックの法学者が例外状態を要求するのは、まさにこの贖罪の暴力に「たいして」であるから。一九三〇年代から、ベンヤミンは聖パウロに由来する「カテコン（Katechon）」というカトリック的概念を甦らせているが〔カテコンは聖パウロのテサロニケ人への手紙（第二の手紙二：六七）に現われる〕、これはキリスト王国を「抑止する」力、すなわち、アンチキリストの出現を阻止し、悪の支配者から奪い取ったこの猶予期間に歴史の展開を可能にする力として示すものである。キリスト教中世と二十世紀のあいだ、シュミットによると、この力は多様な化身として現われた。これは、アンチキリストが世俗化された西洋文明のかたちか、または無神論的共産主義の極端なかたちで現われるとき、不可避的に突然出現する定めにあるという。『大地のノモス』で、彼はこう書いている。「世界の終りを阻止する力（Aufhalter）への信仰は、あらゆる人間の生成の終末論的麻痺状態から、ドイツ王のキリスト教帝国のものと同様の圧倒的な歴史的権力にまで通じる唯一の橋を架けた」[☆71]。

アンチキリストの表象はまたベンヤミンの著作、とくに一九四〇年のテーゼ「歴史の概念について」を通底している。徹頭徹尾ユダヤのメシアニズムが染み込んだ主題で、このキリスト教神学のイメージに訴えることはこのテクストの多くの驚きのひとつをなすが、しかしこのメタファーの意味には、ほとんど曖昧さがない。第六のテーゼで、彼は「危機の瞬間」、「支配階級」が伝統と敗者の記憶を断ち切って決定的な勝利を収めそうになるとき、突如現われる過去のイメージを喚起し、メシアをたんに「救済者」としてのみならず、「アンティキリストの勝者」[☆72]として示している。このテーゼの系譜学的研究によると、アンチキリストへの準拠は、ベンヤミンと友人関係にあり、実りある知的交換をかわしたとされる、社会主義的傾向のスイス人プロテスタント神学者フリッツ・リープから借用

☆68　ヴァルター・ベンヤミン、前掲『暴力批判論』、二三八頁。
☆69　同前、二四二頁。
☆70　ヴァルター・ベンヤミン、前掲『神学的・哲学的断章』、二六五頁。
☆71　カール・シュミット、前掲『大地のノモス』、六四頁。シュミットのカテコン概念については、クリスティアン・マイヤー『シュミット講読――政治神学と政治哲学の区別の四章』、シカゴ大学出版、一九九八年、一六〇―一六七頁。ラファエル・グロス、前掲書、二八四―三〇一頁。ホルスト・ブレーデカンプ「ヴァルター・ベンヤミンからホッブズを経てカール・シュミットへ」、『クリティカル・インクワイアリー』二五巻二号、一九九九年、二五二―二五四頁、参照。
☆72　ヴァルター・ベンヤミン、前掲「歴史の概念について」、四三一頁。

しているという。一九三四年から、リープはナチズムをアンチキリストの世俗的な近代版として呈示し、反ファシズム闘争に強い宗教的次元を込めていた。ベンヤミンにとって、プロレタリアート、この反ナチズム闘争の歴史的主体はこの黙示録的対決の神学的重要性を理解せねばならない。敵たる第三帝国は新しい千年王国における救済を約束するものとして現われることを躊躇していないのだから。[☆73]

したがって、我々はベンヤミンとシュミットとともに、二つの政治神学に対峙しているのである。ひとつはユダヤ、もうひとつはキリスト教でカトリック。ひとつは革命的でメシア的、もうひとつは保守的で法王至上権的。二人にとって、アンチキリストは敵の化身であるが、一方ではナチズム、他方では無神論的ボリシェヴィズムのかたちをとる。ひとりはメシアの到来、つまりはプロレタリア革命が開始した歴史の連続性断絶を説き、他は決断主義的絶対権力に保証されたカテコンに訴える。一方は革命に黙示録の具体的なかたち、すなわち、現在の歴史的時代から未来のメシア的時代への移行のかたちを見る。[☆74] 他方はカテコンを、キリスト教的終末論と世俗世界におけるカトリック教の存在の必要不可欠な絆としてみる。[☆75] この二つの政治神学は共通の診断、つまり現在の危機とそれを脱するため決断する必要性にもとづいて対決し、同じ分析的カテゴリーから表明されるが、正反対の政治的療法に行き着く。すなわち、革命と反革命である。[☆76]

ベンヤミンの一九三〇年十二月付のシュミット宛の手紙はあとがつづかない。一九三〇年には彼らの対話がまだ可能なように見えても、三年後、ヒトラーの権力到達が越えがたい溝が生じさせる。ベンヤミンにあっては、一九二〇年代の初めに粗描されたニヒリズムがマルクス主義のかたちをとり、このマルクス主義はたしかにメシアニズムが色濃く、断固として反実証主義的なユニークなものだが、それでも首尾一貫した政治的輪郭が施されていた。だがシュミットの政治神学は国家社会主義に停泊地を見出すことになる。

一九四〇年の第八のテーゼで、ベンヤミンは最後にもう一度シュミットに触れて、「例外状態」(括弧つきで書かれている)が「常態」となった「被抑圧者の伝統」を想起している。勝者の絶えざる凱旋行列のように展開される歴史の破局的連続性を終わらせるため、彼は「真の例外状態」の設置、つまりは「反ファシズム闘争」を成功させる唯一のもの、すなわち、世界の流れの革命的中断を提案している。☆77 ベンヤミンはさらに距離を保ちながらも、シュミットの概念を用いているが、タウベスが強調したように、まったく意識的にそれを「同化し、反対にひっくり返して」☆78 用いたのである。「反対物の

☆73　ベンヤミンのアンチキリストのイメージにたいするリープの影響については、クリスラ・カンバ「政治的現実性。ベンヤミンの歴史概念と人民戦線の失敗」、ハインツ・ヴィスマン編『ヴァルター・ベンヤミンとパリ』、エディシオン・デュ・セール、一九八六年、二七七―二八四頁。ミシェル・レヴィ『ヴァルター・ベンヤミン：火災報知器』、PUF、二〇〇一年、五三―五四頁、参照。

☆74　ゲルショム・ショーレムが示唆した黙示録の定義、「ユダヤのメシアニズム理解として」、『ユダヤのメシアニズム』、カルマン・レヴィ、一九七四年、三一頁、参照。

☆75　カール・シュミットは日記で、カテコンを信ずることについて書いているが、彼はこれに、キリスト教徒として、「歴史を理解し、意味を見出す唯一の可能性」を見ていた(前掲『注釈』、六三頁)。

☆76　リカルド・フォルステル「例外状態：危機の思想家としてのベンヤミンとシュミット」、ホルフェ・ドッティ、フリオ・ピント編『カール・シュミット――その時代と思想』、エウデバ、二〇〇二年、一三一頁、参照。

☆77　ヴァルター・ベンヤミン、前掲「歴史の概念について」、四三三頁。

☆78　ヤーコブ・タウベス、前掲書、五三頁。ズザンネ・ハイル、前掲書、一五六頁も参照。

一致」であるどころか、ベンヤミンとシュミットの関係は、両大戦間の知的領域でヨーロッパの内戦がもたらした分極化を例証していたのである。

一九三三年はドイツの政治文化のなかで分水嶺となる。それはたんに、ハイデガーと、ヘルベルト・マルクーゼからギュンター・アンダースまでの左翼の弟子たちとの断絶だけでなく、シュミットと、同じくユダヤ人のフランツ・ノイマンやオットー・キルヒハイマーのような左翼の弟子たちとの断絶も画していた。後者たちは、シュミットの政治理論に、社会と隔たって階級闘争の上に位置する政治権力に合法性と正当性を一体化する、「中立的」実体としての国家という自由主義的な国家観のマルクス主義的批判との一致を見た、と思っていた。この観点から、フランクフルト学派の機関誌『社会研究』はシュミットの著作、とくにその対立の場としての政治という政治観に関して称賛の論評を掲載した。[☆79] だが、すぐに誤解が明らかになる。一九三四年から同じ機関誌で、マルクーゼはドイツの政治的実存主義の文字通り解体に着手し、その主たる表われをハイデガーの学長演説とシュミットの全体国家のテーゼに見ていた。[☆80] キルヒハイマーの方は、シュミットとは距離を置き、師の自由主義批判は民主主義の擁護ではなく、国民投票による委任独裁の弁護に行き着くと強調していた。[☆81] 誰にあっても、シュミットの作品との対決はやむをえざる段階として現われた。「二十世紀に、マルクスはシュミットを取り込んだ[☆82]」、とマリオ・トロンティが主張しても、おそらく間違いではなかっただろう。

倫理的ジレンマ

大戦の結果、ヨーロッパ文化は高圧電流が流れる磁場となった。革命と反革命の対決は道徳的次元のジレンマ、つまり暴力の正当性、価値観の倫理と責任の倫理の永遠なる対立などの問題を提起するが、当事者たちが議論のための共通の公的な場をもつことはごく稀であった。孤立して、失敗の定めにあったとはいえ、いくつかの試みは想起するに値する。有名なのは、一九三八年、シモーヌ・ヴェイユがジョルジュ・ベルナノスに書いた手紙で、この女性哲学者は『月下の大墓地』(一九三八年)[☆83]の作

☆79　とくにカール・コルシュ「カール・シュミット、憲法の擁護者」、『社会研究』、一九三二年、第一巻、二〇四—二〇五頁、参照。シュミットの思想がフランクフルト学派の何人かに与えた影響については、エレン・ケネディ「カール・シュミットとフランクフルト学派」、『テロス』七一号、一九八七年、三七—六六頁と、アルフォンス・セレナー「保守革命の左翼の弟子。ワイマール共和国の黄昏時のオットー・キルヒハイマーとヘルベルト・マルクーゼの政治理論」、ジェラール・ロレ編『ワイマールあるいは近代の爆発』、アントロポ、一九八四年、一一三—一二八頁、参照。

☆80　ヘルベルト・マルクーゼ「国家の全体主義的概念における反自由主義の闘い」、『文化と社会』、エディシオン・ド・ミニュイ、一九七〇年、六一—一〇二頁。この論文がフランクフルト学派とシュミットの関係に画した転換点については、エレン・ケネディ、前掲論文、五四頁、参照。

☆81　オットー・キルヒハイマー、前掲書、参照。このシュミット批判はキルヒハイマーの古典的自由主義再発見の政治的進展の始まりとなる。

☆82　マリオ・トロンティ『没落期の政治』、エイナウディ、一九九八年、一五五頁。

☆83　ジョルジュ・ベルナノス『月下の大墓地』、スイユ、一九九七年。

者にたいして称賛と連帯を表明している。二人ともスペイン内戦に参加したが、一九三六年、先発隊に混じって、一方は共和派の側で戦う意欲に、他方はカトリック信仰と保守的本能に駆られて出発した。だが二人とも、狂ったような暴力の光景と彼らのキリスト教倫理の価値観、このユダヤ人哲学者が無条件に共有する価値観に反するような不道徳の蔓延・勝利に嫌悪感を覚えて戻ってきた。両者にとって、この痛切な失望体験は政治的な転換点を画することになる。フランコ派が勢力拡張のためマジョルカ島で流させた血の海を見たあと、ベルナノスはあのファランヘ党の虐殺の共犯者モラスと断交し、その本で虐殺の厳しい証人、仮借なき告発者となったのである。一九三六年八月、シモーヌ・ヴェイユは汽車でバルセロナに行き、無政府状態の民兵軍に加わったが、それは「驚くべき混成軍で、誰でも受け入れられ、のちになると、不道徳、厚顔無恥、狂信、残酷が併存するが、しかしまた愛、友愛精神、とくに屈辱を受けた者が毅然として名誉を要求する姿もあった」[☆84]。しかしながら、彼女の期待は、ファランヘ軍との対決のさい、捕らえられた司祭や若者の最初の処刑のあと、急速に裏切られた。ベルナノスの本に、彼女は自らもかいだ「あの内戦、血と恐怖の臭い」を読み取った。以後、耐えがたくなり、いかなる大義も正当化できない臭い。スペインから帰還後、アクシオン・フランセーズと断絶したカトリックの作家のように、シモーヌ・ヴェイユはアナーキストたちとは距離をおいた。最初に掲げられた理想は野蛮で残酷な戦争に席を譲り、敵にたいする敬意の完全な欠如によって通常の戦争とは異なっていたのだった。ほとんど誰もが、この内戦の荒波に抗して、人間性の原理原則を守ることができなかった、と彼女は手紙で認めている。例外として、「君主制論者でドリュモン〔一八四四―一九一七、反ドレフュス派、反ユダヤ主義、民族主義者の作家、ジャーナリスト〕の弟子」で、彼女がアラゴン〔スペイン北東部、カタロニアの西隣の自治州〕の昔の仲間よりも自分に近いと感じたベルナノスがいたが、ただ彼女は「私が愛したあの仲間たち」[☆85]、とも書いているのである。

こうしたテーマはより幅広い議論の中心にあり、知的舞台の周縁部で、共産主義と自由主義の「アウトサイダー」たちのあいだで論争が起こった。一方にはトロツキーのような歴史的な重要人物、他方には、権力の圏外でつねに控えめな役割を果たしていたヴィクトル・セルジュやジョン・デューイのような作家や哲学者がいた。ロシアの革命家はメキシコに亡命し、そこから国際状況を分析し、反スターリン主義の闘いをつづけ、戦争が迫るソヴィエト社会主義共和国連邦の断固たる防衛を説いていた。ロシアで革命と内戦に参加したのち、セルジュはスターリンによってシベリアの強制収容所に送られ、その後、国際キャンペーンのおかげで解放され、ブリュッセルに戻った。デューイのほうは、七八歳でモスクワ裁判の調査委員会の委員長役を引き受け、その偽りの性格を暴き、トロツキーの無実を証明したのである。[☆86]

この〔大粛清にたいする〕「反証裁判」の結論を公けにしながら、アメリカの倫理的プラグマティズム

☆84 シモーヌ・ヴェイユ、前掲書、四〇六頁。
☆85 同前、四〇九頁。
☆86 調査委員会編『レオン・トロツキーの事例：モスクワ裁判の彼にたいする告訴に関する審理報告』、メリット・パブリッシャーズ、一九六九年、参照。この委員会の形成と作業については、アラン・スピッツァー「ジョン・デューイ、レオン・トロツキー裁判と歴史的真実の調査」、『歴史と理論』二九巻一号、一九九〇年、一六―三七頁、参照。

のリーダーである、自由主義哲学者はこの機をとらえて、彼から見ると、モスクワでの検察官ヴィシンスキーの忌まわしく陰険な演出偽装裁判に現われたマルクス主義の危機と破綻に関する個人的な考察を加えた。この態度表明は即座にトロツキーの反応を引き起こし、一九三八年、ニューヨークで出された、激しく衝撃的な文体の小冊子『彼らの道徳と我らの道徳』として現われた。デューイははっきりと名指しはされていないが、彼がその実際の標的であったことは疑いようがない。[☆87] 赤軍の元指導者がマルクス主義と社会主義革命の倫理的基礎に関して論争を始めたのは、デューイとである。このアメリカの哲学者の主張が、この小冊子のフランス語版の序文執筆者で、十中八九ヴィクトル・セルジュであろうが、訳者でもある匿名氏に裏書きされているのだから。トロツキーはまたもうひとつ答えを書いたが、今度はロシア革命の絶対自由主義的批判が狙いだった。このテクスト全体は、「第二の三十年戦争」の時代に通底する倫理・政治的ジレンマを映す驚くべき鏡となっている。実際、この論争の中心には道徳的問題としての内戦があるのである。

論争の背景には、ごく少数者を除いて、まだ途方もなく異常な偽造事件として現われてはいないモスクワ裁判と、その暴力がすでに第二次世界大戦の残虐非道を予示しているスペイン内戦がある。ところで、トロツキーが戦争と革命の時代のものとしたこうした出来事は、ソヴィエトの経験と彼自身の政治的選択、とりわけ一九一八―一九二一年の内戦時の選択を不可避的に反映していた。その論稿において、彼は自らの歩みを断固として擁護し、自由主義者、社会民主主義者、無政府主義者などの批判的不平不満を退けた。勝ち誇った反動の時代には、彼らは「二倍の量の道徳を分泌する」傾向にあるが、「同様に人びとは恐怖するといっそう汗をかくものだ」[☆88]、と彼は書いている。この亡命革命家は、「プチブル知識人層」にきわめてよくある明確な対称的反応を挙げ、彼らは「道徳的心情吐露」をしがちで、共産主義とファシズム、ボリシェヴィズムとスターリニズム、スターリニズムとトロツキズムの区別ができない、と反論している。ユーモアがないわけではないが、辛辣な筆致で、トロツキーは、「目的は手段を正当化する」という警句を当てはめて、イエズス会士を擁護し、彼らが闘争武器を選ぶさいにどれほど選別的であったかを指摘している。彼はまた、ルターに倣って、ドイツの反乱農民の虐殺を勧めた彼らの敵プロテスタントが用いた手段のきわめて異論のある性格も強調している。次いで、〔南アフリカ南部の〕カフラリア人、しばしば「後進的」とされる民族の道徳を擁護し、そこにヨーロッパの植民者よりもはるかに人間的な正義の原理原則を見たとしている。そして自らのスターリニズム解釈を再確認してその論証を終えている。すなわち、その罪は「ボリシェヴィキの無道徳」とか無神論的共産主義から生じるのではないこと。それは、社会的に遅れた国で帝国主義に抑圧されて孤立した革命の歴史的産物であること、である。

ボリシェヴィズムとスターリニズム、すなわち、革命的暴力と、彼から見て、革命を簒奪した〔ロベスピエールを倒した〕テルミドール的権力の暴力を区別したあと、彼は自らがその責任者のひとりだった前者を受け入れ、人間解放をめざす社会主義道徳の名において後者を断罪する。革命擁護は、内戦中ボリシェヴィキが採ったあらゆる政治的・軍事的措置への無条件の同意を前提とする。道徳は階級的性格を有するので、それに、社会の紛争事から逃げて宙に浮いた抽象的な定義を与えることは不可

☆87　ピエール・ブルエ、前掲『トロツキー』、八六五頁、参照。
☆88　レオン・トロツキー『彼らの道徳と我らの道徳』、ジャン＝ジャック・ポヴェール、一九六六年、一七頁。

能である。したがって、「階級闘争の積み重なったかたちの内戦は敵対階級とのあらゆる絆を暴力的に破棄する」[☆89]のである。あらゆる内戦に不可避的に付随する「過激行動」を指摘しながらも、トロツキーはチェッカの裁判なしの略式処刑、検閲の設置、ボリシェヴィキ体制の反対党の非合法化、人質、その家族（この場合、ツァーの息子たち）の処刑さえも正当化するのである。

じつを言うと、啓蒙思想のよき弟子であるトロツキーは、「人間の発展がその全体として形成し、あらゆる集団生活に必要な道徳の基本的価値」[☆90]のいくつかがあることを否定しているのではない。しかしながら、それが、カント的規定により、定言的命令に表われるという考えは、この定言的命令が階級闘争の岩にぶつかる定めにあるのだから、ナイーヴな幻想として退ける。普遍的な人間道徳は階級に区分された社会の具体的現実においてのみ生きるもので、それぞれの紛争で、それは闘っている階級のひとつによって体現されているのである。普遍的道徳の理想は「自由主義的で進歩的な資本主義」の時代には広まる――トロツキーは人権宣言の革命的起源を忘れている――が、しかし世界が戦争と革命の新時代、要するに内戦の時代に入ると、もろもろの紛争が「決定的かつ不可逆的に」この万民に有効な道徳を破壊するだけなのである。それは二つの対立する道徳、ひとつはファシズムのもの、もうひとつは「プロレタリア革命のもの」[☆91]に取って代わられる。換言すれば、ヨーロッパの内戦時代、普遍的道徳はボリシェヴィズムによって体現されていたのである。

「目的は手段を正当化する」という表現に要約されるマキャヴェッリ的無道徳主義を説くと非難されて、トロツキーは、マルクス主義は目的と手段のいかなる二元性も認めないし、二つは技術的とか純粋に機能的ではなく、優れて弁証法的な関係で結ばれていると答えている。そしてこの表現は新たな問いを提起するだけではないか、つまり、何が目的を正当化するのか、と付け加えている。ところで、目的が人間解放、人間の人間による抑圧を超克することであるとしても、それは、その実現のためにすべての手段が受け入れられることを意味しているのではない。求める目標と矛盾する手段は、「手段は根本的に目的に従属する」[92]のだから、排除されねばならない。この本質的な点を明確にしたあと、人びとは、トロツキーが必要な区別、たとえば、解放革命擁護のため闘っている者の側では、どんな手段が認められないかを明らかにすることを期待するだろう。だが逆に、恐怖政治をあらゆる内戦に不可避の付随的現象として弁護している。彼の語るところでは、内戦は無秩序な空間となり、そこでは、倫理的な規律は闘っている党派のひとつが掲げる優先的な道徳の名において、停止されるか侵犯されることになる。彼はこう書いている。「内戦の状況下では、ある一定数の抑圧者殺害は個人的なテロ行為ではなくなる。革命家がフランコ将軍やその参謀を吹っ飛ばしたとしても、この行為が、民主主義の宦官たちにさえも、道徳的な怒りを招くことは疑わしい。内戦時には、この種の行為が政治的に役立つこともある。たとえば、殺人のような重大な問題においても、絶対的な道徳的規律がまったく無効になる。道徳的判断は、政治的判断とともに、闘争の内的必然性によって条件づけられるのである」[93]。

☆89　同前、三五頁。
☆90　同前。
☆91　同前、四二頁。
☆92　同前、九八頁。

これらに答えて、トロツキーの対話者たちはその論法の矛盾を指摘している。厳密な分析的哲学者として、デューイは歴史的次元のあらゆる考察を省いて、短いが辛辣なテクストでロシアの革命家の論理を攻撃する。倫理的に根拠のある目的への手段の従属を前提としたのち、トロツキーは、人類の解放という目的を階級闘争という手段と混同している。次いで、階級闘争を絶対的規範としながら、結局は最初の公準をひっくり返して、目的を手段に従属させてしまう。この論理的転倒によって、彼は高次の目的から手段を解き放つことができた。階級闘争が一種の「絶対的な法」ならば、それ自体の目的に変えられたこの手段は、「いっさいの批判的検証の要請を自動的に免れている」[☆94]のだから、もはやいかなる高次の正当化も必要としない、というのである。

はるかに苦悩せるセルジュの批判はテクストの論理的読解からではなく、体験から行なわれる。彼はモスクワの審問官の中傷にたいしてトロツキーを擁護するが、この赤軍リーダーと彼の相違はソヴィエト権力の初期の時代の読み直しからきており、彼はそこにもうスターリニズムの萌芽を捉えていたのである。彼の革命擁護は自己批判的色合いを帯びており、そのため彼はボリシェヴィズムの堕落は、チェッカが非公開で開かれ、敵の除去を好きなように決める権利を得たときに始まった、と考えるようになった。『彼らの道徳と我らの道徳』のフランス語版の前書きで、彼は赤軍リーダーが人質をとる方式を許可したことを想起し、そこから、この方式にとって、「人質銃殺は、命令がスターリンかトロツキーか、またはブルジョワジーかの誰によって出されるかにより、まったく異なった意味を帯びる」と推論している。要するに、セルジュによると、トロツキーはマキャヴェッリのよき弟子として、「策略と暴力」を徳に変えたのである。「正当化された目的に」応用されると、それは完璧に正当な手段であり、結局のところ「善」[95]の源泉となるという。

内戦中ボリシェヴィキが用いた方法に関して、重大な疑念がセルジュの心に忍び込んできた。チェッカが行なった超法規的暴力、民主主義の排除と反対派の抑圧などは、スターリン主義の台頭とソヴィエト体制の全体主義的独裁への変化を阻止というよりも、助長したのではなかったか？　それこそ人間と社会の解放という目的に達するには政治的、倫理的に不当な手段ではなかったか？　こうした疑問に、彼はすでに一九三三年、シベリアの収容所で書き、のちに回想録に入れた手紙で答えを出していた。それは絶対自由主義的な共産主義倫理にたいする熱烈なる弁護として鳴り響く。「人間擁護。人間尊重。人間に権利、安全、価値を戻さねばならない。それなくしては、社会主義はない。それなくしては、すべてが偽り、挫折、腐敗である。誰であれ、たとえ最低の人間であっても、人間だ。階級の敵、ブルジョワの息子であれ孫であれ、どうでもよい、人間は人間であることをけっして忘れてはならない。それが毎日、目の前のいたるところで、忘れられる、それがこの世でもっとも不快で、もっとも反社会主義的なことなのだ」[96]。

こうした批判にたいして、トロツキーは辛辣な皮肉で答えた。彼はセルジュとその友人たちを「内

☆93　同前、一〇〇頁。

☆94　ジョン・デューイ「意味と終り」、レオン・トロツキー、ジョン・デューイ、ジョージ・ノヴァック編『彼らの道徳と我らの道徳』、パスファインダー・プレス、一九七三年、七〇—七一頁。

☆95　ヴィクトル・セルジュ、「サジテール出版の〝乞御高評〟のテクスト」、レオン・トロツキー、前掲『彼らの道徳と我らの道徳』、一〇七—一〇八頁。

☆96　ヴィクトル・セルジュ、、前掲『ある革命家の回想録』、二七四頁。

戦の道徳的コード作成」委員会のトップに指名するよう提案している。[97] そうすれば、セルジュには戦闘行為の初めから死語になる定めにあった一連の道徳的に異論の余地なき規範を時効にする余裕があったのだろう——規範とは、公開裁判、報道の自由、爆撃・人質・重火器の禁止、いやそれどころか、「人類と民主主義に有害な影響を及ぼす火器」さえも禁止である。まさに「両陣営を混乱してさまよう」羽目になるやりかたで、被抑圧者の立場を擁護しながらも、その敵対階級の道徳からも免れられないことになる。[98] セルジュの困惑不満は明白で、それは、トロツキーに非難された前書きの作者であることを否定した彼の試みが示している。前年すでに、この不快感をクロンシュタット〔一九二一年、軍港クロンシュタットで起きた水兵の反政府蜂起〕に関する論稿を書いて見せていた。彼は、「恐ろしい虐殺」で残酷に鎮圧された反乱水兵は反革命派ではなかったと認めているが、しかしながら、彼らの勝利は不可避的に反革命への突破口を開いただろう、とも付け加えている。[99] 要するに、彼はクロンシュタットの弾圧を不可避的な悲劇、政治的に必要だが道徳的に嫌悪すべきものとして非難もし、同意もしていたのである。

セルジュの苦慮黙想は敗北の重みを背負って、メランコリックかつ明晰で、革命、内戦、強制収容所体験から紡ぎ出されたものだが、他方、トロツキーはそこに大戦の塹壕に落ちて、緊張と対立の新時代に葬り去られたヒューマニズムの遺跡を見ていた。だが今日、我々はそこに反全体主義的精神の証しを見る。しかしながら、トロツキーも自らの政治的歩みを弁明しているが、彼らの弁明的性格を超えて、内戦の精神をその道徳と過剰暴力とともに、もっともよく伝えるのは、元赤軍リーダーの主張である。結局のところ、彼が、セルジュが願っていたこと、「内戦から人質方式を排し、人間の歴史から内戦を排する」[☆100]とは何かを自問したのは間違いではなかった。歴史家がときには「悪の使徒」、ときには市民共和主義と一七九三年のフランスの祖先の代表とみるマキャヴェッリのように、トロツキーは断固たる独裁者であり、迫害された革命家でもある謎めいた人物なのである。彼の文章には鉄と炎の時代のリズムが息づいている。

☆97　レオン・トロツキー、前掲『彼らの道徳と我らの道徳』、一一四頁。
☆98　同前、一一五頁。
☆99　ヴィクトル・セルジュ、「クロンシュタット」、レオン・トロツキー、ヴィクトル・セルジュ、『ソ連の反スターリン主義闘争』、マスプロ、一九七七年、一七七―一八一頁、参照。
☆100　レオン・トロツキー、前掲『彼らの道徳と我らの道徳』、一一二頁。

第4章　反ファシズムの二律背反

啓蒙思想と反啓蒙思想

「参加する」知識人、数年後サルトルが与えた定義によると、「状況」に参加する知識人は、一九三〇年代にその黄金時代を迎えた。知識人の政治化の始まりとなる大転換点は、ロシア革命の一九一七年ではなく、ヒトラーの権力到達の年一九三三年である。このアンガージュマン（政治参加）で、彼らはしばしば共産主義の磁場に置かれるが、ただそれは出発点ではなく、たんに急進化の結果にすぎない。一九一七年、ジョン・リードはロシアのソヴィエトが「世界を揺るがす」と見ていたが、彼は例外である。☆1 それにたいして、一九三四年、ハインリヒ・マンは反ナチの小冊子『憎しみ』を出したとき孤立するどころではなかった。☆2 一九二四年、ルイ・アラゴン、未来のフランス共産党公認詩人は十月革命を平凡な「内閣の危機☆3」と見なしていた。ナチズムにたいして、誰もこれほど軽々しく反応はできなかった。一九三三年から、知識人の反ファシズムへの政治参加は大挙して行なわれた。一九四五年、戦争末期、反ファシズムはヨーロッパ文化で主流となったのである。

一九三五―一九三七年、反ファシズム動員は二つの国際会議によって画されるが、ひとつはパリで、もうひとつは共和派スペインのバレンシアで開かれ、どちらにも複数のヨーロッパ文化の重要人物が参加していた。[☆4] これはスペイン内戦中に頂点に達し、共和国擁護がヨーロッパ文化擁護と一体化した。国際旅団に加入するとか、共和国支持のためスペインに赴く作家は、ジョージ・オーウェルからアーネスト・ヘミングウェイ、アンドレ・マルローからアーサー・ケストラー、W・H・オーデンからスティーヴン・スペンダー、バンジャマン・ペレからオクタビオ・パスまでと多彩だった。この政治参加の説明となるのは状況の劇的な性格で、当時の文学がその選択に関する多様な証言を残している。オーウェルは報道記事を書くつもりでスペインに行ったが、ほとんどすぐ民兵軍に入り、『カタロニア讃歌』で、「あの頃、あの雰囲気では、それが唯一考えられることのように思われた[☆5]」と明言して

☆1　ジョン・リード『世界を揺るがした十日間』、スイユ、一九九六年。
☆2　ハインリヒ・マン『憎しみ』、フィッシャー、一九八七年。
☆3　ルイ・アラゴン「共産主義と革命」、モーリス・ナドー『シュルレアリスムの歴史』、スイユ、一九六四年、二〇四頁。ヨーロッパ・インテリゲンチャへの十月革命のインパクトについては、マルチェロ・フローレス『ソ連のイメージ――西欧とスターリンのロシア（一九二七―一九五六）』、イイル・サジャトーレ、一九九〇年、第一、二章、参照。
☆4　一九三五年のパリ会議については、サンドラ・テロニ編『文化擁護のために――国際作家会議議事録』、ディジョン大学出版、二〇〇五年。ミシェル・ヴィノック、前掲書、第二七章とヘルベルト・ロットマン『左岸――人民戦線から冷戦へ』、スイユ、一九八一年、第二部六章。バレンシアの会議については、アンドレス・トラピエリョ『戦闘と文学――文学と内戦（一九三六―一九三九）』、プラネタ、一九九四年、第一〇章、参照。
☆5　ジョージ・オーウェル『カタロニア讃歌』、ペンギン・ブックス、一九八九年、二頁。

いる。マルローの『希望』（一九三七年）の主人公マニュエルとヘミングウェイの『誰がために鐘は鳴る』（一九四〇年）の主人公ロバート・ジョーダンは、闘いのため芸術を犠牲にする二人の知識人である。政治が優先する。シモーヌ・ヴェイユは戦争と暴力は大嫌いであるが、彼女の心深くを動かす対立抗争を前にして受け身のままではいられなかった。彼女はこう説明している。「いくら努力してみても、この戦争に道義上でも参加するとは、つまり、毎日、毎時、一方の勝利、他方の敗北を願わざるをえないことだとわかると、私にとっては、パリが銃後であると思い、参戦する覚悟でバルセロナ行きの汽車に乗りました」[☆6]。エリック・J・ホブズボームは、彼の世代の政治的アイデンティティにおいて、スペイン内戦が果たした基本的な役割をよく示しており、『極端な時代』で、当時、反ファシズムの闘いをしようとした者誰にとっても、「スペイン内戦が中央戦線だった」、と述べている[☆7]。完璧な対称をなして、それはまた、ファシズムの立場を擁護しようとした者にも「中央戦線」となっていた。ロベール・ブラジヤックにとって、それは、「ヨーロッパのもっとも高貴なる地のひとつ」で起こった、「ファシズムと反ファシズム」を対立させる「恐るべき戦い」だった。そこには国家の運命以上のものが働いていた。彼はこう書いている。「スペインは、現代世界に潜んでいた長い対立を精神的にして物質的な闘争、文字通りの十字軍に完全に変えてしまった」[☆8]。

スペイン内戦はかくして決定的な象徴的次元を帯び、新しい境界を描き、立場を明確化した。大戦末期に自由主義、共産主義、ファシズムの三角関係が形成され、そこからさまざまな同盟方式が生じ、大半のインテリゲンチャにとって、中立的な観察者の位置にとどまる可能性もあったが、以後はファシズムと反ファシズムだけの対決になった。選択は避けがたいものとなる。そのためスペインの戦線の両側に、ヨーロッパの多数の作家が結集したことが、知的領域の分極化をはっきりと示している。ヨーロッパの内戦は政治の軍事化を経て、文化の世界に深刻な変貌をもたらした。すなわち、「知識人（clerc）〔第一義は聖職者〕」から「戦士」への移行である。「知識人」という概念はドレフュス事件の時代にはなかった意味を付されて豊かになったが、それはその地位を定義づける属性がもはやたんにペンと言葉だけではなく、たとえ象徴的にすぎないとしても、剣術＝武器も属性になったからである。たしかに、この観点から、大戦は本質的な前例となった。しかし以後、問題はもう愛国的な呼びかけに応えるとか、才能を国家的大義に役立てることではなかった。武器の選択を正当化し、ときには自ら武器を取って、争点がスペインの未来をはるかに超えて、ヨーロッパの未来となるような、国家を越えた国際的な大義を擁護することになったのである。

作家や詩人が軍服を着用したが、たんに共和派だけでなく、フランコ派もいた。アンリ・マシスとポール・クローデルはフランコの栄光への頌歌を捧げた。マシスは「赤」にたいするスペインの「再征服」を「血と死の結晶に混じり合う創造の熱狂」と見ていたが、クローデルはキリスト教信仰の戦士、「再生」[☆9]スペインの先触れに敬意を表した。ブラジヤックとドリュ・ラ・ロシェルはスペイン内

☆6 シモーヌ・ヴェイユ、前掲書、四〇四頁。
☆7 エリック・ホブズボーム、前掲『極端の時代』、二一七頁。
☆8 ロベール・ブラジヤック『七つの色』、ゴッドフロワ・ド・ブイヨン、一九九五年、一五六頁。
☆9 クリストファー・G・フラッド「十字軍かジェノサイドか？ スペイン内戦に関するフランス・カトリックの講話」、ジャネット・ペレスとウェンデル・アイコック編『文学におけるスペイン内戦』、テキサス工科大学出版、一九九〇年、六〇―六二頁、参照。

戦にそれぞれが『七つの色』、『ジル』を捧げた。彼らの主人公はブルジョワの堕落を逃れてピレネー山脈を越え、ファシストの「新人間」を形成しつつある闘いに参加する。ラミロ・レデスマやガルシア・セラーノのようなファランヘ党の作家は、その名に値する人間が銃をとり、生命の危険をおかして敵に向かうことを恐れない戦闘での死というユンガー的神話を見出していた。[☆10]

共和派の詩人はこの戦闘の美学に芸術の政治化で応えるが、この政治化は反ファシズムの暴力を必要な暴力として弁護するものである。二つの詩がそれを象徴的に示している。

ひとつはW・H・オーデンの『スペイン一九三七年』で、闘いのために愛を先に伸ばしている。

ロマンティックな愛をもう一度見るのは明日だ……
夏の夕べ、郊外に
自転車で遠出するのは明日だ。
今日は闘いだ
今日は死の可能性が高まる
必要な殺人を自覚して引き受ける責任をとろう。[☆11]

もうひとつはチリの詩人パブロ・ネルーダの『心のなかのスペイン』で、闘う共和派スペインへの讃歌である。

裏切り者の将軍ども
わが死んだ家を見よ
傷ついたスペインを見よ。
だが死んだどの家からも灼熱の金属が流れ出る
花の代わりに、
だがスペインのどの傷からも
スペインが流れ出る、
だが死んだどの子からも眼のある銃が出てくる、
だがどの罪からも弾丸が生まれ出て
いつの日か席を見出すだろう
おまえの心の。☆12

アンガージュマンが根本的に重要になったこの雰囲気はまた、思考を現在におしとどめて、ファシ

☆10 ガレス・トーマス『スペイン内戦の小説（一九三六―一九七五）』、ケンブリッジ大学出版、一九九〇年、第四章、参照。

☆11 W・H・オーデン「スペイン一九三七年」、『イギリス人オーデン――詩、エッセー、劇作品一九二七―一九三九年』、フェイバー&フェイバー、一九七七年、四二四―四二五頁。この詩は作者が拒み、フランス語には翻訳されていない。

☆12 パブロ・ネルーダ『心のなかのスペイン』、ドゥノエル、一九三八年。

ズムと反ファシズムの亀裂に捉われることを拒む知識人サークルの孤立を説明するものでもある。それがジョルジュ・バタイユと社会学コレージュ（研究会）〔Collège de sosiologie バタイユがロジェ・カイヨワ、ミシェル・レリスらと組織したもの〕の場合で、彼らは聖なるものへの文化人類学的関心からナチズムが動員した神話と象徴をきわめて精緻な批判的分析に付したが、反ファシズムにたいしては懐疑的なままで、彼らはその背後に新しい権力形態が隠されているイデオロギーではないかと見ていた。[☆13] 当時の状況下では、そのような立場はほとんど政治的表現を見出せなかった。それは、自己抑制的になりがちな、優柔不断派や超然的な観察者の「グレーゾーン」と混同される恐れがあった。ファシズムと反ファシズムのあいだで、文化が分極化した。バリケードの向こう側では、ドリュ・ラ・ロシェル、ブラジヤック、セリーヌ、パピーニ、ユンガー、ゴットフリート・ベン、ウィンダム・ルイス、クヌート・ハムスンなどは孤立してはいなかった。耐えがたくなるのは無関心な態度である。『嘔吐』（一九三八年）の主人公ロカンタンを襲う麻痺状態、空虚、無力感は、サルトルが『自由の道』（一九四五年）で劇的にするアンガージュマンの倫理的、政治的至上命令に席を譲らざるをえなくなり、彼は『ル・タン・モデルヌ』創刊号でこれを宣言し、作家は「時代の状況[☆14]」に関与せねばならないと指摘している。一九四五年、ヨーロッパ文化は反ファシズムの地平線下に置かれるのである。

この知識人の政治的転換点の源にはいくつかの要素がある。[☆15] まず、ドイツのヒトラーの権力到達が、オーストリアのドルフースのアストロファシズムのクー・デタ、次いでスペインのフランコの武装蜂起を伴って、文字通りトラウマとなる。イタリアのファシズムは、ダヌンツィオからジェンティーレまでのイタリア文化の主要な部門、一部の前衛（未来派）さえもが賛同したが、よく知られ理解もされない孤立した国民的現象だとしても、ドイツの国家社会主義の出現はファシズムにヨーロッパ的次元を与えた。突如現われて、たんに労働運動にとってのみならず、より一般的には、大陸規模で民主主義と文化にとって脅威となったのである。政治的領域からあふれ出て、文明それ自体を問題にするような脅威。啓蒙思想の遺産が危機に瀕していることを理解するには、ナチ指導者の発言を聞けば十分である。たとえば、ゲッベルスは「一七八九年は歴史から削除されるだろう」[☆16]と告げている。そこから、脅かされた文化を守るという強い欲求が生まれた。すなわち、『啓蒙主義の哲学』（一九三三年）で、これはエルンスト・カッシーラーがワイマール共和国の末期に著した集大成で、亡命したドイツ人文主義のマニフェストになったのである。[☆17]

結局のところ、スペイン内戦は、誰も逃れられないヨーロッパの内戦に具体的な手で触れられるような表現を与えただけである。それは価値観、イデオロギー、世界観、文化概念がぶつかり合う政治

☆13　反ファシズムにたいするバタイユの逡巡については、ドゥニ・オリエ「デスペラント」、『ニュー・ジャーマン・クリティック』六七号、一九六六年、二二一―二六頁、参照。
☆14　アアニー・コーエン・ソラル『サルトル　一九〇五―一九八〇年』、ガリマール、一九八五年、四三八頁に引用。
☆15　エリック・ホブズボーム「知識人と反ファシズム」、『マルクス主義の歴史』、第三巻、エイナウディ、一九八一年、四四一―四九〇頁、参照。
☆16　カール・ブラッヒャー『ドイツの独裁――国家社会主義の誕生、構造と帰結』、プリヴァ、一九八六年、三一頁に引用。
☆17　エルンスト・カッシーラー『啓蒙主義の哲学』、ファイヤール、一九九〇年。

的対立である。知識人をまず反ファシズム運動に、次にレジスタンスに加わるよう推し進めた直接的な動機はたしかに、場合によって、倫理的、政治的または階級的な選択の優位性とともに変わるが、しかし闘争の要求においては一致していた。一九三〇年代の反ファシズムの広がりを説明するものは、イデオロギーの誘因力でも宣伝機械の抗いがたい力でもなく、ムッソリーニ、ヒトラー、フランコの独裁打倒を願う者すべての者とともに集団的「エートス」として自己を参画させる意志力である。[☆18] 一九二四年から、ピエロ・ゴベッティはその日誌『自由主義革命』において、反ファシズムを「倫理的」、実存的な選択、イデオロギーのかたちをとる、まさにその直前の「本能」として呈示していた。[☆19] 歴史家ジョージ・L・モッセは自伝で、反ファシズムは「政治的にして文化的な運動」であり、そこに強い情動的負荷を投入して参加するものだ、と強調している。[☆20] しかし、この参加の道徳的原動力がもっとも明確に示されたのは、けっして共産主義者ではなかったアルベール・カミュにおいてであり、一九四四年、彼はレジスタンスを政治の文化的な再発見と定義づけている。「我々は倫理なき政治を望まないが、それは我々が、倫理だけが政治を正当化することを知っているからである」。[☆21] コミンテルンの反ファシズム・プロパガンダの責任者ヴィリー・ミュンツェンベルクは、一九三九年、独ソ不可侵条約に抗議してドイツ共産党を脱退するが、彼の運命は、そのようなエートスがなければ、モスクワの組織はそれ自身の官僚どもさえコントロールできなかったことを示している。[☆22]

反ファシズムを反共産主義とそのまま同化することは、文脈上の分析にもとづいた見解というよりも、反共産主義的歴史記述を過去に遡って投影することである。反ファシズム生成の年表を見るだけで、その母胎が共産主義であるという主張は否定される。イタリアの反ファシズムは、一九二五年から、つまりムッソリーニ政府を完全にファシズム体制に変えた「特別法」発布のころから、フランスとアメリカの移民たちのあいだで組織され始めた。『イル・モンド』紙一九二五年五月一日付けに、反ファシズム知識人の「マニフェスト」を掲載するイニシアティヴをとったのは、イタリア自由主義の主たる代表ベネデット・クローチェである。二年後、亡命地の反ファシスト連合は社会党から共和党までの、ムッソリーニによって非合法化された大部分の民主主義党派を結集したが、当時コミンテルンの政治的方針を支配していたセクト主義に囚われていた共産主義者を除いてであった。[23] 一九三五年、共産主義運動が人民戦線の政策を採択したのは、ドイツのナチズムの権力到達の衝撃下で、左翼

☆18 アンソン・ラビンバッハ「反ファシズムのレガシー」、『ニュー・ジャーマン・クリティック』六七号、一九六六年、七頁。
☆19 ピエロ・ゴベッティ『自由主義革命――イタリアの政治闘争論』、エイナウディ、一九六四年、一七八頁。ピエロ・ゴベッティの反ファシズムについては、オーレリオ・レープレ『イタリアの反共産主義と反ファシズム』、イル・ムリーノ、一九九七年、五〇―五四頁、参照。
☆20 ジョージ・L・モッセ『歴史との対決――ある回想』、ウィスコンシン大学出版、二〇〇〇年、一〇四頁。
☆21 アルベール・カミュ「人間のために」、『評論集』、ガリマール、一九六五年。この一節はジェームズ・ウィルキンソン『ヨーロッパの知的レジスタンス』(ハーヴァード大学出版、一九八一年、七一頁)にも引用されている。
☆22 バベット・グロス『ヴィリー・ミュンツェンベルク――政治的伝記』、クレット・コッタ、一九六六年、参照。
☆23 「反ファシスト知識人のマニフェスト、次に反ファシスト連合」、エンツォ・コロッティ編『イタリアとヨーロッパの反ファシズム』、レスチェール、一九七五年、三四―三七頁、七五―七六頁、参照。

でも知的世界でも、すでに二年前に始まっていた転換に対応したにすぎない。フランスで、反ファシズム統一行動への最初のアピールは、一九三四年二月六日の暴動につづく数日後だった。アンドレ・ブルトン、ルネ・クルヴェル、ポール・エリュアールなどのシュルレアリストや、共産主義に惹かれたリシャール・ブロック、アンドレ・マルローなどの作家が署名していた。数日後、哲学者アラン、民俗学者ポール・リヴェとポール・ランジュヴァンが反ファシスト知識人警戒委員会（CVIA）を創設した。[☆24] ドイツでは、一九三〇年、ナチの最初の選挙勝利から、ヒトラーの脅威にたいする左翼統一戦線キャンペーンを始めたのは、独立系社会主義者カール・フォン・オシエツキー率いる左翼週刊誌『ディー・ヴェルトビューネ（世界劇場）』である。この時代、社会民主主義はなおヒンデンブルクに希望を抱き、共産党は執拗に「社会ファシズム」[☆25]を告発していた。要するに、その副産物であるどころか、知識人の反ファシズムは共産党の人民戦線政策の採択に先んじていたのである。

反ファシズムはまた、平和のための闘いとも一体化するが、大陸では、第一次世界大戦の傷口がなお開いたままで、政治的均衡はだんだんと不安定になっていた。イタリアのエチオピア攻撃、ラインラントの再軍備化、スペイン内戦、日中戦争、次いでミュンヘン、チェコスロヴァキア侵略、そして結局は新たな戦争となる。この状況悪化はヨーロッパで不安を増大し、それに芸術と文化が呼応した。また忘れてならないのは、ファシズムが知識人を特別な標的のひとつにしていたことで、それは、一九三三年五月一日の「焚書」で、ゲッベルスが予告し、のちに亡命を強いられた多数の作家、ジャーナリスト、科学者、大学人、芸術家が証言しているとおりである。それに、反ファシズム文化はきわめて広範囲に亡命文化であり、国から国へ、大陸から大陸へとさまよう一群のパリア、絶滅の脅威にさらされたヒューマニズムのヨーロッパの大使たちがこれを担ったのである。反ファシズムは、パリ、ロンドン、プラハ、チューリヒ、アムステルダム、モスクワ、ニューヨーク、メキシコなどで亡命者が刊行したドイツ語、イタリア語、スペイン語の雑誌の星座群のおかげで表現の場を見出していた。歴史家ピーター・ゲイによると、ワイマール精神はそこに「真の棲み処」[☆26]を見出したのである。

反ファシズムには、マルクス主義的、キリスト教的、自由主義的、共和主義的など多様な流れがあり、均一なプロフィールを示さないとしても、それでも、そのさまざまな構成要素が啓蒙思想の遺産を要求することに変わりはない。この価値観の基礎は普遍的に受け入れられるもので、それは西欧世界の民主主義擁護とロシアのソヴィエト体制建設を折り合わせようとする共産主義を含めてである。結局は、敵方反ファシズムの統一を固めるのはファシズムである。その民族主義的、好戦的な神学に、反ファシズムは平和主義とある種のコスモポリタン的精神を対置する。権威、ヒエラルキー、人種のような反動的価値観には、平等、民主主義、自由、市民権の原則を対置する。全体主義的秩序の弁護

☆24　ニコル・ラシーヌ「反ファシスト知識人警戒委員会（一九三四―一九三九年）」、『社会運動』一〇一号、一九七七年、八七―一一三頁。パスカル・オリとジャン＝フランソワ・シリネリ『ドレフュス事件から現代までのフランス知識人』、アルマン・コラン、一九八六年、九八―九九頁、ヘルベルト・ロットマン、前掲書、一四八―一五八頁、参照。

☆25　イシュトヴァン・ディーク『ワイマール共和国ドイツの左翼知識人』、カリフォルニア大学出版、一九六八年、参照。

☆26　ピーター・ゲイ『共和国の自殺――ワイマール一九一八―一九三三年』、カルマン・レヴィ、一九九三年、一八〇頁。

論者の生気説的、反ヒューマニズム的な非合理主義にたいしては、力強く啓蒙思想の伝統、普遍的な人間性概念、合理主義、進歩理念を唱える。指導者と大衆信仰を伴うファシストの反自由主義には、法治国家、多様性と個人的自由を対置する。要するに、イデオロギー的、政治的亀裂を越えて、反ファシズムは脅かされた文明擁護を共通目標とするのである。ファシズムと反ファシズムは、双方がそれ自身の価値観、創生神話、記念祭、旗、歌や儀式などを総動員して対決する。力、戦争、人種のファシスト的「政治宗教」にたいして、反ファシズムは、人間性、民主主義、社会主義の「市民宗教」を擁護する。[☆27] これが、例外的かつ必然的に過渡的な歴史的文脈において、キリスト教徒と無神論的共産主義、自由主義者と集産主義者をもいっしょに抱え込むことを可能にする共有されたエートスである。この一致は最小限だが本質的な基礎にもとづくもので、他の状況ならば両立しえない考え方を後景に追いやるのである。

しかしながら、二十世紀半ばに、この啓蒙思想と一七八九年の価値観への回帰は新たな次元を帯びて、文化的、倫理的、政治的国境に画された「ヨーロッパの公共圏」の概略図を描いた。反ファシズムは、語のきわめて伝統的な意味での「公共領域」のあらゆる構成要素、つまり文学、科学、芸術、ジャーナリズムなどを包含する。反ファシズムの大義はまず作家集団、何人かはフランスとドイツの著名作家たちに擁護され、これにノーベル賞受賞者アルベルト・アインシュタインやエンリコ・フェルミ、ピカソのような芸術家とかグラフィックデザイナー、ジョン・ハートフィールドなどが加わった。そしてロネオ式謄写印刷の会報や報告書が大部数の雑誌に並んで、幅広い雑誌の組織網で意見が表明され、ときには、チャップリンの『独裁者』(一九三八年)、フリッツ・ラングの『死刑執行人もまた死す』（一九四三年）、サム・ウッドの『誰がために鐘が鳴る』（一九四三年）のような映画で映像化された。もちろん、この公共領域はさまざまな国家的な枠内に組み込まれるが、しかしまた超国家的な文脈でも展開された。ファシズムの脅威は主張が異なる流れの寄せ集めを同じ運動で共存させる絆であるが、反ファシズムは、いったんこの脅威が消えると、不可避的に対立する定めにある流派が交錯する公共圏である。ユルゲン・ハーバーマスが言うように、公共圏が、十八世紀に討論と理性の批判的な働きのネットワークとして生まれ、そのおかげで市民社会は他と区別され、場合によっては絶対主義反対を表明できるのだから☆28、反ファシズムは現代の独裁の出現にたいして二十世紀の民主主義社会のレジスタンスを組織し、連結する。そして労働運動と、民主的な世論の異議申立てに声を与えようとするインテリゲンチャとの、一時的だが現実的な同盟を実現した。反ファシスト知識人がしばしば、理性の公的使用の道を示すことを本質的な役目とする二十世紀の「フィロゾフ（十八世紀の啓蒙思想家、哲学者）」と見なされても、なんら偶然ではないのである。

☆27　「市民宗教」と「政治宗教」の区別については、エミリオ・ジェンティーレ『政治の宗教——民主主義と全体主義のあいだ』、スイユ、二〇〇五年、参照。
☆28　ユルゲン・ハーバーマス『公共圏』、パイヨ、一九九〇年、参照。

スターリン主義

スターリン主義の罪悪にたいする大多数の知識人の罪深い沈黙の源は、ファシズムと共産主義の複雑で歪曲された弁証法である。まずファシズムの脅威、次いで第二次世界大戦中にソ連が獲得した大きな威信と歴史的正当性のため、彼らの相当数がソ連の全体主義を無視、過小評価し、罪なきものとして、さらには正当化さえするにいたった。幾人かの批評家は反ファシストの政治参加の限界を強調し、しばしば高潔にして近視眼的であるとした。スターリン主義の専制的側面を見ようとしない共産主義の同伴者や「有機的」知識人だけではないのである。アンドレ・ジッドの『ソヴィエト紀行』、ジョージ・オーウェルの『カタロニア讃歌』、ヴィクトル・セルジュ、の『時代の真夜中なれば』、アーサー・ケストラーの『零と無限』など、すべて一九三六—一九四〇年に出版された例外であり、ジッドのように出版時に等閑視されるか、束の間の反響を呼んだだけですぐに忘れられた。概して、反ファシズムはソヴィエト体制をある程度好意的か、ときには盲目的な称賛の念で見ていた。一九三五年のパリ会議のさい、マグドレーヌ・パスとアンリ・プライーユは、シベリアに強制収容されたヴィクトル・セルジュのためのアピールを読み上げるのに大変苦労した。[☆29] ソ連にたいして、支配的な態度はジッドやオーウェルではなく、フェビアン協会〔一八八四年、B・ショーやウェッブが創立した持久的・漸進的社会主義団体〕の社会主義者シドニーとベアトリス・ウェッブのもので、後者二人は伝統、文化、気質から基本的には共産主義とは無関係な知識人だが、それでも『ソヴィエト共産主義：新しい文明』（一九三五年）なる本を出している。また同じくドイツの作家リオン・フォイヒトヴァンガーのもので、彼はモスクワ裁判に立ち会い、『モスクワ一九三七年』で熱狂的に賛同している。しかしながら、一九三三年以後は、ソ連擁護のため、必然的にスターリン信仰に従ってはならないのである。

フランソワ・フュレの主張は、「〝反ファシズム〟というまったくネガティヴな理念」を、共産主義的全体主義が民主主義の擁護者の衣をまとって、影響力を拡大した策略と見なしているが、[☆30]少なくとも二つの理由から歴史的現実を単純化している。まず、反ファシスト文化にはスターリン主義者と反スターリン主義者が共存する傾向があり、まったく立場の異なる人物が肩を並べていることを忘れている。実際そこには、キリスト教系知識人の人ジャック・マリタン、ルイジ・ストゥルッツオ、パウル・ティリヒ、左翼自由主義者のカルロ・ロッセリ、レイモン・アロン、社会主義者のレオン・ブルム、ルードルフ・ヒルファーディング、ピエトロ・ネンニ、無政府主義者のヴィクトル・セルジュ、ダニエル・ゲラン、トロツキストのピエール・ナヴィル、シュルレアリスト作家のアンドレ・ブルトン、バンジャマン・ペレなどが集まっていた。それに、この主張は、西欧では、共産主義者とソ連の寄与なしにはファシズムと闘うことができなかった事実を無視しているようだ。ヨーロッパ文化の一部と共産主義の同盟関係はファシズムの所産であった。スターリン主義の抑圧は、ファシズムの脅威が重大だったのと同様、深刻だった。マルローに倣って、レオン・ブルムは一九三八年までソ連批判

☆29　ヘルベルト・ロットマン、前掲書、一七八―一八四頁。
☆30　フランソワ・フュレ、前掲書、一九三頁。

を控えることにしたが、他方、平和主義者ロマン・ロラン、人権同盟委員長ヴィクトル・バッシュは結局モスクワ裁判を支持することに決めている。『ソヴィエト紀行』(一九三六年)以後、共産主義者に誹謗されたジッドでさえ、ソ連との同盟の必要性を認めていた。[☆31] こうした態度の心理的動機はアメリカ人作家アプトン・シンクレアがよく捉えており、そのモスクワ裁判論で、攻囲された都市のメタファーを用いている。「人びとは脅かされた町を守りつつある体制に、あえて陰謀をたくらむことも批判することもできなかったのだ[☆32]」。

ヨーロッパでは、共産主義者が反ファシズム闘争で不可欠な同盟者だとしても、それがスターリン独裁にたいする沈黙を正当化するものではないと考え、スターリンの罪悪を告発しようとした反ファシストは稀だった。また、当時、もっとも激しい反共産主義文学によってさえも無視されていた強制的集産化はおくとしても、ソヴィエト独裁体制、裁判、略式処刑、強制収容を受け入れれば、ファシズム闘争自体がその資格を失う恐れがあることを理解しようとした者も稀だった。その稀なる者のなかに、一九三六年、モスクワ裁判を「卑劣な警察国家の芝居」だと告発したシュルレアリストたちや、ニューヨークでトロツキーが強い影響力を及ぼしていた『パルチザン・リヴュー』周辺の知識人グループがいた。それに加えて、スターリン主義と訣別した共産主義知識人、たとえば、ポール・ニザンからマネス・シュペルバー、アーサー・ケストラーからヴィリー・ミュンツェンベルクまでが挙げられるが、〔カルロ・ロッセリ率いる〕「正義と自由」のような運動に体現されたイタリアの自由社会主義も忘れないでおこう。一九三五年、文化の自由のための会議で発言したさい、ガエターノ・サルヴェミーニは留保を表明した。彼はこう主張している。「ソ連の政治警察の存在を忘れようとするならば、私にはゲシュタポやオヴラ〔O.V.R.A. イタリアの反ファシスト検束秘密警察〕に抗議する権利はないだろう。ドイツには強制収容所があり、イタリアには拘禁所に変えられた島々があり、ソヴィエト・ロシアにはシベリアがある」[☆33]。共産主義正統派のスポークスマン、パルミーロ・トリアッティにたいして、カルロ・ロッセリは彼の説く反ファシズムは自己管理と絶対自由主義的共産主義であり、新形式の「国家崇拝（国家主義）[☆34]」ではない、と答えている。こうした例は、反ファシストであり反スターリン主義者でもあることができ、また当時、スターリン主義が反ファシスト知識人に及ぼした幻惑が抵抗できないものではなかったことを示している。しかしそれは、ソ連が一般に好意的かつ寛容な目で見られていた状況下では、例外だったのである。

この状況はまた、知的世界が全体主義理論の最初の定式化を受け入れたさいの大いなる逡巡を説明するもので、それはスターリンのロシアとヒトラーのドイツを新しい絶対主義の双生児形として背中合わせにして現われた。元共産主義者フランツ・ボルケナウや自由主義者フリードリヒ・ハイエク、

☆31 ニコル・ラシーヌ「ある立場。一九三〇年代の知識人の反ファシズム」、『ポリティックス』一七号、一九九二年、七九―八五頁。
☆32 アプトン・シンクレアとユージン・リヨンス『ロシアのテロ――二つの味方』、R・R・スミス、一九三八年、五七頁。マルチェロ・フローレス、前掲書、二七九頁、参照。
☆33 ガエターノ・サルヴェミーニ「精神の自由のために」、エンツォ・トラヴェル編『全体主義』、スイユ、一九九一年、二四八頁。マルチェロ・フローレス、前掲書、二一四頁、参照。
☆34 カルロ・ロッセリ『亡命記』II（一九三四―一九三七）、エイナウディ、一九九二年、四二六頁。前後関係としては、オーレリオ・レープレ、前掲書、六八―七〇頁、参照。

保守的傾向のカトリックのエリック・フェーゲリンとヴァルデマール・グリアンなど何人かの論者の手になるこの理論は、有効かつ明晰なアンガージュマンの例としてよりも、懐疑的な受動性と無力なペシミズムの表われとして出現した。たしかに全体主義の理論家はスターリン体制の独裁的性質を把握していたが、彼らの主張の暗黙の結論――ソ連との同盟の不可能性――は、とくに一九四一年から、非現実的なものになった。反ファシスト知識人層と共産主義の同盟は、一九三九年の独ソ不可侵条約で大きく揺さぶられたが、一九四一年にはレジスタンスによって結びなおされ、強化された。当時、大部分の全体主義理論家自身、レイモン・アロンをはじめとして反ナチズム闘争においてソ連との妥協の必要不可欠な性格を認めていたのである。

歴史的に無傷で政治的には先見性のある自由主義、この全体主義の真のアンチテーゼとなるものの有益なる徳を、フランソワ・フュレのように、知識人の反ファシズムに対置する論者のアプローチには、ある種のアナクロニズムがある。回顧的でいっさいの歴史化を欠いた順応主義に感化されたこの見方は、まったくの「錯覚」である。国際的な経済不況とファシズム台頭の状況にあって、知識人が共産主義に賛同する条件のひとつは、第一次世界大戦で揺さぶられて息切れし、民族主義の勃興に蝕まれ、さらにはファシズムに対抗できない自由主義制度の深刻な危機にあった。自由主義的旧秩序の崩壊がファシズムをもたらしたならば、どうしてファシズム打倒のためにこの旧秩序と一体化などできるか？　ファシズムはまさに自由主義的民主主義を破壊したが、伝統的なエリート層を攻撃しなかったのでいっそう問題のある一体化である。イタリアでは、国家統一運動《リソルジメント》〈から生まれた自由主義の主なる柱――君主制、ブルジョワジー、文化の無視すべからざる一部（ジョヴァンニ・ジェンティーレ）——がファシズムに加担した。自由主義の古典的祖国イギリスでは、ウインストン・チャーチルが「レーニン主義の獣的な熱狂」[☆35]にたいするイタリア・ファシズムの闘争勝利を歓迎した。ドイツでは、一九三〇—一九三三年、エリート層はうわべだけの自由主義を捨てて、ワイマール民主主義を解体し、ヒトラーの到来を準備することになった。フリードリヒ・ノイマンとマックス・ウェーバーが死去し、次いでカール・フリードリヒとハンス・ケルゼンがアメリカへ移住したあと、もはやボリシェヴィズムとナチズムの対立に支配されたドイツ文化には、いかなる自由主義の旗頭もいなくなった。[☆36]一九二九年の危機後、ケインズはもう資本主義の未来など信じず、彼の療法は主としてこれに新たな残存期間を与えることをめざしていた。

そのような状況下で、西ヨーロッパでは、ファシズムをせき止めるためには、衰えた自由主義の伝統的な勢力よりも、ソ連がはるかに適したものとして立ち現われたのである。[☆37]スペインでは、オルテガ・イ・ガセットがスペイン内戦に態度表明するのを拒み、そこに現代の「ハイパー（成熟した）民主主義」の時代における大衆の反逆の不可避的な帰結しか見なかった。一九三六年、マドリードを離れると、第二次世界大戦後にしか戻らず、フランコ主義はほかよりも小さな悪だとあきらめて見ていた。[☆38]

☆35　レンツォ・デ・フェリーチェ『統領ムッソリーニ——合意の時代：一九二九—一九三六年』、エイナウディ、一九九六年、三三〇、五五三頁、参照。

☆36　カール・D・ブラッヒャー『イデオロギーの時代』、DVA、一九九二年、II、六章、参照。

☆37　イタリアの運動「正義と自由」のような反ファシズムを闘った自由主義者は共産主義者との協力を選んだ。これについては、その指導者のひとりだったノルベルト・ボッビオの証言と考察、参照（『ファシズムから民主主義へ』、バルディーニ&カストルディ、一九九七年）。

サラマンカ大学学長ミゲル・デ・ウナムノはクー・デタを支持したが、すぐに軍人たちに譴責された。武装蜂起の数日後の、彼の死はスペインの自由主義エリート層の敗北の象徴だった。[☆39]そのころ自由主義は過去の現象として現われ、深刻な危機に陥り、ボリシェヴィズムとファシズムに分裂した大陸で不可避的に衰退する定めにあった。一九三六年、労働党の知識人ハロルド・ラスキは、自由主義は大戦によって舞台から退けられたと書き、これを宗教改革とフランス革命に匹敵する歴史的転換期としていた。自由主義には栄光の過去はあったが、ひとつも未来がない、というのである。「組織が生き残りの闘いをしているとき、社会にはもはや議論する時間はない。闘いの情熱が理性を服従させるのである」[☆40]。以後は、ピエロ・ゴベッティが、一九二四年から、マニフェスト『自由主義革命』で確認しているように[☆41]、自由主義知識人の政治参加は反ファシズム勢力圏にしか捌け口を見出せなかったのである。

たしかに、ソヴィエト神話を育んだ知識人を、全体主義体制の宣伝家ではなく、その批判的良心になるべきだったのに、自己欺瞞に陥り、反ファシスト運動を欺くのに与ったと咎めることはできよう。しかしまた、ニューディールのアメリカは例外的ケースで、不況下のヨーロッパでは、ナチの脅威にたいするいかなる大衆動員も旧自由主義エリート層の主導のもとでしか生まれなかったことも確かである。反ファシズム闘争は、当時、一九一七年の革命の国だけが提供すると思われた希望、解放のメッセージを必要としていた。スターリン体制のような全体主義的独裁が何百万の男女の目にそうした価値観を体現することができたのは――それこそが二十世紀の共産主義の悲劇だが――、それはまさに、その起源と性質がファシズムとはまったく異なっていたからである。これが自由主義的反全体主義には理解できなかったことのように思われる。

反ファシストの統一は一九三〇年代半ばに、ナチズムの権力到達、次いでスペイン内戦の衝撃下で行なわれた。そして戦争中、レジスタンスにおいて基盤を拡大しながら、深まった。その断絶は冷戦の勃発で始まり、一九四九年、ドイツの分裂で頂点に達し、一九五六年、知的世界に深刻な痕跡をとどめた、ハンガリーへのソ連の軍事介入でおおよそ完全になった。過去の危機は、たとえば、モスクワ裁判とか独ソ不可侵条約などすべてが、敵にたいする必然的な統一の名において克服された。だが戦後は、この論拠はもう援用されなかった。一〇年以上共存してきたイデオロギー的、政治的流派が世界を二つの敵対ブロックに分割した紛争によって対立することになったのである。一九四一―一九四五年、共産主義者と自由主義者はヒトラー打倒のために互いの争いを括弧内に入れていたが、いまやその対立は白日のもとに公然となった。ファシズムにたいして啓蒙思想をともに擁護することが、その遺産を別々に解釈することになってしまったのである。ソ連と「自由世界」の選択を拒んだ者は

☆38 オルテガとフランコ主義の曖昧な関係については、アントニオ・エロルサ『理性と影――オルテガ・イ・ガセットの政治的読解』、アナグラマ、一九八四年。内戦中のスペイン自由主義知識人の不参加批判は、一九三七年から、マリア・サンブラノの『スペイン内戦のドラマにおける知識人』(トロッタ、一九九八年)。の中心にあった。

☆39 ガブリエル・ランザト『民主主義の翳り――スペイン内戦とその起源一九三一―一九三九年』、ボラーニ・ボリンギエリ、二〇〇四年、三五九―三六五頁、参照。

☆40 ハロルド・ラスキ『ヨーロッパ自由主義の興隆』、トランザクション、一九九七年。

☆41 ピエロ・ゴベッティ、前掲書。

アウトサイダー化した。自由主義は反ファシズムを捨てて、反全体主義、すなわち、反共産主義の衣をふたたびまとった。そのときから、反ファシズムは、イデオロギー面で共産主義と一体化するために共有したエートスではなくなった。[☆42] ソ連ブロック諸国では、それは急速に国家イデオロギーに変わったが、西側では、共産主義者がその記憶の公認受託者になった。共和主義的制度がその正当性の基礎を、ほぼ二〇年の長きに渡ったファシストの過去を排斥することにおいていたイタリアを除いて、レジスタンスの保守的で民族主義的な構成組織は、次第に自らが反ファシストであるとは言わなくなったのである。

知的世界では、反ファシスト団結の終りは、世論に強いインパクトをもたらした論争と断絶によって象徴された。フランスでは、トロツキストの強制収容所体験者でド・ゴール派に転じたダヴィッド・ルーセと、ソ連の強制収容所制度を否定した共産党の文学誌『レ・レットル・フランセーズ』の公然たる対決である。それはまた、『レ・タン・モデルヌ』編集部内でのサルトルとメルロ゠ポンティの断絶でもある。イタリアでは、レジスタンスから生まれた主要な雑誌のひとつで、エリオ・ヴィットリーニ主宰の『イル・ポリテクニコ』が、共産党の機関誌『リナシータ』紙上でトリアッティの批判と対決せねばならなかったが、この機関誌は、立場を選択し、モスクワで定められた美的・政治的規範に従うべきだった時代に、レジスタンス誌の文化の自律概念を非難していたのである。[☆43] ドイツでは、反ファシスト精神はナチ崩壊を見とどけたあと、その代表者を元亡命者にも新世代の作家たちにも見出していたが、東西ドイツに国家分裂後は生き残れなかった。西ドイツではタブーになったが、東ドイツでは、これが公式イデオロギーに組み込まれた。[☆44] アロン、シローネ、ケストラー、ヤスパース、オーウェルは文化自由会議〔一九五〇年、パリで創設された反共産主義的文化人の提言団体〕に加わったが、サルトルは、困難なしではなかったが、共産主義者の同伴者になった。反ファシズムはもはやヨーロッパの公共圏の地平を画することはない。歴史の公的使用における対立の争点になり始めたのである。

ホロコースト

もっと複雑で解きがたいのはホロコーストにたいする反ファシスト知識人の沈黙である。たしかに、ヨーロッパ・ユダヤ人のジェノサイド――完全絶滅――は、予測できないものだった。しかしながら、一九三三年から、たとえその破局的な結末がまだ感じ取られていなかったとしても、重苦しい脅威がのしかかっていた。ヒトラーの権力到達から戦争勃発までのあいだ、約四〇万の中欧ユダヤ人の移住がこの脅威の重大性を明確に示していた。ところで、一九三〇年代ずっと、反ユダヤ主義はけっして反ファシスト文化にとってナチ組織の構成要素ではなく、むしろ民主主義と労働運動を敵としていた

☆42　エンツォ・トラヴェルソ「全体主義。論争史の道標」、エンツォ・トラヴェルソ編『全体主義――論争の二十世紀』、スイユ、一九九一年、四五―六〇頁、参照。
☆43　ネロ・アジェーロ『知識人とイタリア共産党（一九四四―一九五八年）』、ラテルツァ、一九九七年、参照。
☆44　カレット・プリッチャード『反ファシズムからスターリニズムまでのドイツ民主共和国の形成』、マンチェスター大学出版、二〇〇〇年、参照。

体制のたんなる宣伝上の派生物と見なされていた。ゲルショム・ショーレムほどの洞察力をもっていた知識人はほとんどいなかった。彼は、ヒトラーの権力到達三か月後、パレスチナからフランスに亡命していたヴァルター・ベンヤミンに手紙を書き、ナチズムの到来を「世界的な歴史的影響力を秘めた破局」と定義づけていた。そしてこう強調している。「社会主義と共産主義運動の敗北の規模は、我々にとって忌まわしく不安なものとして課されるが、しかしドイツ・ユダヤ人の敗北はまさにそれに匹敵するかもしれない」[☆45]。一九四〇年二月付の別のベンヤミン宛の手紙では、根本的に重要な問いを提起している。「ユダヤ人の除去後、ヨーロッパはどうなるだろうか？」[☆46]。

戦争終結直後、「最終解決」はその多くの悲劇のなかのひとつとして現われ、文化と知的論争ではマージナルな位置しか占めなかった。当時は沈黙が支配していた。アウシュヴィッツはドレフュス事件でもスペイン内戦でもなく、知識人が「責任」を認めて反応するような出来事ではなかった。サルトルの『ユダヤ人問題についての考察』（一九四六年）はこの「知識人の盲目的態度」を示すひとつの例である。『レ・タン・モデルヌ』の編集長はユダヤ人を戦争の忘れられた犠牲者と見なしているが、けっしてジェノサイドを考察の中心に置くことはなかった。ナチの絶滅収容所以後も、彼にとって、「ユダヤ人問題」はドレフュス事件と第三共和国のフランスの反ユダヤ主義に結びついたままだった。この有名な論稿で、ガス室はかろうじて言及されているが、これは二十世紀最大の悲劇にたいするヨーロッパ文化の盲目的態度をもっとも明白に示す症候として解釈されるかもしれない[☆47]。

この盲目的態度には根深い源があり、それは戦争の一般的状況にも、ナチの反ユダヤ主義にたいする古くからの無理解にも根ざしている。その特殊性にもかかわらず、ユダヤ人の悲劇はほとんどいかなる国民も免れさせなかった大虐殺が引き起こした苦悩と切り離されており、廃墟の大陸では、視界が曇らされていた。ユダヤ人の運命は特異なものとは見られず、ナチの反ユダヤ主義は蒙昧主義的な中世の残滓と見なされていた。十九世紀末の社会主義文化の常套句によると、それは「愚者の社会主義」〔社会民主主義者アウグスト・ベーベルの言〕、すなわち、たんなる宣伝道具だった。だが、工業的・官僚的ジェノサイドは、これを生み出す可能性が反ファシスト文化のカテゴリーには帰せられない絶対的な新現象だったのである。☆48

反ファシスト文化はムッソリーニとヒトラーの体制の「退行的」な性格しか考慮に入れなかった。すなわち、反自由主義、反共産主義、反議会主義、非合理主義である。ファシズムはかくしてその反動的な局面に狭められた。工業社会、大衆動員、技術崇拝にその根があることを見抜き、それに近代性の反動的なヴァリアントを認めた者は稀だった。実際、イデオロギー面で、ファシスト運動ほど当惑させられるものはない。保守主義と優性学、文化的ペシミズムと「保守革命」、精神主義と反ユダヤ主義、退行的ロマン主義とテクノクラート的全体主義が混在する雲海なのである。この矛盾した感性のごたまぜの山がその「革命的」性質、自由主義的かつ民主主義的な近代性拒否を秘めているが、

☆45　ヴァルター・ベンヤミンとゲルショム・ショーレム『往復書簡集：一九三三—一九四〇年』、ズールカンプ、一九八〇年、五五—五六頁。
☆46　同前、三一九頁。ゲルショム・ショーレム、前掲『ヴァルター・ベンヤミン』、二四六頁、参照。
☆47　エンツォ・トラヴェルソ、前掲『アウシュヴィッツと知識人』、五八—六九頁、参照。
☆48　ダン・ディナー「反ファシストの世界観。弔辞」、クライスロイフェ『国家社会主義と記憶』、ベルリン・フェラーク、一九九五年、九一頁、参照。

これは過ぎ去った過去への回帰ではなく、権威主義的で不平等、民族主義的、人種的で階級制の新秩序の創設をめざしていた。ファシストの神秘主義は生物学用語で表わされ、技術崇拝は耽美主義化され、民主主義蔑視は大衆神話にもとづき、個人主義排斥は戦争で団結した「国民共同体」の名において宣告されていたのである。

もちろん、理性の不可避的勝利に向かう人類の進化を措定した歴史哲学にもとづいてファシズムの近代性を捉えることは不可能である。反ファシズムはスターリン主義との妥協と、ユダヤ人ジェノサイドにたいする無意識的な盲目的態度をともに説明することに寄与したが、その重要な特徴は、十九世紀のヨーロッパ文化から継承した進歩理念を執拗かつ無批判に擁護することである。ジェームズ・D・ウィルキンソンは、「レジスタンスの男女は十八世紀のその精神的祖先たる〝フィロゾフ〟を想起させる[☆49]」と書いている。一九四五年、多くの雑誌、たとえば、フランスでは『エスプリ』、『レ・タン・モデルヌ』、『クリティック』、ドイツでは『デア・ルーフ』、『デア・アンファング』、イタリアでは『イル・ポンテ』、『ベルファゴール』、『ヌオヴォ・ポリテクニコ』などが生まれたり、再刊されたりするが、これらはレッシング、ヴォルテール、カッタネーオに体現されたあのヒューマニズム的合理主義を明白に援用している。自由と民主主義への回帰は啓蒙思想、理性と法の新たな勝利として行なわれたが、これはファシズムを括弧付き、束の間の退行、先人の野蛮の時代錯誤的で不条理なぶり返し、「歴史の歩み」を止めようとする無益な試みも出現させたのである。この未来への信頼の風土で、歴史は結局その自然な流れを取り戻したように見えるが、ナチの絶滅収容所は悲劇的な脱線の結果でしかなかった。それにたいして、ソ連はナチズム打倒のために支払った巨額の年貢から、代償として利益を引き出した。進歩のための闘争は社会主義の祖国の防衛と一致した。哲学者アレクサンドル・コジェーヴは、かつてヘーゲルがイェーナでナポレオンに世界精神《ヴェルトガイスト》を見たように、スターリンに、歴史の終りの人間を見たと思ったのである。[☆50]

逆に、テーオドア・アドルノにとって、国家社会主義はヘーゲルの歴史哲学の反証である。一九四四年、彼もまた「世界精神」に出遭ったというが、馬上のでもなく、ソ連の戦車の形でもなく、ヒトラーのV2ロケットにおいてであり、このロケット爆弾は、ファシズムと同様に、「最先端の技術と完全な盲目を完璧に結ぶものだった」[☆51]。彼の哲学的立場はフランクフルト学派のものだが、その推進者はすべて亡命ユダヤ人で、周縁部にとどまりながらも、反ファシスト文化に参加し、ナチズムは敗北したにもかかわらず、これがすでに時代の相貌と人間像を変えたことを自覚していた。彼らにとって、アウシュヴィッツを文明の断絶として認識することは、進歩理念の根源的な再検討と不可分だった。ナチズムが啓蒙思想の遺産を消そうとしたとしても、これはまた、爾後、解放の目標から解き放たれ、支配計画に矮小化されたその技術的道具的合理性とともに、文明それ自体の産物として弁証法的に理解されなくてはならない。この観点において、アウシュヴィッツは「退行」でも括弧でもなく、

☆49　ジェームズ・D・ウィルキンソン、前掲書、二七六頁。

☆50　ドゥニ・オリエ編『哲学コレージュ　一九三七―一九三九年』、フォリオ・ガリマール、一九九五年、六七―六八頁。ドミニク・オフレ『アレクサンドル・コジェーヴ――哲学、国家、歴史の終焉』、リーヴル・ド・ポーシュ、一九九〇年、三三六頁。ルッツ・ニートハンマー『ポスト歴史――歴史は終わりか？』、ローヴォルト、一九八九年、七七頁、参照。

☆51　テーオドア・アドルノ『ミニマ・モラリア――傷ついた生に関する省察』、パイヨ、一九九一年、五三頁。

むしろ西欧の正真正銘の産物として、その破壊的な顔の出現として把握されるだろう。一九四四年、ホルクハイマーとアドルノにとって、アウシュヴィッツは「理性の自己破壊[☆52]」の象徴だった。啓蒙思想の新たな勝利を称えるどころか、この孤高の思索家たちは戦争に進歩の勝利の叙事詩を見ようとはしなかった。近代技術を巨大な破壊力に変えた文明の光景を前にして、唯一ありうる感情は恥である。荒廃に相応した「プロメテウス的恥[☆53]」とギュンター・アンダースは書いている。

☆52　マックス・ホルクハイマーとテーオドア・アドルノ、前掲『啓蒙の弁証法』、一五頁。
☆53　ギュンター・アンダース『人間の骨董性――I　第二次産業革命の時代の精神について』、C・H・ベック、一九八五年、二三頁。

訳者あとがき

本書は、Enzo Traverso: *A feu et à sang——De la guerre civile européenne 1914-1945*, Editions Stock, 2007 の全訳である。

邦訳題名は、原題を多少変えて、『ヨーロッパの内戦——炎と血の時代一九一四—一九四五年』とした。なお、原書は二年後にポケット版で再刊されているが、*1914-1945 La Guerre civile européenne*, Hachette-Pluriel, 2009 と、これも原題が多少変更されている。

さて、エンツォ・トラヴェルソに関しては、これまで『ユダヤ人とドイツ』（法政大学出版局、一九九六年）、『マルクス主義者とユダヤ問題』（人文書院、二〇〇〇年）、『アウシュヴィッツと知識人』（岩波書店、二〇〇二年）、『左翼のメランコリー』（法政大学出版局、二〇一八年）と紹介し、本書で五冊目となる。本年一月、十数年ぶりにトラヴェルソを訳出し出版したが、かつて寄贈されて、三分の一ほど訳したまま筐底に眠っていた本書の訳稿を引っ張り出して仕上げ、今回の出版となった次第である。そこでまずはやはり、このかつては革命的共産主義者同盟ＬＣＲに属していた急進左翼で、現在、アメリカはコーネル大学教授に転じたエンツォ・トラヴェルソのプロフィールを簡単に見ておこう。

一九五七年、イタリア、ピエモンテ州ガヴィで生まれ、ジェノヴァ大学で現代史を修める。

一九八五—一九八九年、フランス政府給費留学生としてパリに在住。

一九八九年、パリの社会科学高等研究院で社会主義とユダヤ人問題に関する論文で博士号を取得。次いで、パリの国際現代文献資料館の研究員となり、パリ第八大学や社会科学高等研究院で社会学を講ずる。

一九九五年、アミアンのピカルディ・ジュール・ヴェルヌ大学講師。

二〇〇九年、ピカルディ・ジュール・ヴェルヌ大学教授。

二〇一三年、コーネル大学教授。

その間、ヨーロッパ、とくにドイツ、イタリア、スペイン、ベルギーなどの大学や南米諸国の大学に招聘教授として招かれ、また各地で開催の政治学や社会学のさまざまなセミナーやコロックにも参加して積極的に活動している。またイタリアの『ヴェンテージモ・セコロ』誌の専門家委員会、フランスの『ラ・カンゼーヌ・リテレール』紙や『リーニュ』誌などの編集委員会のメンバー、アドバイザーを務めた。


このように、エンツォ・トラヴェルソは、イタリア人でフランス語表記の知識人だが、フランスにはこの種のタイプの作家、知識人、つまり、母語からフランス語表記に転じた者が、昔から、ほかの言語の場合よりも多く存在するように思われる。フランス語の「魔力」であろうか。

たとえば、すでに十八世紀パリで『文学通信』を発行して名を成したドイツ人文芸批評家メルヒオール・グリムという先駆者がいる。「グリム童話」のグリムとは別人の、この「半フランス人」のグリムは十八世紀的なコスモポリタンである。十九世紀には、一八三〇年の七月革命に熱狂してパリに亡命したハインリヒ・ハイネがいるが、このドイツ詩人は以後、後半生をパリで送り、なかばフランスに帰化した詩人でありながら、自ら「ドイツの詩人」であるとして終生母語のドイツ語で書きつづけた——フランス語で著わしたものもあるが。

くだって現代では、アイルランド人でありながらフランスの小説家、劇作家とされるサミュエル・ベケットをはじめ、C・カストリアディス（ギリシア）、E＝M・シオラン（ルーマニア）、E・イヨネスコ（ルーマニア）、M・クンデラ（チェコ）、Tz・トドロフ、J・クリステヴァ（ブルガリア）、J・センプルン（スペイン）、H・ビアンシオッティ（アルゼンチン）など相当数いるが、トラヴェルソもそのひとりで、イタリアはピエモンテ出身の一種のコスモポリタンの知識人である。もちろん、彼らがすべてをフランス語で書いているわけではない場合もあるが、おそらく、彼らはフランス語あるいはフランス精神、フランス文化にいわば帰化した〝異邦人〟なのであろう。

さて本書は、一九一四—一九四五年という二十世紀前半のヨーロッパの三〇年間を、「ヨーロッパの内戦」という概念を媒介にして思想的・歴史的に分析・考察したものである。

この内戦概念については、本書第一章冒頭から明晰かつ精緻な論理展開で検討されているが、まず確認しておくべきは、「内戦」とは、英仏独語では civil war、guerre civile、Bürgerkrieg、つまり文字通りは「市民戦争」だということである。そして、歴史的にはEnglish Civil War（清教徒革命のこと）、American Civil War（南北戦争）、Spanish Civil War（スペイン内戦）のように用いられている。このことは、二十世紀前半のヨーロッパの三〇年間がなぜ「内戦」なのか理解する前に踏まえておかねばなるまい。この内戦は、「ヨーロッパにたいして戦うヨーロッパ」（ユンガー）、いわばヨーロッパという運命共同体に生きるヨーロッパ人どうしの戦争、「ヨーロッパ的人間性の解体」（クラカウアー）が繰り広げられる戦争であり、従来の古典的な内戦概念とは異なるのだから。

ところで、この時代は、第一次世界大戦、ロシア革命、スペイン内戦、反ファシストのレジスタンス、第二次世界大戦とつづいた炎と血 à feu et à sang〔破壊と虐殺〕と形容された激動の時代である。別な言い方をすると、この三〇年間は、サライェヴォからヴェルダン、ヴェルサイユ条約からワイマール共和国、ソ連の誕生、スペイン内戦、ペタンのヴィシー国家、アウシュヴィッツを経て、ニュルンベルクからヒロシマ・ナガサキへ大きく揺れ動いた文字通り「炎と血の時代」である。

原著者トラヴェルソは、このヨーロッパの内戦は、十七世紀の三十年戦争とフランス革命を原型とするというパースペクティヴで捉えているが、もちろん、時代と状況によって「内戦」は異なる。内戦の原型で類似点があるとはいえ、三十年戦争はヨーロッパを舞台にした宗教戦争であり、フランス革命はアンシアン・レジーム打倒のブルジョワジーの闘争である。しかし、このヨーロッパの内戦は、国家間の抗争、民族的イデオロギーやファシズム、コミュニズムという世界観の対立に起因するもので、実際、ナチ言語には「世界観の戦争」という語が多出するという。したがって、「内戦」という現象形態も大きく異なる。それは、二十世紀前半のヨーロッパの歴史を見るとわかる。

二十世紀のヨーロッパは、一九〇一年、大英帝国の衰退の始まりを画するかのようなヴィクトリア女王の逝去により幕が開くが、世紀前半を年表ふうに概観すると、以下のように、この時代は平和な期間が少なく、大陸のどこかで紛争や国家的暴力事件、クー・デタ、民衆の反乱と抑圧などが絶え間なく起こっていたのである。

一九〇三―一九〇七年　ロシアのポグロム〔ユダヤ人迫害〕
一九〇五年　ロシア第一革命
一九〇八年　オーストリア・ハンガリー帝国によるボスニア・ヘルツェゴビナ併合
一九一〇―一九一二年　青年トルコ党のトルコとアルバニアの軍事衝突
一九一一年　イタリア、トリポリとエーゲ海十二群島占領
一九一二―一九一三年　バルカン戦争
一九一四―一九一八年　第一次世界大戦
一九一七―一九二三年　ロシア革命・内戦
一九一八―一九二二年　ウクライナとベラルーシのポグロム
一九一九―一九二二年　ギリシア・トルコ戦争
一九二二―一九二三年　アイルランド内戦
一九二二―一九四三年　イタリア、ファシズム体制
一九二六年　ポーランド軍事クー・デタ
一九三二―一九三三年　ウクライナのポグロム

一九三三年　ヒトラー内閣成立、ユダヤ人抑圧政策開始、ダッハウ強制収容所設置
一九三五年　ブルガリア独裁制開始、ドイツのヴェルサイユ条約違反、イタリア・エチオピア戦争
一九三六―一九三九年　スペイン内戦
一九三八年　アンシュルッス（オーストリア併合）とズデーテン危機
一九三九―一九四五年　第二次世界大戦
一九四四―一九四九年　ギリシア内戦

エンツォ・トラヴェルソはこの歴史の流れから一九一四―一九四五年を切り取り、「ヨーロッパの内戦」概念を基にして、こうした歴史的事象の関連性と継続性をさまざまな角度から分析検証し、併せて多様な思想家、知識人を登場させて解き明かしてゆく。たとえば、エルンスト・ノルテ、カール・レーヴィット、カール・シュミット、エリック・ホブズボーム、フランソワ・フュレ、フェルナン・ブローデル、ノルベルト・エリアス、フランクフルト学派の面々、ハンナ・アーレント、トロツキー、ヴァルター・ベンヤミンなどの思想と論理を批判的に検討吟味して、「全面戦争、革命、内戦、ジェノサイドの大渦巻きとして立ち現われる」ヨーロッパの内戦の特色を剔出し、その歴史性を指摘している。

くわしくは本書にあるので、ここでは触れないが、忘れてならないのは、トラヴェルソが前記のような歴史的事実だけでなく、小説や芸術作品、映画という文化的営為の面からも検討して、この時代の「エートス」を再現し、そして当然のことながら、それらに係わった知識人や芸術家の姿、つまり

彼らが戦場か平和主義か、ファシズムかコミュニズムかの選択を否応なしに迫られる姿も描いていることである。さらには、今日の「健忘症のデモクラシー」を批判し、はてはこの「両極端」、ファシズムとコミュニズムを背中合わせにしてしまい、反ファシズムをモスクワの巧妙なマヌーヴァーとするようなデマゴギーに異を唱え、スターリニズムの犯罪に盲目となった者を批判し、反ファシズムを闘った者への現代の負債を忘れてはならないとしている。ここに、「過ぎ去らない過去」を凝視し、現代への戒めとするエンツォ・トラヴェルソの鋭い眼差しがあるのである。

またもうひとつ見逃してならないのは、トラヴェルソがヨーロッパの内戦の論理展開をする場合、本書ではその例証または裏づけとしてなされる具体的な歴史記述に、鮮烈にして迫真的な、印象深いものが散りばめられていることである。一例だけ挙げれば、第二次大戦中の英国空軍によるハンブルク空爆がある。「最初の空襲から数分後、町中に火災が発生して、瞬く間に巨大な炎が燃え上がり、天にも届かんばかりであった。えぐられ、裂けた建物の正面から炎が吹き出し、嵐のような強風に吹き煽られて燃え広がった。隠れていた者は瓦礫の下に埋もれ、逃げようとした者には炎が襲いかかり、松明人形のように焼かれるか、燃えたぎるアスファルトに呑み込まれた」。まさに阿鼻叫喚の地獄絵図である。ナチが行なった残虐非道は数々あれど、連合軍の報復も、「文化爆撃（cultural bombing）」を含めて、残忍冷酷で凄まじかったことを忘れてはならないだろう。そしてこれが、「英雄の顔が無名戦士の顔に、戦場の死が屠殺場の死に」なり替わってしまった「ヨーロッパの内戦」という全面戦争の実相であることも。

さて最後にひと言触れておくが、訳しながら訳者の胸に去来したのは、月並みだが「歴史は繰り返す」ということである。それは、いまなお世界のあちこちで繰り返されている戦争とか「内戦」のことだけではない。端的な例をあげれば、「移民」の問題である。およそこの移民たるものの源流は、太古の時代から五つの大陸で起こったさまざまな民族の移動であり、ヨーロッパ大陸で言えば、五世紀に始まるゲルマン民族の大移動であり、大航海時代のヨーロッパ人による南北アメリカ大陸侵略征服の問題でもある。つまり、民族の縄張り獲得競争の時代、近代国家で言う国境というものが存在しない、はるかに昔からあったのである。

本書に即していえば、第一次世界大戦後および第二次世界大戦後のヨーロッパにおいて、国境が変更・移動されて起こった、とくに東欧諸国民の大移動であり、それは、本書にあるとおり、数十万どころか数百万単位の大移動である。現在の比ではない。もちろん、現代の移民 migrant ＝難民 displaced person とは、その原因も状況も異なり、単純比較はできないし、同じ俎上では論じられない。だが、規模も及ぼす影響も異なれど、本書は、現在のヨーロッパ、欧州連合ＥＵの状況と密接にからむ「移民」の問題は、この「繰り返される歴史」を人間の普遍的な課題として考えさせてくれるのではないだろうか。つまり、比喩的に言えば、本書で言う「ヨーロッパの内戦」がハードウェアであれば、ヨーロッパにおける現代の移民問題はソフトウェアの「内戦」であろうか。いずれにせよ、ヨーロッパという「運命共同体」が抱える厄介な問題である。

なお、図版について、読者諸氏にお断りしておかねばならないが、諸般の事情で版権取得が困難で、残念ながら省略した。

末尾ながら、本書の刊行にさいしては、西谷能英氏には諸事万端お世話いただいた。ここに記してお礼を申し上げておきたい。

二〇一八年五月

宇京頼三

著者略歴

エンツォ・トラヴェルソ（Enzo Traverso）

1957年、イタリアのガヴィに生まれ、ジェノヴァ大学で現代史を修める。1985-89年、フランス政府給費留学生としてパリに滞在。パリの社会科学高等研究院で、ミシェル・レヴィ教授の指導の下に、社会主義とユダヤ人問題に関する論文で博士号を取得。ナンテール—パリ第10大学の国際現代文献資料館研究員となり、サン・ドゥニ—パリ第8大学や社会科学高等研究院で社会学を講ずる。ピカルディ・ジュール・ヴェルヌ大学教授を経て、現在コーネル大学教授。フランス語で著書、論文を発表し、各種の新聞・雑誌に寄稿している。日本語訳に『ユダヤ人とドイツ』（宇京頼三訳、法政大学出版局）、『マルクス主義者とユダヤ問題』（宇京訳、人文書院）、『アウシュヴィッツと知識人』（宇京訳、岩波書店）、『全体主義』（柱本元彦訳、平凡社新書）、『左翼のメランコリー——隠された伝統の力　一九世紀〜二一世紀』（宇京訳、法政大学出版局）がある。

訳者略歴

宇京頼三（うきょう・らいぞう）

1945年生まれ。三重大学名誉教授。フランス文学・独仏文化論。著書に、『フランス—アメリカ——この〈危険な関係〉』（三元社）、『ストラスブール——ヨーロッパ文明の十字路』（未知谷）、『異形の精神——アンドレ・スュアレス評伝』（岩波書店）、『独仏関係千年紀——ヨーロッパ建設への道』（法政大学出版局）。訳書に、オッフェ『アルザス文学論』（みすず書房）、ルフォール『余分な人間』（未來社）、カストリアディス『迷宮の岐路』（法政大学出版局）、ロレーヌ『フランスのなかのドイツ人』（未來社）、バンダ『知識人の裏切り』（未來社）、トドロフ『極限に面して』（法政大学出版局）、アンテルム『人類』（未來社）、センプルン『ブーヘンヴァルトの日曜日』（紀伊國屋書店）、ボードリヤール／モラン『ハイパーテロルとグローバリゼーション』（岩波書店）、ミシュレ『ダッハウ強制収容所自由通り』（未來社）など多数。

ヨーロッパの内戦
——炎と血の時代 一九一四—一九四五年

発行——二〇一八年七月二十五日 初版第一刷発行

定価——本体三五〇〇円＋税

著者——エンツォ・トラヴェルソ

訳者——宇京頼三

発行者——西谷能英

発行所——株式会社 未來社

東京都文京区小石川三—七—二
電話 〇三—三八一四—五五二一
http://www.miraisha.co.jp/
email:info@miraisha.co.jp
振替〇〇一七〇—三—八七三八五

印刷・製本——萩原印刷

ISBN978-4-624-11207-3 C0022

〔消費税別〕

マーク・マゾワー著／中田瑞穂・網谷龍介訳

暗黒の大陸

〔ヨーロッパの20世紀〕政治、経済、社会、民族、福祉、性など多角的な視点から分析を加え、時代の暗部と栄光を正当に位置づけ、ヨーロッパ現代史を批判的に語り直す必読の歴史叙述。　五八〇〇円

ヴァルター・ベンヤミン著／鹿島徹訳・評注

〔新訳・評注〕歴史の概念について

これまであまり顧みられてこなかった、一九八一年にアガンベンが入手したタイプ原稿の新訳。この原稿のみに見られるテーゼ1篇と自筆の書き込みも訳出した注釈書。　二六〇〇円

ユルゲン・ハーバーマス著／細谷貞雄・山田正行訳

公共性の構造転換〔第2版〕

〔市民社会の一カテゴリーについての探究〕市民的公共性の自由主義的モデルの成立と社会福祉国家におけるその変貌を論じる。第2版は批判への応答を含むいまや古典的な名著。　三八〇〇円

カール・シュミット著／田中浩・原田武雄訳

政治的なものの概念

「政治の本質は友と敵の区別にある」とするシュミットの原理的思考の到達点「友・敵理論」は政治理論であるとともに戦争論でもある。現代思想の原点ともいうべき必読の基本文献。　一三〇〇円

カール・シュミット著／田中浩・原田武雄訳

政治神学

「主権者とは例外状況にかんして決定をくだす者をいう」とする、国家と法と主権の問題を原理的に把握する思考を展開した主著。レヴィットによる決定的なシュミット批判も併録。　一八〇〇円

ジェルジ・ルカーチ著／平井俊彦訳

歴史と階級意識〔新装版〕

ヘーゲルの弁証法を批判的に摂取、マルクス主義にはじめて主体性の問題を提起したルカーチの代表作で、第二インター批判を通じて新しいプロレタリア革命を階級意識に求めた。　三八〇〇円

ジュリアン・バンダ著／宇京頼三訳

知識人の裏切り

第一次大戦後の初版刊行以来、いくつも版を重ねた古典であり、〈知識人〉と呼ばれる階層のはたした役割の犯罪性を歴史的・思想的に明らかにする、不朽の今日性をもつ名著。　三二〇〇円

ラインハルト・コゼレック著／村上隆夫訳
批判と危機
〔市民的世界の病因論のための一研究〕米ソ対立の国家の時代を背景に生み出された市民社会が世界の危機をもたらす啓蒙の必然性を歴史哲学的に批判した市民社会論の古典的名著。四五〇〇円

ノルベルト・ボッビオ著／馬場康雄・押場靖志訳
イタリア・イデオロギー
クローチェからグラムシまで、二十世紀イタリア思想のイデオロギー的奔流を、ヨーロッパ思想史の巨匠がその政治的動向や歴史的顚末とともにダイナミックに解析する古典的名著。三八〇〇円

カール・マンハイム著／鈴木二郎訳
イデオロギーとユートピア
「イデオロギーとユートピア」「政治学は科学として成り立ち得るか」「ユートピア的な意識」の三論文をおさめ、イデオロギーの機能と実践の問題を論じた知識社会学不朽の名著。四八〇〇円

エドモン・ミシュレ著／宇京頼三訳
ダッハウ強制収容所自由通り
著名な政治家ミシュレによる、ダッハウ強制収容所実録「物語」。人間の尊厳を徹底的に剝奪される環境のなかでの生活を、抑制された筆致、ミシュレならではの視線で描写する。二八〇〇円

クロード・ルフォール著／宇京頼三訳
余分な人間
〔「収容所群島」をめぐる考察〕ソルジェニーツィンの小説を手がかりに、ソヴィエト社会主義の矛盾の集約である強制収容所の問題を、ロシア・マルクス主義批判を通じて論じる。二八〇〇円

ロベール・アンテルム著／宇京頼三訳
人類
〔ブーヘンヴァルトからダッハウ強制収容所へ〕一九四四年六月一日、政治犯としてゲシュタポによって逮捕――。「人間」という恐るべき種への透徹した眼差し。戦時下ドキュメント小説の極北。三八〇〇円

プレドラグ・マトヴェイェーヴィチ著／土屋良二訳
旧東欧世界
〔祖国を失った一市民の告白〕両大戦下にユーゴスラヴィアのモスタルで生まれた亡命知識人が、九〇年代以後深刻なアイデンティティ危機に陥った「旧東欧世界」の行方を模索する省察の書。二五〇〇円